2017年度浙江省社科联省级社会科学学术著作出版资金资助出版（编号：2017CBZ15）

宁波市软科学项目（编号：2017A10056）

当代浙江学术文库
DANGDAI ZHEJIANG XUESHU WENKU

港口物流业与宁波港口经济圈发展的战略协同研究

徐莹 著

中国社会科学出版社

图书在版编目（CIP）数据

港口物流业与宁波港口经济圈发展的战略协同研究／徐莹著．—北京：
中国社会科学出版社，2018.7
（当代浙江学术文库）
ISBN 978－7－5203－1459－6

Ⅰ.①港…　Ⅱ.①徐…　Ⅲ.①港口—物流—经济发展—研究—宁波
②港口经济—经济圈—经济发展—研究—宁波　Ⅳ.①F259.275.53
②F552.755.3

中国版本图书馆 CIP 数据核字（2017）第 280163 号

出 版 人　赵剑英
责任编辑　田　文
特约编辑　丁　云
责任校对　张爱华
责任印制　王　超

出　　版　中国社会科学出版社
社　　址　北京鼓楼西大街甲 158 号
邮　　编　100720
网　　址　http://www.csspw.cn
发 行 部　010－84083685
门 市 部　010－84029450
经　　销　新华书店及其他书店

印　　刷　北京君升印刷有限公司
装　　订　廊坊市广阳区广增装订厂
版　　次　2018 年 7 月第 1 版
印　　次　2018 年 7 月第 1 次印刷

开　　本　710×1000　1/16
印　　张　15.25
插　　页　2
字　　数　249 千字
定　　价　65.00 元

前　言

目前，对港口经济圈概念尚无统一界定，与经济圈、都市经济圈在内涵上有一定相似性，港口经济圈也是一种生产布局、资源配置的地域组合形式。普遍认为，宁波港口经济圈是以宁波—舟山港为中心，以宁波市与腹地城市群为载体，以综合运输体系和海陆腹地为依托，以港口产业链为主要支撑，经济、社会、文化、生态紧密联系，相互协调、有机结合、共同发展的区域经济共同体，具有“圈层带动、线性辐射、网络牵引、产业支撑”的特征。不难看出，积极发展港口物流，促进其与腹地经济的联动发展，是打造宁波港口经济圈的关键。只有将港口物流业与宁波港口经济圈的发展协同起来，才能以此为纽带构建跨区域、大容量、高效率的经济要素交流网络，促进港口与产业相融合、“港口经济圈”与“都市经济圈”相融合，使宁波成为我国集聚配置国际贸易、港航、物流资源的战略高地，成为名副其实的现代化国际港口城市。

本书旨在梳理港口发展理论和国内外港口物流发展模式的基础上，用定量和定性分析相结合的方法，研究宁波港口物流业的发展现状和竞争力，并从港城互动、无水港建设和海铁联运发展等方面多角度地研究了港口物流业和宁波港口经济圈协同发展的现状，最终确立建设国际航运中心物流模式的发展战略及其与宁波港口经济圈协同发展的策略。

本书共分八章，第一章为引言，旨在论述本书的选题背景、研究意义，以及逻辑思路与内容架构。第二章论述现代港口功能及港口物流与港口经济圈关系，系统介绍了港口形成与历史演变过程、现代港口发展的基本动因分析、宁波港口发展演变过程、现代港口功能、宁波港口经济圈的定位及分析、港口物流与宁波港口经济圈的关系，旨在为后续的研究厘清相关概念，奠定理论基础。第三章用 SWOT 分析法，梳理“一带一路”倡议下宁波港口物流业发展的机遇与挑战，并将宁波港口经济圈的发展战略定位和宁波港口物流的战略定位相结合。第四章研究港口物流的发展模式，通过对国外航运中心模式、区域物流体系模式和港区联动模式的系统梳理，将宁波港口物流定位为国际航运中心模式，并指出为实现这一模式应解决的关键问题。第五章对宁波港口物流业的空间发展格局及竞争力进行实证分析，结论表明，北仑区成为宁波市港口物流企业发展的中心地区，区位通达度显著影响宁波市港口物流企业的空间分布。另外，宁波港综合竞争力的排名为第三，宁波大港的地位和优势已经显现，为未来港口经济圈的发展奠定了良好的基础。第六章研究港口物流和宁波港口经济圈的协同发展现状分析，具体从宁波港口物流与腹地经济协同发展、宁波无水港建设对区域经济的影响、宁波海铁联运发展现状及其辐射效应三个方面进行了论述，这是目前港口物流业和宁波港口经济圈协同发展的主要途径，本章的研究可以看出二者的协同现状，为下一步的协同创新策略研究奠定基础。第七章研究基于国际航运中心模式的宁波港口物流业的战略定位，明确宁波港口物流的发展模式及其发展战略。第八章为建立国际航运中心物流与宁波港口经济圈协同发展的策略研究，从加强港口间的投资合作、加快完善陆港设施、完善“一环线、二枢纽、三通道、三支线”铁路网、形成“江海河环形互通”水运网、完善“辐射东亚连通洲际”航空网、建设多式联运示范通道、加快现代港航服务发展、推动跨境电商物流发展八个角度提出了具体的协同策略。

本书的出版受到浙江省省级社会科学学术著作出版资金（2017CBZ15）和宁波市软科学项目（2017A10056）资助，同时还得到许多前辈、友人的鼎力支持与帮助。首先，彭海颖老师对我的相关研究给予了多次帮助，她就本书的架构、研究方法、研究设计等方面数次给我指导，还帮我承担了大量著作统稿、校对等工作，她严谨的治学作风和高尚无私的品德感染和鼓励着我；其次，宁波市现代物流规划研究院的相关领导和专家对本书给予了莫大的关注与鼓励，并在相关调研方面给予了很多支持与便利，才让本书得以顺利完成；再次，感谢浙江万里学院物流工程专业的几位硕士生同学，包括：和婷婷、李东、董文娟、朱丽媛等，他们协助做了大量的统计调研、实证分析、参与讨论等工作，也为著作的完成提供了很多值得借鉴的思路；最后，本书参考或引用了大量国内外专家、学者以及理论和实际工作者的研究成果，还有不少数据库和网站的文献资料，是他们无私奉献的智力成果和智慧为本书提供了丰富的思想源泉和坚实的理论基础。借此机会，我对他们的无私奉献一并表示崇高的敬意和诚挚的谢忱。

由于“港口经济圈”概念还比较新，随着“一带一路”倡议的推进与落实，随着港口物流业的迅猛发展，其内涵和外延还会被不断深化。加之笔者研究经验尚不够丰富、研究能力尚有待进一步提高，从而导致本书研究成果仍存在一些不足，有些问题尚须进一步完善和深入研究。首先，对港口经济圈的定义、定位及其发展等问题仍需深入研究，港口物流业与宁波港口经济圈发展的战略协同问题的分析框架、技术路线等尚待进一步改进；其次，对宁波港口物流和港口经济圈的战略协同现状的实证分析只从三个方面进行了调研，还需要进一步拓展研究；最后，对港口物流业和宁波港口经济圈战略协同策略的针对性仍应加强，包括保障措施等问题仍有深入研究的空间。这些都是后续研究需要继续关注的问题。

古人云：学无止境。由于笔者水平有限，书中一定存在不足、疏漏甚至错误之处，真诚期盼广大读者朋友批评指正，也衷心感谢那些即将在百忙之中阅读本书的每一位读者，感谢他们对这一领域的点滴关注。

徐 莹

2015 年 5 月

目　　录

第一章
引　　言

第一节　研究背景与意义

党的十八大以来，中央作出了实施“一带一路”、京津冀协同发展、长江经济带三大战略的决定，目的就是要打造新常态下中国经济参与国际竞争新的增长极。宁波地处海上丝绸之路和长江经济带的“T”字形交汇处，又与“一带一路”沿线国家和长江经济带沿江省市建立了紧密广泛的通航通商合作关系，在新常态下宁波市政府适时提出了建设“港口经济圈”战略目标，积极融入国家战略框架之中。

建设“港口经济圈”，核心是要做优做强临港产业。物流业在港口经济圈中是最直接产业，港口物流业与区域经济之间存在着密不可分的关系，港口经济圈的辐射程度和线的长度与港口物流业的发展程度直接相关。

一　国内外研究现状综述

1. 港口物流与区域经济的关系研究

港口物流是最近几年才频频出现在学术研讨和各类媒体上的新名词。港口物流是指中心港口城市利用其自身的口岸优势，以先进的软硬件环境为依托，强化其对港口周边物流活动的辐射能力，突出港口集货、存货、配货特长，以临港产业为基础，以信息技术为支撑，以优化港口资源整合为目标，发展具有涵盖物流产业链所有环节特点的港口综合服务体系。港口物流是特殊形态下的综合物流体系，是作为物流过程中的一个无可替代的重要节点，完成整个供应链物流系统中基本的物流服务和衍生的增值服务。

K. Bichou、R. Gray（2005）认为，港口系统具有不同的运作、组织和战略上的方法，是由于港口间区别较大，其活动通常由不同的参与者和组织来执行。他重点介绍了港口功能的拓展以及港口纵向和横向一体化的战略。Dong-Wook Song、Photis M. Panayides（2007）等人认为，港口应该起到重要的战略作用。他们提出了信息技术的采用、与航运业的关系、增值服务、与内陆运输方式的相互衔接、与内陆承运人的关系以及渠道一体化的实践与绩效六个参数来解释物流与供应链管理中港口一体化程度的变量。增长极（Growth Pole）理论最早由法国经济学家弗朗索瓦·普劳克斯（F. Perroux）于20世纪50年代提出。增长极并不是一个简单的区位概念，而是一个或者一组推进型经济部门，位于经济空间极点上在一定时期起支配和推动作用。增长极往往具有较强的创新能力和增长能力，与主导产业有密切的联系，并能通过乘数效应和外部经济来带动其他部门的经济增长。

在港口物流对区域经济发展的推动作用方面，在全球经济一体化的形势下，港口功能在不断拓宽，并朝着全方位增值服务方向发展。徐良婧（2013）根据增长极概念，认为现代港口物流业是人才、物资、资金、信息的交汇通道，可以说以港口为发展基本的港口物流业将对港口周边区域的经济发展起到良好的推动作用。

许继琴（1997）以宁波港为例，深入探讨港口物流对区域经济发展的推动作用，首先表现为港口物流建设促进港口城市成长和城市中心职能的增强，然后是港口物流将港口城市作为增长极推动区域经济的发展。郭庆祝等（2008）认为港口物流能够连接其双向腹地，发展国际物流中心，整合国内外生产要素，为所在区域节省大量成本或赚取丰厚利润，这不仅可以提高港口物流所在区域的国际竞争力，还能够带动相关行业的发展，增强区域经济的开放程度。

在区域经济发展对港口物流的拉动作用方面，谢京辞（2011）利用1984—2008年山东港口物流与经济发展的数据，实证分析了山东港口物流与经济发展之间的关系。结果发现，山东港口物流和区域经济发展存在长期的均衡关系；格兰杰因果检验显示，港口物流与经济发展之间存在单向的格兰杰因果关系，经济发展促进港口物流的发展；反之则不成立。

在港口物流与区域经济的协调互动发展方面，刘南、李燕（2007）从供给推动、需求拉动两个角度分析现代物流发展与经济增长之间的相互关系，以浙江省为例对现代物流发展与经济增长之间的双向因果关系进行分析，发现现代物流发展与经济增长之间存在互动的关系。李晶、吕靖（2008）则认为港口腹地区域作为港口物流货物的提供地，港口空间的基础建设和各类相关服务的提供会对港口物流发展起到推动作用，而港口物流的发展会对区域经济产生正向影响。港口的发展不仅得益于其得天独厚的自然条件，而且离不开腹地的经济发展及其货源拓展。

此外还有其他一些相关方面的研究，聂松竹（2006）认为要提升港口物流经济带动效应，需要协调港口物流与腹地、城市、区域这三个层面的关系，综合而平衡地发展。童永斌（2006）则指出港口物流的空间发展能与城市形成经济互补，港口物流可以驱动城市产业升级，形成可持续的区域经济发展。姜东明（2010）认为港口城市周边地区能得到较快的发展，是因为它具有扩散效应、集聚效应和港口对货物的吸引中转效应；从理论和实证两方面揭示港口经济与沿海地区经济发展之间存在的密切相关关系。

总之，前人对于港口物流与区域经济的研究热点主要集中在两者的关系上：一是港口物流对区域经济发展的推动作用；二是区域经济发展对港口物流的拉动作用；三是港口物流与区域经济的协调互动发展。

2. 港口经济圈及其与港口物流的关系研究

当前，宁波港口经济圈的研究尚不够丰富，多见于对概念和建设目标的研究，对港口物流与港口经济圈的协调发展问题更是缺乏系统研究，只是散见于对港口经济圈内涵研究之中。要研究宁波港口经济圈下的物流业发展问题，首先要明确宁波港口经济圈的建设目标。柴利能（2014）认为经济圈都具有典型的“圈层带动、线性辐射、网络牵引、产业支撑”特征。宁波港口经济圈就是以宁波—舟山港为中心，以宁波市与腹地城市群为载体，以综合运输体系和海陆腹地为依托、以港口产业链为主要支撑，经济、社会、文化、生态紧密联系、相互协调、有机结合、共同发展的区域经济共同体。周昌林、贺向阳等（2015）认为港口产业是宁波港口经济圈的经济纽带和核心内容，按照各产业的性质及其与港口的关联程度，港口产业分为直接产业、依存产业和关联产业。直接产业包括港航物流、临港建筑、渔业等，依存产业包括临港石化、钢铁、船舶汽车制造、能源、造纸和其他临港工业，关联产业包括临港贸易服务、港口金融服务、信息技术服务、租赁和商务服务、公共管理及其他服务业。从发展的阶段性上，港口产业发展是先直接产业、再依存产业、后关联产业。陈飞龙（2015）认为“港口经济圈”是以港口为依托，临港工业或产业园区为支撑，以城市功能辐射为带动，以交通集输运网络为动脉系统的港口经济圈层结构。这里的圈层结构包括核心圈、覆盖圈、辐射圈，还有影响圈等。这四圈构成“港口经济圈”内涵。“港口经济圈”非常讲究线性辐射，通道在哪里，贸易经济活动就发生在哪里，圈层结构就辐射到哪里，这个线性辐射就是基于港口为核心的物流通道。宁波港口经济圈建设目标是重点打造成四个中心：江海陆多式联运服务中心、跨境电子商务中心、大宗商品交易资源配置中心和具有国际影响力的航运物流中心。力争通过5—10年努力，把宁波基本建成长三角港口经济中心、国际贸易物流中心、江海陆联运服务中心，成为亚太地区重要国际开放门户和“一带一路”的战略支点城市。

从上述学者的研究可以看出，物流业在港口经济圈中是直接产业，处于基础性和引导性产业，港口经济圈的辐射程度和线的长度与港口物流业的发展程度直接相关。处于基础性和引导性的港口物流产业必须与港口经济圈协同发展，才能保障宁波港口经济圈战略落到实处。

3. 现状评述

综上所述，国际国内对港口物流带动区域经济方面的研究无论理论还是实践尚比较深入，在该理论的指导下，可以认为宁波港口经济圈战略的实施，港口物流是其基础和保障，因此，必须提升宁波物流业的发展水平，找准宁波港口物流发展的方向，探讨其薄弱环节，提出发展路径，才能真正服务于港口经济圈建设目标。可见，研究宁波港口物流业与港口经济圈发展的战略协同问题对落实宁波“十三五”规划，加快宁波经济发展，提升宁波港口物流在世界经济中的地位具有十分重要的现实意义。

二　研究意义

1. 理论意义

系统归纳总结宁波港口经济圈战略内涵、目标及对宁波乃至对中国“一带一路”倡议的作用；系统阐述港口物流与宁波港口经济圈协同发展意义和作用。丰富港口物流对区域经济的影响和促进区域经济发展的理论。从理论上说明宁波港口竞争力现状和港口物流区域的分布，对影响港口物流发展因素进行梳理，从理论上提出完善宁波港口物流的发展对策。

2. 学术意义

港口物流对于区域经济的影响及带动作用在学术界有很多的研究，但关于宁波港口物流与宁波港口经济圈如何协同发展的系统研究尚且不足，学者研究可散见于宁波港口经济圈概念、内涵、对策之中，但将港口经济圈与港口物流结合起来研究很鲜见。本书在借鉴学者对港口物流理论和方法研究的基础上，第一次系统地对二者之间的关系进行研究，对宁波港口物流发展促进宁波港口经济圈战略目标的实现提出了具体举措。可以说在一定程度上丰富了港口物流促进地方经济发展的理论和实践，起到了抛砖引玉的作用。

3. 实践意义

2015 年宁波市政府提出了港口经济圈的战略发展思路，为宁波融入国家“一带一路”倡议指明了方向。也为宁波再次抓住全球新的发展机遇创造了条件。港口物流是港口经济圈重要的先导和支柱产业，为顺应港口经济圈战略目标的实现，提升宁波港口物流水平，探寻宁波港口物流发展方向、目标和发展路径，助力宁波经济的再次腾飞具有非常重要的实践意义。

第二节　研究思路、内容与方法

一　研究思路

从宁波港口经济圈建设目标而言，物流业作为港口经济圈发展的基础性、先导性和服务性行业，必须从量的扩张向质的提升转变，完善以港口物流为龙头的现代物流服务体系，成为长三角区域物流中心和全国性物流重要节点，成为亚太地区重要国际港口物流中心和资源配置中心，助推宁波港口经济圈发展，使宁波成为“一带一路”的桥头堡和长江经济带龙头的龙眼。本书首先从港口功能、港口物流业发展理论及其与港口经济圈的关系入手，厘清“一带一路”倡议下宁波港口物流业发展的机遇与挑战、港口物流的具体发展模式。研究宁波港口物流业的空间发展格局及竞争力、港口物流与宁波港口经济圈的协同发展现状。对“一带一路”背景下宁波港口物流发展的战略定位进行分析，最终提出建立国际航运中心物流与宁波港口经济圈协同发展的策略。

二 主要研究内容

基于前期的文献研究，本书以港口物流与港口经济圈关系为研究对象，以协同发展为研究目标，以增长极理论为基础，以 SWOT、Moran's I 指数和全局 G 指数的自相关分析、因子分析法等多种分析方法为手段，对港口物流与港口经济圈协同发展问题进行了系统研究。在对港口经济圈与港口物流关系的理论分析基础上，通过对宁波港口物流现状分析，找出了薄弱环节，提出了宁波港口物流发展的方向和目标，针对薄弱环节提出协同发展意见和建议。

本书共分四大部分：

第一部分主要包括第一章和第二章。第一章引言概括了整个书的研究意义、研究目标、研究方法等；第二章阐述了港口起因、发展及港口物流与宁波港口经济圈的关系。即首先对港口发展的历程与宁波港发展历程进行概述，说明物流是港口经济发展的先导产业和基础；其次，说明港口有集聚功能和扩散功能，为宁波打造港口经济圈奠定理论和实践基础；最后阐述了宁波港口物流与港口经济圈的关系，为后续研究二者协同发展的可能性和必要性奠定了理论基础。

第二部分主要包括第三章和第四章。即在“一带一路”背景下宁波港口物流战略定位及物流模式选择的定性分析，从“一带一路”倡议背景分析的前提下，基于宁波港口物流 SWOT 分析基础上，确定宁波港口物流的战略定位，并进一步借鉴国际港口物流发展模式经验确定宁波港口物流最终将选择国际航运中心模式。但就目前而言，宁波舟山港发展与国际航运中心的要求有一定差距。因此，现阶段应以完善供应链一体化建设，通过发展港口区域物流体系模式，走向国际航运中心模式。

第三部分主要包括第五章和第六章。即对宁波港口物流与宁波港口经济圈协同发展现状从多角度多方法进行定量分析评价，找出存在的问题。具体采用了全局 Moran's I 指数和全局 G 指数对宁波市港口物流业进行空间布局进行自相关分析，采用负二项回归模型探讨了影响其区位选择的因素；采用因子分析法对宁波港口综合竞争力进行评价；采用综合评分法对目前宁波港口物流与腹地经济耦合度进行分析，并进一步通过案例和经济数据统计分析方法对无水港和海铁联运建设现状进行分析。通过分析，找出了薄弱环节，为宁波港口物流业与港口经济圈的协同发展决策提供了依据。

第四部分主要包括第七章和第八章。在上述分析基础上对宁波港口物流发展战略、发展思路、发展原则、发展目标进行系统阐述。并根据宁波港口物流成为多式联运国际物流中心战略定位，结合宁波港口经济圈发展要求，从港口间投资合作、陆港建设、铁路网、水路网、航空网、多式联运、现代港航服务、跨境电商物流等角度提出了发展的建议，以提升宁波港口物流发展水平，尽快达到国际物流中心目标，助推宁波港口经济圈战略目标的实现。

三　主要研究方法

本书主要采用理论与实践、定性与定量、案例调研与统计数据、规范研究与实证研究等多方法结合，对宁波港口物流发展历史、现状与国内、国际物流发展现状进行对比，找出其存在问题和产生的原因，为有的放矢地提出建议提供了依据。在研究中既侧重规范研究、逻辑分析与历史分析相结合；又侧重逻辑分析、定性分析与定量分析相结合；还侧重定量分析的多种方法集成使用，从多层次、多角度、跨学科上系统地研究了宁波港口物流与港口经济圈协同发展的方向和路径。具体采用的研究方法如下：

1. 演绎分析法

根据自组织理论中的空间结构理论采用全局 Moran's I 指数和全局 G 指数自相关分析描述了宁波港口物流的空间布局状况和负二项回归模型探讨了影响其区位选择的因素，进行了理论分析和推理。

2. 因子分析法

采用因子分析法对宁波港口综合竞争力进行评价，与周边港口进行比较，用数据说明宁波港口经济综合竞争力在国内港口中处于第三位。

3. 系统分析法

将 SWOT 分析法应用到宁波港口物流现状分析和宁波创建国际航运中心战略目标可行性方面的分析，使分析能够涵盖全方位和多角度。采用综合评分法对目前宁波港口物流与腹地经济耦合度进行分析，并进一步通过案例和经济数据统计分析方法对无水港和海铁联运建设现状进行分析。通过图表、指标等多种手段对影响港口物流各个环节发展的要素所构成的有机的复合系统，从更深层次把握和揭示系统运行存在的问题。

4. 跨学科的集成研究方法

在本书研究过程中始终贯穿着经济学、社会学、管理学、物流技术等多个学科和多个层次进行跨学科的综合性分析，采用定量和定性方法的集成。

具体的内容及技术路线如图 1－1 所示：

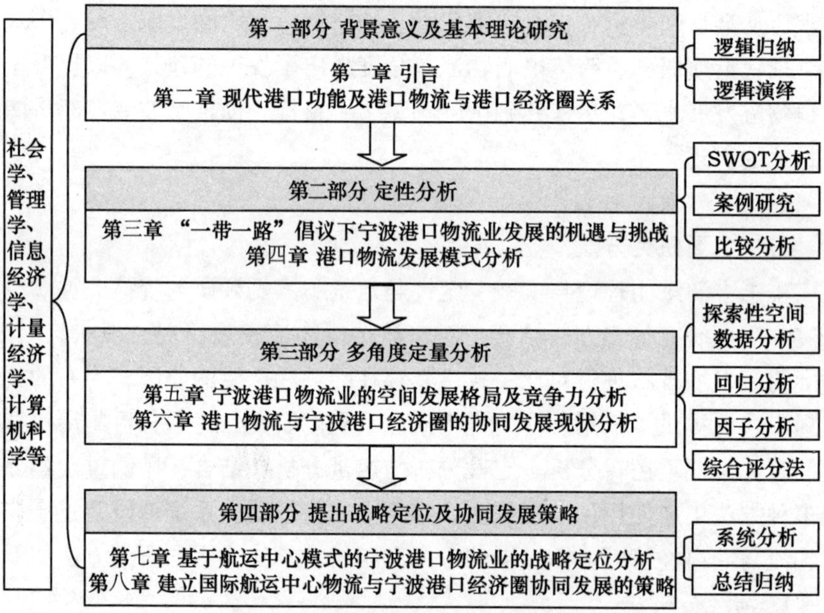

图 1－1 主要内容及技术路线图

第三节 主要观点与结论

第一，港口发展变化历史也是港口物流发展变化的历史。传统港口物流实现的是“港到港”，而现代物流要求的是“门到门”服务。这就要求构筑与港口物流业发展配套的现代综合运输网络与腹地市场体系，进一步拓展港口物流业务。

第二，港口物流是港口城市的支柱产业，其集聚功能和扩散功能不仅带动港口经济，而且带动区域经济，而区域经济又能带动全国经济。

第三，宁波“港口经济圈”战略的实现必须依赖港口物流的协同发展。港口物流模式确定的正确与否直接关系到宁波港口经济圈目标的实现程度。“港口经济圈”的“同心圆”，其“圈层”大不大、辐射力强不强，关键看“射线”的长度和密度。由此可见，发展与港口经济相适应的物流业是拓展宁波港口经济圈辐射力的前提和基础保障。

第四，根据国际物流发展模式和宁波港口在一带一路所处的区位和发展现状，提出了建设多式联运的国际航运中心的发展目标。

第五，根据对宁波港口物流定性和定量分析，找出了薄弱环节，提出了从港口间投资合作、陆港建设、铁路网、水路网、航空网、多式联运、现代港航服务、跨境电商物流等发展的建议，建议涵盖了宏观政策、软硬环境等建设问题。

第二章 现代港口功能及港口物流与港口经济圈关系

第一节 港口形成与发展的历史演变过程

港口是世界经济发展的产物，也是人类社会经济发展阶段的主要标志之一。港口的形成和发展与世界经济活动的空间分布和演变过程密切相关，它直接反映了世界经济发展的规模和范围及其经济重心的地理空间变化状况。交通运输特别是海上运输的发展，为人类社会从自然经济阶段进入商品经济阶段创造了必要的条件。在世界经济发展过程中，现代港口既是国际贸易和商品货物运输的起点或终点，同时也是商品生产与交换的重要基地。随着世界经济的发展和海上运输方式的进步，港口自身也不断地得到新的发展。

人类的各种社会经济活动都是以一定的地理空间为依托的。在人类社会发展的最初阶段，由于受到当时社会经济和生产力发展水平的限制，人们的生产活动只能固定在一个非常狭小的有限空间范围内，通常只能利用自然界所提供的自然条件以及人类自身可以驾驭的自然劳动力和畜力来完成生产资源和劳动成果的搬运过程。河口地区河流纵横交错，水运资源丰富，这种特有的优势不仅是水上运输发展的基础，同时也为近代经济的发展提供了条件，促进了通商贸易的发展，从而推动了古河口港的形成和近代河口港的发展。河口地区也往往是近代经济发展最早的区域，在各种运输方式中，水运是最早兴起的一种运输方式。因此，在靠近河流的地方就成为人们从事社会生产以及进行实物交换活动和日常居住的场所，并由此而逐步发展成为人流和物流的集散中心，最终形成了各种规模的港口。河口港的兴起就是为了满足当时河口地区商贸货运的需求，人类选择靠近江河湖海的地理位置作为生产和生活的场所，这在一定程度上反映了人类社会经济活动对河流和海洋的依赖性，同时也为经济发展的空间拓展做好了充分的准备。可以这样比喻，人类划着独木舟进入原始社会，开着轮船经过近代社会，驾着大型轮船驶进现代社会。因此，近代经济发达的河口地区常常是对外贸易通商较为繁荣的，当社会经济和生产力达到能够满足自给需求阶段时，其产品的生产、交换、分配和消费活动就集中地以对外贸易的方式表现出来。随着社会经济规模和对外贸易范围的日益扩展，世界经济的市场活动空间也逐步扩大。世界经济增长重心经历了数次大转移，与之相对应的是港口的演变及其功能的拓展也经历了几个阶段，这几个阶段正是反映了港口发展的历史演变过程。

根据1992年1月联合国贸易与发展会议的《港口服务销售和第三代港口的挑战》（贸发会秘书处报告）中按照港口代际的形成年代、主要货物、功能战略、组织和生产特点、活动范围等，首次提出了第一、二、三代港口的说法，随着供应链管理理论的发展和港口功能的拓展，1999年联合国贸易与发展会议又提出了“第四代港口”的概念，其定义为“物理空间上分离但是通过公共经营者或管理部门链接”的组织（UNCTAD，1999），即意味着新一代港口将超越原来的运输枢纽中心、装卸服务中心及“第三代港口”所提的物流中心的概念，能够提供灵活、敏捷、准时的服务功能。

第一代港口，发展于20世纪60年代以前，这一时期正处于战后世界经济的恢复阶段，社会生产力发展水平比较低，国际间、国家间贸易都尚未形成规模，货运也自然比较小，这使得以货运量为基础支撑的国际运输业，尤其是以运量大为特征的海运业的发展受到了根本性的影响。海运业发展的受限，自然也使得作为其基础设施载体的港口发展受到限制。此时的港口，主要操作模式以人机结合为主，其功能也主要集中在货物的装卸、转运和储存，作为水陆交通枢纽而存在，船型及吨位大都集中在5000—20000吨级的杂货船。可见，第一代港口只具有一些基本的功能，如货物的装卸和储存，海陆换装等。

第二代港口，发展于20世纪60—80年代，这一时期的西方工业化已初具雏形，世界经济步入了以工业化为指导的时代。社会生产力水平大幅度提高，国际间、国家间的有形商品贸易蓬勃发展起来，国际贸易量的迅猛提升直接带动了与之密切相关的国际运输业的大发展，海运业也在此大背景下得以快速发展，港口的基础设施建设也借此时机得以完善。在追求利润最大化的商品贸易诉求的带动下，以及各国政府发展沿海地区经济的引导下，经济的对外扩张，大批依赖水运的工业向港口城区集聚，港口的功能得到提升。许多服务于临港产业的新功能在此基础上应运而生，港口的功能从传统的水路换装，逐渐发展成“运输、工业和商业服务的中心”。货物运输方式出现了两大变化：一是集装箱的出现使件杂货的运输发生了革命；二是固体散货和液体散货从件杂货中分离出来，形成一种独立的散货运输装运方式，大型散货运输船替代了传统的杂货船。最具代表性的就是当时出现的大量专业化散装船，比如8万吨级的散粮船、20万吨级的矿石船、30万吨级的油品船等。可见，第二代港口功能得到提升，除了第一代港口的基本功能以外，还增加了产业功能和工商业服务功能。港口活动已不再仅限于码头本身，而是扩展到了周边地区，港口与用户之间有了较密切的关系，港内各种活动逐渐走向统一和协调，但港口与所在城市间只有非正式关系。港口的生产特点主要是货物流动、货物加工换装、提供联合服务，增值服务范围进一步扩大，港口发展的关键因素是资本与技术。

第三代港口，发展于20世纪80年代以后，这一时期经济全球化趋势开始出现并迅猛发展，全球性的产业结构调整和信息技术的广泛应用，以信息技术为依托的经济、贸易运输链以及电子数据交换和无纸化贸易逐渐改变了传统的贸易与运输在空间上相互独立的运作模式，使得国际运输与整个国际贸易链接起来。集装箱、干散货和液态散货运输船舶向大型化发展，泊位向深水化、专业化发展。港口采取完全商业化的发展态势，逐渐发展成为国际贸易的运输中心与物流平台，主要业务范围从货物装卸、仓储和船舶靠泊服务，到货物的加工换装及与船舶有关的工商业服务，扩大到货物从码头到港口后方陆域的配送一体化服务。其功能也随之逐渐健全起来，增加了货物的增值加工、包装、配送和信息处理等现代物流功能。各大金融、保险、信息和法律等现代服务业也纷纷聚集到港口附近。港口逐步成为统一的，集运输与贸易一体化的经济共同体，跨国公司的加入，提出了及时服务、零库存等要求，围绕着运输链的起始点，港口活动的范围已大大超出了传统的港口界限。港口与所在城市关系也更加密切，在组织功能上日益扩大。港口的特点是货物流与信息流、资金流、人才流一体化，通过货物与信息的综合配送，可提供一揽子综合服务，港区增值服务也大大增加。港口与城市的现代服务业呈现出相辅相成的态势。可见随着全球产业调整和信息技术的广泛应用，港口功能得到进一步扩展，港口发展成为综合运输中心和物流中心，其功能在第二代港口的功能基础上，增加了现代物流功能，提供配送一体化服务，金融、信息咨询等现代服务功能也大大增加。

第四代港口，是进入20世纪90年代以后大中型港口发展的总体趋势。工业向柔性和个性化方向发展，虚拟企业开始出现，港口成为全球生产、销售等整个供应链中重要的节点，又加上高新技术在港口领域得到全面应用，港口功能进一步完善，成为全球资源配置枢纽。港口生产经营从追求规模化转向追求规模化与满足个性，提供全程、全方位和多层面服务，提出建设生态港目标，强调持续发展。港口与所在城市的发展更为紧密，与人类社会更为协调，从而形成区域经济、技术、文化、利益共同体。在这一阶段，人才与环境成为决定港口发展的关键因素。第四代港口转变了原来第三代港口资源配置物流中心的角色，向供应链管理中的一个环节进行转化，与前后、周边港口紧密联系，并且连接上下游运输企业，为发展全球化方便、快捷的网络性运输体系提供基础性载体，再通过加强基础设施建设、引进现代化信息技术，为各类大型船舶的挂靠提供更好的条件。这一时期，1万箱以上的大型集装箱船已经出现在全球各大具备部分第四代港口特征的枢纽港和支线港中，可见第四代港口意味着将超越原来运输枢纽中心、装卸服务中心及物流中心的概念，能够提供灵活、敏捷、准时的服务功能。

不同时期的经济发展水平及特征必然影响着各产业部门的发展，因此不同代际的港口具有不同的航运特征和功能，一定时期港口的功能体现了该时代的特征及社会发展水平。

表2-1　　各代港口的代别划分及主要特征

	第一代港口	第二代港口	第三代港口	第四代港口
社会经济背景	主要自给自足，世界贸易初步形成	工业化初具雏形，国际贸易开始蓬勃发展	现代物流迅速发展，信息技术广泛应用	集装箱运输网络形成，进入经济全球化及现代供应链管理时代
主要功能	装卸、堆存等传统功能	在传统功能上集成工业、贸易等临港产业功能	综合物流服务功能，成为物流中心	多个港口及物流链功能的整合

续表

	第一代港口	第二代港口	第三代港口	第四代港口
空间范围	港口相对于所在城市（区域）独立	港口与所在城市（区域）在地域上出现交叉	港城地域上一体化	不同城市（地域）的港口的一体化
产业特征	劳动密集型	资本密集型	技术密集型	知识密集型
技术特征	传统的搬运和装卸技术、人工信息处理	专业化、机械化作业技术、计算机信息管理技术的应用	大型化、机械化和自动化作业技术、港口内部集成化的计算机信息管理与外部的信息联系	作业系统的整合和自动化，港口供应链信息的网络化和共享化
核心因素	劳动力和资本	资本和技术	技术和信息	人才与环境

港口发展现代物流具有以下优势：

（1）现代港口是综合物流供应链的龙头。现代港口作为物流分拨配送中心，不但负责储存、分拣、理货、分放、倒装、分装、装卸搬运、加工送货等职能，它还负责整个供应链的情报工作。

（2）现代港口是生产要素的最佳结合点。由于港口运输优势，世界许多最重要的港口都有“前港口，后工厂”的布局设置，许多有实力的企业也选择港口城市作为发展之地，世界重要港口基本上都是重要的工业基地。现代港口有力地推动了区域经济的发展和汇集了最佳的人力、物力、财力，成为区域乃至国际性的商务中心。

（3）现代港口是最重要的信息中心。对国际贸易来说，港口作为国际物流链中的技术节点，是船舶、航海、内陆运输、通信、经济、技术汇集点。在港口地区落户的有货主、货运代理、船东、船舶代理、商品批发零售、包装公司、陆上运输公司、海关商品检查机构等。现代港口已从纯粹的运输中心，经由配送中心发展为今天的物流中心。随着国际多式联运与全球综合物流服务的发展，现代港口作为全球运输网络的节点，将朝着全方位的增值服务方向发展，成为商品流、资金流、技术流与信息流的汇集中心。

（4）现代港口是综合物流供应链中最大货物的集结点。港口是水陆运输的枢纽，是水运货物的集散地、远洋运输的起点和终点。综合物流不仅在海上形成了枢纽港的分离，而且在陆上形成以港口端点，以内陆的物流中心为集散点，以不同运输方式的多式联运为运输通道的内陆网络体系，因此，港口也是最大货物的集结点。

第二节　现代港口发展的基本动因分析

港口的形成是地缘因素和经济因素双重作用的结果。港口最初是自然形成，最初的功能主要是联系水陆运输的枢纽、人员物资的集散地，功能有所局限；随着商品经济发展，特别是国际贸易的发展使港口的功能开始向集运输、临港产业、物流等服务为一体的综合性服务中心转变。从而可以看出，港口形成是自然环境与经济需求结合的产物，同时随着人类科学技术的进步，对港口的发展和功能的拓展又起到了非常重要的作用，如信息技术成为现代港口服务能进一步向腹地延伸的关键。

一　区位因素

从区域经济的角度来说，港口经济就是利用港口优势所形成的区域经济。优越的区位优势使其所涉及的地域包括了港口区，也包括了依托港口而发展的区域。可见，区位是港口形成和发展的重要因素。

港口概念最早的定义与区位密切相关，是在水陆交界处适于船舶装卸货物的地点，而本文所指的区位包括地理区位和经济区位两个方面。地理区位主要指的是港口的自然环境，包括海向和陆向的通达性、码头水深、锚地和航道状况、气候条件等。经济区位指的是港口所在区域和腹地的经济发展地位。优势区位的港口会采取积极有效的策略，使之处于效益和功能相互促进的良性循环中。区位的影响还表现在港口合作发展方面。具备区位优势的港口将邻近港口发展成为合作者，彼此承担不同的分工，形成港口群。港口群的发展模式使得港口的发展空间扩大，能够充分利用群内成员资源，细化并拓展其服务功能。

港口与区域经济的发展是一种互动关系。一方面，港口发展离不开所处区域，只有区域经济发展了，港口才会得到真正的发展；另一方面，区域经济应充分利用港口的优势，促使其经济增长。港口与区域经济的关系是通过港城的互动关系体现的，港城互动，港口城市成长为区域经济中心；然后，港口通过港口城市的中心带动作用推动区域经济的发展。根据国务院发展研究中心信息网观点，港口经济是在一定区域范围内，由港航、临港工业、商贸、旅游等相关产业有机组合而成的一种区域经济。该观点说明了港口经济从空间上是一个区域概念，指港口所在地以及港口相关产业所在地的范围。

二 经济因素

冷战结束之后，全球进入一个相对和平的发展时期，各国之间贸易往来密切，全球化经济进程加快。港口作为国际经贸活动中的重要角色，其功能随着经济发展不断演化由于产业集群和经济积聚现象，港口所在的城市和区域出现了一些产业域，诸如临港工业区、多功能物流园区、商贸区等。这些产业域的建立和发展均以港口为带动因素，并与港口发展息息相关。此时港口的概念不应该被简单理解成“为船舶靠离、装卸提供地点的场所”，而应该是一个多功能集成的平台。同时，随着供应链一体化的发展，港口作为运输价值链中的一个环节，必须统筹考虑整个链条的社会效益和经济效益，追求整体利益最大化。此时的港口已经超越传统意义上的孤立运输节点地位，其运输功能甚至逐步淡化，而物流、商务、信息、金融等综合服务功能得以强化。

当然，并不是所有港口的功能转变都同步完成，区域经济处于不同的发展阶段，港口也承载着不同的功能，因此，发达地区的港口在功能演化中要适当超前。

三 技术因素

科技发展是推动港口功能发展的主要外部因素之一。20 世纪七八十年代，随着现代管理理论和方法、信息技术、自动控制等科技的发展，港口物流的现代化水平日益提高。条形码技术、集装箱 RFID 技术、自动分拣技术、物流仿真技术等高新信息化技术已在港口广泛应用；港口在管理、工作监控、信息交流等方面取得了巨大进展，分布式生产、码头工作实时监控、港口自动装卸、港口信息管理等现代化的生产和管理系统相继产生并得到有效应用。现代科技的应用使得港口效率和效益提高，并大力开展增值服务。诸如，信息技术使得港口成为集运输、仓储、加工等资源于一体的信息平台；自动化和监控技术促使港口生产流程优化和精益化发展，有利于流程再造，提供客户差异化服务；现代管理方法则使港口突破传统限制，使港口物流运行模式不断优化，运作效率大大提高。可见，技术的外溢提高了港口物流的运行效率和管理水平。

第三节　宁波港口发展演变过程

追溯宁波港，从原始时代的河姆渡古文化至今，已有7000多年的人文历史，它是中国最古老的港口。早在春秋战国时期，甬江流域出现了最早的港口——句章港；752年，日本遣唐使舶由明州入唐，是时，宁波港（明州港）曾与扬州、广州一起被列为我国对外开埠的三大港口。鸦片战争之后，宁波港与广州、厦门、福州、上海港口一起被辟为五口通商口岸之一。尽管宁波港历史悠久，但是，到1949年，港口吞吐量也只有4万吨。作为拥有几百年港口历史的城市，宁波亦随着港口的兴旺和衰落而起起伏伏。早在唐朝时期，宁波便在三江口筑城建港，并逐渐形成了以三江口的内河港为中心，江东、江北、海曙三区沿江发展的宁波老城区。新中国成立后，港口功能逐渐恢复。宁波港口发展大致经历了三个阶段：

一　第一阶段由内河港走向河口港（1973—1978）

从1973年到1978年，开始了镇海、北仑港区的建设，由内河港走向河口港。

新中国成立后，港口功能逐渐恢复。至1959年，港口年吞吐量首次突破百万吨，计137.4万吨。1973年，在周恩来总理提出三年改变港口面貌的号召下，国家决定开发建设宁波港的镇海港区；1978年，宁波港北仑港区以其国内少有的深水优势和优良的港湾条件，成为配合上海宝山钢铁总厂建设铁矿砂中转码头的首选地点。总之，在这一阶段港口对城市发展贡献较少，这一时期城市主要依赖自增长效应继续发展。

二　第二阶段完成了河口港到沿海港的转变（1978—2000）

从1978—2000年，重点发展散货运输，完成了河口港到沿海港的转变。随着我国改革开放政策的实施，宁波港迎来了新的发展契机。

1979年6月，国家批准宁波港对外开放。1979年1月10日，北仑港区10万吨级矿石中转码头打桩，并且，它在我国建港史上，首次全套引进国外先进装卸设备。党的改革开放政策，给宁波港带来从未有的机遇；没有改革开放，就没有如此迅猛发展的宁波港。80 年代远洋贸易的兴起，促进了宁波港由河口港向北仑的深水海港过渡，充分发挥和利用深水良港的优势，并由此进入港口快速发展时期。

1980 年 11 月 4 日，镇海港区的煤炭码头首次迎来了万吨级船舶。当“红旗 110 号”煤轮平稳地靠上卸船泊位时，宁波港结束了只能停靠 3000 吨级船舶的历史。

1982 年 6 月，我国第一个现代化的 10 万吨级矿石中转码头落成，它不但填补了我国港口史上没有 10 万吨级码头的空白。

1982 年 11 月，“云海”轮从美国装载 2. 7 万吨散化肥抵达北仑港区，港区新建造的灌包系统正式启动运转。到 1987 年年底，专为宝钢配套服务的北仑港区已中转 11 个货种，取得良好的经济效益和社会效益。

1985 年 1 月，13 万吨级巴西籍“巨拉”号轮靠泊北仑港，这也是靠泊宁波港的第一艘最大的外国籍散货船，宁波港为上海宝山钢铁厂中转矿石正式开始。这一年，宁波港的货物吞吐量首次突破 1000 万吨。

1986 年 4 月，宁波港并未仅仅满足于为一家钢铁厂服务，它把目光盯向长江。长江沿岸的钢铁企业将为宁波港提供持续增加的大宗货源。现在北仑港从一个专为宝山钢铁厂配套服务的码头，发展到服务武钢、鞍钢等 30 多家钢铁企业，目前是国内最大的进口铁矿中转基地。

1989 年，北仑 10 万吨级码头的吞吐能力已接近年设计通过能力。

20 世纪 80 年代末，随着世界航运业的发展，集装箱运输越来越显示其重要的地位。进入 90 年代，世界经济发展的重点向亚太地区转移。1991 年 9 月，宁波港建成我国大陆最早投产的第四代国际远洋集装箱船专用码头，结束了一直无专用集装箱泊位及专用设施的历史。进入“九五”后，宁波港及时调整生产布局，把发展集装箱运输作为港口发展的重中之重。坚持放开干线，积极培育航运市场，拓展近洋支线，发展内贸集装箱运输的方针，使宁波港的深水优势凸显，集装箱运输开始“提速”，从而吸引了全球排名前 20 位的著名班轮公司纷纷“落户”宁波港。几年间远洋集装箱干线从零增加到 18 条，60 多条集装箱航线，每月 300 多班集装箱航班把宁波港与世界各大洲紧紧联系在一起。从而使宁波港在“九五”期间集装箱吞吐量以年均 41. 3% 的速度递增。

与此同时，国际海运业也朝着远洋船舶大型化、深水化方向发展。宁波港再一次利用深水优势，在北仑10万吨级矿石中转码头处向东延伸，扩建一个20万吨级，能停靠30万吨巨轮的码头。从1992年拍板兴建，到1994年10月试车，在不到两年的时间里，中国港口没有20万吨级以上大型散货泊位的历史宣告结束。11月，来自巴西图巴朗港的25万吨级“易坚”号矿船稳稳地靠在20万吨级卸矿泊位。20万吨级船舶承担远洋运输，比10万吨级船舶运输成本每吨可降低1—2美元，可为国家进口矿砂节省大笔远洋运输外汇。1994年，20万吨级矿石码头的投产，使宁波港年吞吐铁矿能力达6000万吨。1995年的12月，30万吨巨轮“大凤凰”轮靠上宁波港，又一次改写了港历史，使宁波港朝国际深水大港的目标迈进了一大步。

宁波港在短短20多年间，实现了亿吨港的目标，发展成国际型深水强港。

三　第三阶段实现了支线港向国际干线港转变（21世纪至今）

从2001—2008年，重点发展集装箱运输实现了支线港向国际干线港转变，2008年金融危机后，宁波—舟山港一体化建设提速，港口进入转型发展的新阶段。

2001年，宁波港集装箱吞吐量已超过120万标准箱。2005年，全港集装箱吞吐量达到300万标箱，货物吞吐量达到1.5亿吨。

2006年宁波、舟山港合并，“宁波—舟山港”名称自2006年1月1日起正式启用。随着浙江经济快速发展，对外开放进一步扩大，外贸物资运输量也大幅增长，经过多年的发展建设，宁波、舟山两港已成为浙江省港口的两大支柱，也是上海国际航运中心南翼的重要组成部分。宁波港是长三角除上海港外唯一拥有远洋航线的港口，2004年货物吞吐量达2.3亿吨，居大陆沿海港口第二位，2005年集装箱吞吐量又突破了500万标准箱，且增长率连续7年保持第一；舟山港凭借其深水岸线优势，则已跻身全国沿海港口第九位，由一个地方小港迅速发展成为华东沿海重要的区域性港口。一体化不等于宁波与舟山港的简单合并，不是1加1等于2，而是大于2。港口兴，则城市兴、经济兴。宁波、舟山港口一体化，是浙江实现水运强省工程的重要一步，也是浙江省对于长三角地区发展的重要砝码。浙江水运强省工程的实施，区域布局的形成，促使沿海区域成为浙江省产业集聚带、海洋经济成为浙江省新的经济增长点。

据浙江省港航管理局统计，宁波—舟山港2009年完成的5.7亿吨货物吞吐量占全省全年海港货物吞吐量的81.4%，其中外贸货物吞吐量2.4亿吨，占全省海港的92.3%；完成集装箱吞吐量1043万标准箱（TEU），占全省海港的94%，略低于2008年水平，这表明宁波—舟山港集装箱量自2008年后首次突破1000万标准箱大关后，在金融危机的袭扰下，依然保持强劲发展势头，与沿海同类港口相比，其下降幅度最小。2009年宁波—舟山港货物吞吐量达到5.7亿吨，位居全球海港吞吐量首位，总量比2008年增加了0.5亿吨，增幅10%，增长速度全球首位。

2010年货物吞吐量达6.3亿吨，跃居世界第一。2010年全港货物吞吐量达到2亿吨，集装箱吞吐量翻了一番，达到600万标箱，使宁波港成为国际深水枢纽港和国际集装箱远洋干线港。

2013年，根据中港网发布的2013年全球10大港口货物吞吐量统计，宁波—舟山港成为全球首个8亿吨港，货物吞吐量达到8.1亿吨，继续保持全球第一；而集装箱吞吐量亦达到1732.68万TEU，位列全球第六。宁波港口全港年货物吞吐量完成4.96亿吨，同比增长9.5%，继续位居中国大陆港口第三、世界前四位；集装箱吞吐量完成1677.4万标准箱，同比增长7%，箱量排名保持大陆港口第三位、世界港口前六强。

2014年中国港口货物吞吐量排名前十大港口中宁波—舟山港位居第一，即：宁波—舟山港、上海港、天津港、唐山港、广州港、苏州港、青岛港、日照港、秦皇岛港、烟台港。

2014年，全球十大集装箱港口吞吐量排序依次为：上海港、新加坡港、深圳港、香港港、宁波—舟山港、釜山港、青岛港、广州港、迪拜港、天津港。连续11年排名全球集装箱港口第五位的釜山港，在2014年被身后大步追赶的宁波—舟山港拉下马，首次滑落至第六名。宁波—舟山港近年快速发展态势明显，步步紧逼排在前面的釜山港。据中港网数据，两港差距从2012年的87万标箱缩小到2013年的32万标箱，2014年，宁波—舟山港一举超过釜山港70余万标箱，首次坐上世界第五的位置。值得注意的是，宁波—舟山港不仅在2013年是前十大集装箱港口中增速最快的港口，2014年11.8%的增幅，仍然保持了增速最快这一纪录。

2016年，宁波—舟山港货物吞吐量9.2亿吨，居全球第一位，其中，宁海港域完成5亿吨，全年宁波—舟山港集装箱吞吐量2156.1万标箱，增长4.5%，居全球第四位，全国第三位。其中宁波港域集装箱吞吐量为

2069.6 万标箱，增长4.4%。宁波港域集装箱航线总数达232条，其中远洋干线111条，近洋支线69条，两支线20条，内贸线32条。宁波港域全年完成海铁联运25万标箱，增长46.9%。

第四节 现代港口功能

港口作为综合运输的枢纽和进出口货物的主要集散地，在整个物流网络中起着举足轻重的作用。港口与腹地经济的发展密切相关。腹地经济的发展为港口生产带来强有力的动力，同时，港口为腹地各行各业的发展创造了条件。因此，现代港口功能可以归结为两大功能，即：空间集聚效应和区域扩散效应。

一 港口的空间集聚效应

港口的空间集聚效应是指港口作为社会性基础设施对所在地区社会经济所产生的推进城市产业集聚、国内市场国际化和区域经济一体化的能力。沿海港口以其独特的地理区位优势和便利的进出口通道功能，吸引了大量产业在沿海地区的集聚，形成了以港口为中心的临港工业区和城市经济带。目前，全球六大城市经济无一不是沿海港口城市的区域性组合。由此可见，港口的空间集聚效应是推动沿海地区经济发展和城市化进程的重要推动力。

港口的空间集聚效应是通过其内部规模效应和外部规模效应实现的。内部规模经济效应主要反映在社会经济发展过程中的比较利益和企业生产过程中的资本规模效应。这种比较利益的物质形态主要表现为国际化社会分工的不断扩展和深化，而资本规模效应来自生产过程中资本的物质形态投入的不可分性。外部规模经济效应主要是通过企业生产活动的空间地域的环境因素反映出来的。现代社会经济的产业活动过程表现为具有广泛国际化社会分工和相互紧密联系的协作方式，无论是相同产业的或者不同产业的生产经济活动都不是以单一经济实体的方式独立于城市空间地域之外，而是相互紧密地集聚在相对比较有利的空间地域内，并充分利用该地域所提供的基础设施、政策环境以及企业之间的相互沟通来实现企业的最大经济效益。港口的空间集聚效应就是通过城市社会经济发展所提供的双重规模经济效应来满足企业对最小运输成本的追求和其他相关产业的规模化产业效益，并在此基础上进一步提供各类城市社会基础设施服务，来满足经济发展对规模经济的需求。

1. 产业集聚功能

随着社会经济和生产力的发展，现代工业产业日益呈现出国际化社会分工和专业化集中生产的发展趋势。在现代工业的发展过程中，代表着工业化时代的六大支柱产业：纺织工业、煤炭工业、钢铁工业、汽车工业、造船工业和石化工业都以规模化形态集聚于沿海城市，形成了以港口为中心的沿海城市经济带。港口的产业集聚功能主要表现为港口对城市经济以及港口周边临港工业大规模发展的影响和促进作用。从近代工业发展的历史过程来看，19 世纪中后期英国的伦敦曾经借助港口的运输条件和口岸功能，形成了纺织工业、造船工业和煤炭工业的高度集聚，使之成为 19 世纪的国际经济、贸易和航运中心。如果把伦敦作为是在英国经济发展的内部要素作用下所形成的城市产业集聚的范例的话，那么，与此相对应，20 世纪 30 年代的上海则是在外来资本的作用下，依托港口所形成的半封建半殖民地国家港口城市产业集聚的典型案例。大量外国资本依托港口优势，加大在上海的产业投资，形成了短时期内上海城市产业的高度集聚，并迅速成为当时国内乃至东亚地区纺织工业、造船工业、轻工业的生产制造中心。随着对外贸易运输的不断发展，上海又被称为远东地区的国际航运中心。

世界经济发展的实践已经证明，现代工业产业大规模地集聚于沿海港口城市的现象并不是个别产业和企业追求经济利益的偶然行为，而是社会经济和生产力发展的必然规律。港口直接产业与港口关联产业的发展构成了良好城市基础设施条件产生的空间集聚引力，可吸引与港口无直接关系的产业在港口城市的集聚。临港大工业的发展产生协作引力，也不断吸引前、后相关联产业在港口城市集聚。随着产业集聚带来的就业和消费的扩大，通过乘数效应促进了城市非经济基础部门的发展。在这一过程中，大力发展第三产业，建设商贸中心是发挥集聚效应的重要保证。同时，港口城市也是建设商贸中心的优势区位。这是因为，商贸中心应是物流、信息流的集结地，港口城市完全可以提供这种服务。随着不同产业在港口城市的集聚，港口城市的产业体系渐趋完善，进入多元化经济发展阶段。

当城市的经济和社会活动集聚到一定程度时，就需要通过运输和交通与外部世界进行交往，建立广泛的关系。海洋运输的巨大能力及成本低廉等优势，是港口成为城市的经济和社会活动与外部联系的首选方式和重要节点。港口因生产和经营活动产生了大量的人员、物资、信息、资金的流动，直接产生了港口产业（海运、仓储、集疏运等），引发了依存产业（造船、贸易、钢铁、石化、电力、加工工业等）、派生产业（有关港口的金融、通信、保险、修理、旅游、服务等），从而形成集生产、经营、商贸、旅游、信息甚至服务网等功能为一体的特殊区域。依港建城，港城一体，互相依托、促进。可见，其发展过程除了相互竞争的产业经济关系之外，还会形成互为条件或消费对象的社会经济环境，并由此产生产业规模化条件下的集聚效益，最终形成空间地域上的经济发展中心，形成了世界上许多港口和城市共同发展的现象。

2. 区域经济一体化功能

以港口为核心的城市产业集聚为区域经济一体化创造了条件。在国际资本和国际贸易的双重媒介因素作用下，整个世界经济出现了由港口城市之间相互作用与影响而逐渐产生的区域一体化趋势，并迅速推动着经济全球化的形成。美国经济学家 W. 艾萨德在其《区位与空间经济》一书中对交通运输在经济发展中的作用问题做过这样的评述："在经济生活的一切创造革新中，运输工具在促进经济活动和改变工业布局方面，具有最普遍的影响力。"长期以来，人们普遍认为优越的自然地理环境条件和直接的经济腹地是港口发展的基本条件。但是国际集装箱这种通过分阶段运输把四处分散的货物集中于一地装卸的新型运输方式完全改变了城市与内陆腹地之间的相互依存关系，也直接影响着沿海港口城市之间的相互平衡关系。人们从现代港口尤其是国际航运中心发展和区域性集装箱枢纽港的形成的过程已经清醒地认识到现代港口的自然条件和经济腹地的概念已经不再局限于传统的与港口之间有着直接陆上运输通道的地区性区域的概念。依托于新型的国际集装箱运输方式，一个内陆腹地的货源可以选择不同的港口作为本地区的出口通道。由此形成了区域型港口城市与内陆腹地之间相互交叉的互为依存和相互竞争的经济格局，促进了区域经济的一体化。

从目前全球六大国际化城市群的形成与发展过程来看，无论是美国沿大西洋东岸的波士顿—纽约—华盛顿沿海港口城市经济区域还是日本太平洋沿岸的东京—名古屋—大阪沿海港口城市经济带，无一不是沿海港口城市的区域性集合。20 世纪中后期形成的我国三大沿海经济区域即长江三角洲、珠江三角洲和环渤海湾经济圈也都是在沿海港口城市社会经济发展基之上所形成的城市产业集聚现象。据统计，目前世界沿海港口城市集聚了全球经济总量的20%。由此可见，任何港口不论是大港还是小港，不论是枢纽港还是支线港，港口的空间集聚效应将继续成为世界经济发展的重要推动力。

二 港口的区域扩散效应

港口的空间扩散效应主要是指随着港口城市产业集聚过程而产生的产业转移及其影响力的辐射程度，它是港口空间集聚效应的延续和补充过程，具有一定的时间与空间的可度量性，主要表现为港口城市对周边区域经济辐射和产业转移的影响程度与距离范围。

产业的梯度转移是港口的空间扩散效应的物化形态，这种空间扩散效应的传递路径是以交通运输通道作为基本运动方向作用的。在工业化产业经济阶段，社会经济的发展是以交通运输能力及其基础设施规模为基础的，这也是当前世界经济的国际化社会分工的产业特性所决定的。在港口空间扩散效应作用下的产业梯度转移其实质就是资本的流动和产品生产过程的物流变化。由于现代物流对交通运输通道及其社会基础设施的高度依赖性，因此，交通运输方式及其社会基础设施的发展是现代社会经济发展与城市产业实现梯度转移的首要条件。

港口对城市社会经济的空间集聚效应与扩散效应反映了现代港城关系中相互对立统一的运动规律。无论是从哲学的角度还是从社会经济学的角度来分析，港口城市的产业集聚与扩散始终是经济发展过程中处理城市空间和市场容量关系问题的两个方面，二者既对立又统一，相互依存，相互制约，并在一定条件下相互转化。当城市的社会经济容量集聚到一定程度之后，必然出现向新的空间扩展和延伸趋势。伴随着这种产业扩散过程，许多被转移的产业又在新的空间形成新的产业集聚。因此，港口运输对城市社会经济的扩散效应是其空间集聚效应的延续和扩展，同时也是推动城市社会经济外延发展的重要动力。

城市社会经济发展的形成过程实际上就是一个在港口空间集聚与扩散效应作用下不断地进行着新旧产业“集聚—扩散—再集聚—再扩散”的转移过程。世界范围内的国际资本和国际贸易的运动过程推动着全球经济结构和产业布局的调整，以国际化社会分工为特征的市场经济模式不断地为城市社会经济的发展注入新的活力。并由此不断推动着城市社会经济的扩展，进一步促进了区域经济一体化的形成。

现代港口不仅推动了城市经济量的增长，其港口区位优势也大大增强了城市经济的辐射能力和竞争能力，充分改善了城市的产业结构，城市的发展又促进了港口的发展，二者相辅相成。

在一定区域内，集聚和扩散功能往往同时存在。通过集聚效应来集中各项资源助推产业发展，通过扩散效应来带动周边地区和世界各地的经济增长。这两种效应在区域经济中保证了极化地区与非极化地区的动态平衡发展，也加强了港口腹地与港口物流的联系，进一步增加物流量和扩大腹地区域。

通过港口物流的集聚效应和扩散效应，相关产业能在更广阔的区域内所形成的资源共享和外部经济，不仅能够扩大市场需求，还能实现集群规模的进一步扩充，更好地带动区域经济的发展。如图 2 - 1 所示。

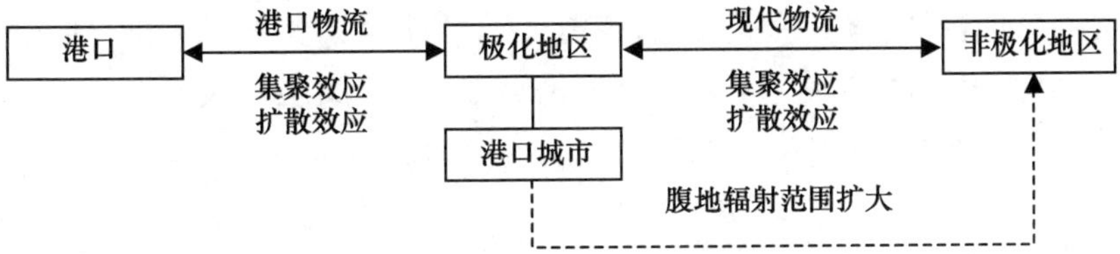

图 2 - 1　港口物流扩大腹地辐射范围

第五节　宁波港口经济圈的定位分析

宁波是一座因海而生、因港而兴的城市，也是古代海上丝绸之路的始发港之一。近年来，宁波坚持“以港兴市、以市促港”发展战略，推进宁波—舟山港一体化取得了显著成效。在打造国际强港中实现了港口与城市的互动发展。特别是国家“一带一路”倡议的提出给地处“海上丝绸之路”和“长江经济带”交汇处的宁波带来了新一轮的发展机遇。2014年宁波市政府为全面对接“一带一路”国家战略，明确提出了建设宁波“港口经济圈”的目标，为宁波打造新的经济增长极，再创竞争新优势指明了方向。

从世界港口发展的历史看，港口的发展是跟经济和社会一起互动发展的，“圈”的范畴也在不断扩大。德国杜伊斯堡1916年建港，产业链以煤炭、钢铁为主，逐渐扩展到了莱茵河下游，如今腹地已扩展到南欧。港口与经济腹地的关系上，呈现出围绕港口这一物流基础平台而协调化的发展趋势。港口日益成为其所辐射区域外向型经济的决策、组织与运行基地。区域性的产业布局、信息网络、人才以及各类软硬件服务设施相关的政策法规体系，都在向港口倾斜和靠拢。需要指出的是，这种经济协调发展的动向，在拥有广阔陆向经济腹地的港口所在区域中表现得尤为明显。

目前，对港口经济圈概念尚无统一界定。与经济圈、都市经济圈在内涵上有一定相似性，港口经济圈也是一种生产布局、资源配置的地域组合形式。普遍认为，宁波港口经济圈是以宁波—舟山港为中心，以宁波市与腹地城市群为载体，以综合运输体系和海陆腹地为依托，以港口产业链为主要支撑，经济、社会、文化、生态紧密联系，相互协调、有机结合、共同发展的区域经济共同体，具有“圈层带动、线性辐射、网络牵引、产业支撑”的特征。建设“港口经济圈”，重要着力点是要扩大港口的辐射力。“港口经济圈”好比是一个“同心圆”，其“圈层”大不大、辐射力强不强，关键看“射线”的长度和密度。建设“港口经济圈”不是一个虚无缥缈的概念，更需要实实在在的内扩外延，把圈层做大。

根据宁波市政府确定的港口经济圈建设目标是重点打造四个中心：江海陆多式联运服务中心、跨境电子商务中心、大宗商品交易资源配置中心和具有国际影响力的航运物流中心。力争通过5—10年努力，把宁波基本建成长三角港口经济中心、国际贸易物流中心、江海陆联运服务中心，成为亚太地区重要国际开放门户和“一带一路”的战略支点城市。

宁波地处海上丝绸之路和长江经济带的交汇处，是浙江海洋经济发展示范区建设的核心区，与“一带一路”沿线国家和长江经济带沿江省市建立了紧密广泛的通航通商合作关系。加快建设“港口经济圈”，就是要在更高层次上提升宁波产业发展能级、区域辐射力和国际竞争实力，在服务“一带一路”和长江经济带国家倡议中发挥更大的作用。因此，宁波港口经济圈的定位应该是实现港口辐射半径的最大化、港口功能的最大化、港口经济的最大化，使之成为宁波引领经济新常态的“动力总成”。

宁波港口经济圈是以港口为依托，临港工业或产业园区为支撑，以城市功能辐射为带动，以交通集疏运网络为动脉系统的港口经济圈层结构。这里的圈层结构包括核心圈、覆盖圈、辐射圈，还有影响圈等，这四圈构成“港口经济圈”内涵。宁波港口经济圈将建设四个中心，其中“江海陆多式联运服务中心”“具有国际影响力的航运物流中心”这两个中心对宁波物流业发展提出了很高的要求，目前，宁波港已拥有“无水港”12个，与金华、衢州、鹰潭、襄阳、西安、兰州等省内外近20个城市构建了海铁联运网络，并在2014年9月2日首次成功全程代理中亚地区国际海铁联运业务，将港口腹地从浙东沿海延伸至中西部内陆和“丝绸之路经济带”。但与港口经济圈要求的目标还存在差距，主要表现在港口经济贸易功能不强、综合型重大对外通道不畅、政策体制创新支撑不力这三块相对“短板”。因此，以宁波—舟山港为中心，以宁波与腹地城市群为载体，以港口产业为支撑，完善其物流基础设施和综合运输体系，才能真正增强其辐射力度，拓展港口经济的“辐射圈”。

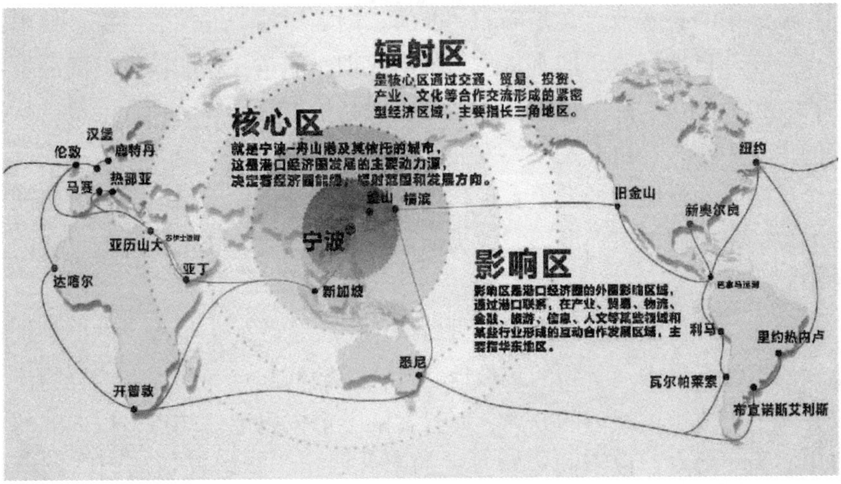

图2-2 宁波港口经济圈空间布局图

资料来源：港口经济圈，打造现代化港口城市升级版，2015-03-05，中国经济导报。

第六节 港口物流与宁波港口经济圈的关系

物流是实现区域内、区域之间物资、信息的交换与交流的重要手段。港口物流是以港口作为物流的中心节点，以建立货运中心、配送中心、物流信息中心和商品交易中心为目的，将运输、仓储、装卸搬运、代理、包装加工、配送、信息处理等物流环节有机结合，形成完整的供应链，为用户提供多功能、一体化的综合物流服务的体系。

港口发展现代物流具有以下优势：

第一，现代港口是综合物流供应链的龙头。现代港口作为物流分拨配送中心，不但负责储存、分拣、理货、分放、倒装、分装、装卸搬运、加工送货等职能，它还负责整个供应链的情报工作。

第二，现代港口是生产要素的最佳结合点。由于港口运输优势，世界许多最重要的港口都有“前港口，后工厂”的布局设置，许多有实力的企业也选择港口城市作为发展之地，世界重要港口基本上都是重要的工业基地。现代港口有力地推动了区域经济的发展和汇集了最佳的人力、物力、财力，成为区域乃至国际性的商务中心。

第三，现代港口是最重要的信息中心。对国际贸易来说，港口作为国际物流链中的技术节点，是船舶、航海、内陆运输、通信、经济、技术汇集点。在港口地区落户的有货主、货运代理、船东、船舶代理、商品批发零售、包装公司、陆上运输公司、海关商品检查机构等。现代港口已从纯粹的运输中心，经由配送中心发展为今天的物流中心。随着国际多式联运与全球综合物流服务的发展，现代港口作为全球运输网络的节点，将朝着全方位的增值服务方向发展，成为商品流、资金流、技术流与信息流的汇集中心。

第四，现代港口是综合物流供应链中最大货物的集结点。港口是水陆运输的枢纽，是水运货物的集散地、远洋运输的起点和终点。综合物流不仅在海上形成了枢纽港的分离，而且在陆上形成以港口端点，以内陆的物流中心为集散点，以不同运输方式的多式联运为运输通道的内陆网络体系，因此，港口也是最大货物的集结点。

一　现代港口物流业作用已延伸到更广的区域

港口物流是特殊形态下的综合物流体系，是作为物流过程中的一个无可替代的重要节点，完成整个供应链物流系统中基本的物流服务和衍生的增值服务。港口物流集聚是一个区域过程量与效益量的积累，是港口能否形成产业集聚、行业集聚以及企业集聚的关键要素之一；城市发展驱动力是指由于城市人口、地区生产总值的不断推动，促进了港口地区各个要素集聚，促进了港城一体化关系。在早期研究中对港城互动关系的关注度很高；但随着物流技术、信息手段的提升其功能不断拓展，使港口物流的作用已不可能仅停留在所在地城市发展的关系，人们开始关注物流对整个区域的影响。

物流业是区域内以及区域间实现联动发展的纽带，同样区域经济的发展也会进一步扩大对物流产业的需求。港口和物流的发展是相辅相成、互相促进的。首先，国际贸易 90% 以上是依靠海运实现货物的空间转移，港口物流的发展也都依赖于以港口为中心的多式联运业的发展；其次，现代物流迅猛发展为港口的进一步发展创造了新的机遇，提出了更高的要求。

根据增长极（不平衡增长）理论阐述的区域经济发展中的聚集、扩散效应，可以有效解释港口物流之所以能得到较快的发展，是因为港口具有聚集效应、扩散效应和港口作为海运的必经通道在国际贸易中继续保持强大集散功能，不仅能进一步提高有形商品的集散效率，而且还具有集有形商品、技术、资本、信息的集散于一体的物流功能，使港口成为贸易的物流中心。不仅如此，由于港口与贸易、工业之间错综复杂的关系，港口一直被看成是地区经济的增长点。环顾全球，可发现很多港口城市已成为各国的经济、政治、文化中心。现代港口和城市及区域经济相互作用的关系，主要得益于港口的中转运输，港口城市已成为银行业、金融保险业、海上保险业、商品期货贸易业的综合体，与航运相关的服务业亦很发达，包括船舶代理、货运代理、仓储报关等。值得注意的是，现代港口的最新发展趋势表明，它将成为极为重要的信息中心。对国际贸易来说，港口既是不同运输方式汇集量最大、地位最关键的节点，也是国际物流链中的技术节点，是船舶、航海、内陆运输、通信、经营技术革新的会聚点。在港口地区落户的有货主、货运代理、船东、船舶代理、商品批发零售、包装公司、陆上运输公司、海关、商品检验机构等。现代港口应当能发挥商务中心的功能，为用户提供方便的运输、商业和金融服务，如代理、保险、银行等。现代技术，尤其是现代信息技术与自动化技术，如电子数据交换（EDI）系统的增值服务网络，能为港口物流过程提供良好的控制与管理，使其更好地成为海向腹地与陆向腹地联系的中枢。在这种大趋势下，港口物流业有较大的发展空间。

传统的港口与腹地关系研究中的重点是港口门户和港口中心，现在不论是在具有发达的基础设施网络和广阔腹地的发达国家，还是在仅有薄弱的不成熟的基础设施和有限腹地的欠发达国家中，强调的重点都已经被港口联系、全球网络空间交互作用所替代。港口与腹地关系涉及的范围必须从更大的空间结构中去考察。因为港口只是全球运输链中的环节之一，只有从全球交通运输体系出发，从洲际之间发展关系远景出发才能深刻理解港口与腹地的关系。

二　港口物流业是港口经济圈的基础产业和引导产业

物流业在港口经济圈中是直接产业，处于基础性和引导性产业，港口经济圈的辐射程度和线的长度与港口物流业的发展程度直接相关。因此，港口经济圈建设目标的实现离不开与之匹配的现代物流业的推动。

发展与港口经济相适应的物流业是拓展宁波港口经济圈辐射力的前提和基础保障，因此，宁波物流业如何在现有的基础上实现质的飞跃，成为服务于宁波港口经济圈建设的引擎是宁波物流业发展的重大战略问题，是宁波港口经济圈战略目标能否实现的关键所在。

物流产业一方面可以通过本产业发展创造产值促进区域经济的增长；另一方面通过为其他非物流部门提供服务，从而间接促进整个经济增长以及辐射带动作用。物流业通过对货物运输、储存、包装、装卸、配送及相关的信息传递活动的系统化运作及管理，推动整个区域经济共同发展，达到降低成本，优化产业结构，提高区域经济核心竞争力的目的。李济球（2008）曾通过计算得出了宁波市的物流产业产值每增加 1 元，能够带动整个国民经济产值增加 1.99 元，而对物流产业的中间品投入每增加 1 元，直接增加的物流业增加值为 0.97 元，能够带动整个国民经济产值增加 3.92 元，带动效应十分明显。随着世界经济一体化，作为连接国际经济重要节点的宁波港口物流对区域经济的发展的影响更是不可小觑。

三　港口物流的辐射能力是港口城市的区位优势提升的关键

港口的特殊的地理位置使其在扩大城市域外需求，发挥比较利益上，较内陆城市更加具有优势，这就是区位优势，它是存在于生产、交换和消费等社会经济运行全过程中的综合优势。港口城市特有的区位优势大大降低了物流成本，使得港口在现代物流和经济发展中具有极其重要的地位；此外由于港口自身的特性、功能以及国家产业政策的影响，为港口城市形成大量的域外需求并满足这些需求创造了条件。陈飞龙（2015）认为

“港口经济圈”非常讲究线性辐射，通道在哪里，贸易经济活动就发生在哪里，圈层结构就辐射到哪里。这个线性辐射就是基于港口为核心的物流通道。随着我国物流业调整振兴规划的提出，港口在综合运输体系中的作用将进一步显现，港口以“无水港”形式向内陆腹地的延伸，以港口为核心多式联运技术的发展以及遍布中国沿海的保税港区的建立，必将引发港口对现有资源的重新调整和配置，从而使港口功能上升到一个新的水平。宁波港口在我国沿海港口中发展较快，其所依托的长三角经济区是我国最具经济活力的地区，有效延长港口的物流链和产业链，将是深化港口与腹地经济联系的关键所在。然而，并不是每一个港口城市都能因港口的存在而使经济发展受益，只有那些能够利用港口优势，积极发展和完善港口运输，促进港口运输业的发展，使港口成长为区域乃至全球交通枢纽，从而带动其经济走在区域乃至全球的最前列。

四 宁波港口经济圈战略目标的实现有赖于港口物流的发展

总之，随着全球化的不断深入，港口已深深嵌入生产与流通过程之中，把港口作为全球价值链或全球供应链上的重要一环，从陆向腹地、海向腹地和海陆腹地物流资源整合等多维度探索港口空间及港口产业链发展的过程与趋势，可以看出港口物流发展将港口作用延伸至了更广阔的空间。传统港口物流实现的是“港到港”，而现代物流要求的是“门到门”服务。这就要求构筑与港口物流业发展配套的现代综合运输网络与腹地市场体系，进一步拓展港口物流业务。总之，港口物流带动港口经济，港口经济带动区域经济，而区域经济带动全国经济。所以，港口物流举足轻重。因此，宁波市确定宁波港口经济圈是基于港口作用发展的必然选择。从上述理论和实践的分析中也可以看出港口物流与宁波港口经济圈的关系是互动关系。没有发达的、现代化的物流业，宁波港口经济圈的战略目标是不可能实现的。只有当港口经济圈中的物流业畅通、快速，且不断延伸，其长度和密度能满足经济圈的拓展的需要，则宁波港口经济圈的战略目标才能实现。

目前，宁波港在我国沿海港口体系中的作用举足轻重。从港口功能上看，已初步实现了临港工业布局，多种运输方式的发展也形成较大规模，但是宁波港口物流还存在很多短板，王任祥、傅海威（2012）认为宁波港仍处于由第二代港口向第三代港口转型的阶段，很多学者对宁波物流研究中指出在港口信息化、物流化方面还存在诸多不足。如何拉长宁波物流业的短板，提升宁波物流质量，助推港口经济圈的目标的实现是急需研究的重要课题。

第三章
“一带一路”倡议下宁波港口物流业发展的机遇与挑战

第一节 “一带一路”倡议内涵分析

一 “一带一路”倡议的时代背景

2013年9月5日，国家主席习近平在哈萨克斯坦访问时提出，为了使欧亚各国经济联系更加紧密、相互合作更加深入、发展空间更加广阔，可以用创新的合作模式，共同建设“丝绸之路经济带”，以点带面，从线到片，逐步形成区域大合作。同年10月，习近平出访东盟国家时提出，中国愿同东盟国家加强海上合作，发展海洋合作伙伴关系，共同建设21世纪“海上丝绸之路”。具体表述如下：

> 坚持合作共赢。“计利当计天下利。”中国愿在平等互利的基础上，扩大对东盟国家开放，使自身发展更好惠及东盟国家。中国愿提高中国—东盟自由贸易区水平，争取使2020年双方贸易额达到1万亿美元。中国致力于加强同东盟国家的互联互通建设，中国倡议筹建亚洲基础设施投资银行，愿支持本地区发展中国家包括东盟国家开展基础设施互联互通建设。东南亚地区自古以来就是“海上丝绸之路”的重要枢纽，中国愿同东盟国家加强海上合作，使用好中国政府设立的中国—东盟海上合作基金，发展好海洋合作伙伴关系，共同建设21世纪“海上丝绸之路”。中国愿通过扩大同东盟国家各领域务实合作，互通有无、优势互补，同东盟国家共享机遇、共迎挑战，实现共同发展、共同繁荣。
>
> ——习近平在印度尼西亚国会发表重要演讲

2014 年两会期间，李克强总理在《政府工作报告》中提出了规划建设“一路一带”战略，具体表述如下：

抓紧规划建设丝绸之路经济带、21 世纪海上丝绸之路，推进孟中印缅、中巴经济走廊建设，推出一批重大支撑项目，加快基础设施互联互通，拓展国际经济技术合作新空间。

——《2014 年政府工作报告》

2015 年 3 月 27 日在海南博鳌亚洲论坛上，中国国家发展改革委、外交部和商务部联合发布了《推动共建丝绸之路经济带和 21 世纪海上丝绸之路的愿景与行动》（以下简称《愿景与行动》）（国家发展改革委等，2015）。标志着对中国发展将产生历史性影响的“一带一路”倡议进入全面推进建设阶段。

“一带一路”倡议，是我国最高决策层主动应对全球形势深刻变化、统筹国内国际两个大局做出的重大战略决策，是关乎未来中国改革发展、稳定繁荣乃至实现中华民族伟大复兴中国梦的重大“顶层设计”，具有深刻的时代背景。

一是国内改革步入深水区，对外开放面临调整转向，经济发展处于换挡期、阵痛期、消化期“三期叠加”的新阶段，社会改革和发展到了矛盾集聚、风险积压、需要攻坚克难、爬坡过坎的关键期。当前我国经济的阶段性特征就是“三期”叠加。所谓“三期”，即增长速度进入换挡期，这是由经济发展的客观规律所决定的；结构调整面临阵痛期，这是加快经济发展方式转变的主动选择；前期刺激政策消化期，这是化解多年来积累的深层次矛盾的必经阶段。正是在这样的背景下，“十八大”后党中央提出了改革开放再出发、深化改革、扩大开放新方略，重新定位经济发展“新常态”，实现国民经济从高速增长到常态平稳增长的“软着陆”，维持可持续发展和适度增长。这就需要统筹国内、国际两大资源和市场，寻求新的经济发展驱动力和增长点。习近平亲自挂帅的中央深化改革领导小组等总揽全局的顶层设计决策机构的成立，足以表明中央再举改革开放大旗、应对国内国际挑战的决心和勇气。从当年改革初期的“摸着石头过河”，到积极应对、主动出击，体现了历史的变迁，时代的进步，决策者的魄力和勇气，也反映了问题之复杂，困难之巨大，挑战之严峻，任务之艰巨。

二是世界经济全球化、区域经济一体化加快推进，全球经济增长和贸易、投资格局正在发生深刻调整，世界经济到了转型升级的关键阶段，需要进一步激发区域内的发展活力与合作潜力。自2008年全球金融危机以来，全球产业结构进入了深度调整期，世界经济复苏缓慢，发达国家增长乏力，经济增长速度不断回落；世界工业生产收缩，制造业处于下行期，原先具有全球产业竞争优势的工业化国家普遍出现了结构性失衡，新兴经济体加剧了全球工业竞争，发展中国家的制造业发展速度有所下滑；世界资本流动减速，金融资产增长缓慢，发达经济体对外投资一蹶不振，原先专注于资本输出的国家开始将目光转向国内，使全球资本跨境流动大幅受挫，新兴与发展中经济体资本市场动荡加剧，投资回报率普遍下降；经济增长的疲软严重拖累世界贸易的增长，世界贸易持续低迷，出口形势急剧恶化，世界商品与服务贸易的出口正在经历深度调整。

世界经济结构的这些变化和调整，呈现如下明显特征：一是世界经济增长格局发生变化，过去几十年引领着全球经济增长的发达经济体，受困于高额的政府债务、投资机会的缺乏、欧债危机的冲击、产业创新的缓慢、紧缩的货币环境、居高不下的失业率等因素，在全球经济增长中的主导作用已经发生动摇，而新兴与发展中经济体始终保持着较高增长率，逐渐成为稳定经济增长的主要力量；二是世界工业生产格局出现分化，发达经济体工业增长减速，部分产业空心化，而新兴与发展中国家工业增长表现不俗，但作为工业增长引擎的制造业要想在全球工业生产格局中凸显领导力，仍尚待时日；三是世界资本流动格局发生逆转，原来的西方发达资本输出国大幅减少境外投资，加速全球资本的回流，恶化了发展中国家融资环境，偿还外债能力减弱，金融体系的不稳定加剧；四是世界贸易格局进一步分化，美国、欧盟、亚洲发展中国家在刺激政策的作用下商品出口增长较快，日本出口形势则急剧恶化，而在商品进口方面，亚洲发展中国家增长强劲，继续保持领先，美国和欧盟进口则持续乏力疲软。在此情形下，我国对外开放长期以来主要的对象西方发达经济体国家为主的格局，需要调整、转向，与此同时，伴随着经济全球化步伐，区域经济一体化进程加快，我国周边的东盟、中亚、南亚等发展中国家和地区资源丰富，潜力巨大，亟须通过合作活力激活发展动力。

三是经济的高速增长使中国成为世界能源进口和消费大国，原油进口来源和运输渠道比较集中和单一，这种原油进口格局与近年来南海局势的紧张，使得我国原油进口潜在的“马六甲之困”日益突出，能源安全形势加剧。在当今国际舞台上，原油领域的竞争已经超过了纯商业的范围，甚至成了世界大国经济、军事、政治斗争的重要武器，近年来美俄因乌克兰局势而交恶掀起的原油价格较量，就是最新的明证。研究表明，自1996年以来，中国原油进口量快速增长，原油进口依存度飙升，进口主要来源地却愈趋集中。据海关统计，2003—2013年十年间，我国进口原油从9100万吨逐年增加，到2009年突破两亿吨大关，2013年达到2.82亿吨。原油进口来源主要集中在中东国家、非洲的苏丹等地，原油进口来源地区比较集中。原油进口量的80%需要经过马六甲海峡，对外依存度高达58%，而据外媒报道，国家原油战略储备仅三天。作为国家重要的战略物资，原油安全保障对国家经济发展和国家安全都有十分重要的意义。当今国际原油市场深受国际政治的影响，使原油进口国的原油供应具有很大的不稳定性，原油进口的安全性受到很大挑战。尤其是我国原油进口过度依赖中东地区和马六甲海，在中东局势动荡、美国插手南海的情况下，我国的能源安全受到严重挑战，潜在威胁加剧。开辟新的原油供应国或地区，开通新的安全输送管道，实现原油进口的多元化，已经是亟待解决的重大战略问题。

四是“中国威胁论”甚嚣尘上，国际舆论尤其是西方主流媒体对中国发展和崛起抱有疑虑、担忧甚至戒备、敌意。西方社会的“中国威胁论”早就有之，在19世纪末、20世纪初，德国威廉二世就提出所谓的“黄祸论”。到20世纪50年代新中国成立之初，美国也曾炒作过“红色威胁”。1950年麦克阿瑟就曾公开辱骂新中国是“共产主义黄祸”。中苏关系紧张时，苏联也兜售过“中国威胁论”。冷战后，“中国威胁论”又开始在美国、日本、菲律宾等国泛滥起来，迄今已经历了四波。第一波是1992—1993年，哈佛大学教授亨廷顿《文明的冲突与世界秩序的重建》断言儒教文明与伊斯兰教文明的结合将是西方文明的天敌。第二波1995—1996年，李登辉访美两岸关系紧张，中美围绕台湾问题发生军事对峙。第三波在1998—1999年，亚洲经济危机中中国经济逆势崛起，经济影响力迅速扩大。第四波是进入21世纪后，内容扩大，如食品安全威胁论、环境威胁论、军事威胁论、粮食威胁论、经济威胁论、网络威胁论、地缘政治威胁论等。对“中国威胁论”释疑解惑，不仅要加强宣传解释，讲好中国故事，做好中国传播，播好中国声音，还要用实际行动向世界宣告中国的和平崛起，中国崛起不以损害别国的利益为代价，不构成对任何国家的威胁。

五是中美战略博弈日益白热化，美国“重返”亚洲再平衡战略与中国参与建构国际新秩序形成越来越激烈的对冲。美国推行所谓的“重返”亚洲再平衡策略，意图围堵中国的发展空间，遏制中国的发展势头，在外交、军事、安全、经贸等领域实行了一系列新举措。如推行“巧实力”外交，强化“美日安保”，企图拉拢日、韩、菲、澳等国缔结“小北约”，打造环绕中国东部的“三条岛链”，构建从日本东京到阿富汗首都喀布尔的“新月形”包围圈，明里暗里插手东海、南海问题，驻军澳大利亚、重返菲律宾，炒作海空一体战、离岸作战，在 APEC 之外提出“跨太平洋伙伴关系协定”（TPP），意欲继续主导亚太政经格局，遏制中国发展。

与此同时，凭借改革开放 30 多年的发展成就和累积的国家综合实力，新兴的复兴中的中国积极参与构建国际新秩序，提出了一系列新思路、新战略、新机制，倡导成立了许多新的地区或国际组织。在坚持和平共处五项原则、提倡国际关系民主化、促进世界多极化、倡导多边安全机制等前提下，新一届中国领导提出了亲诚惠容的睦邻政策，全新的亚洲安全观和亚洲梦，并首倡了“和平合作、开放包容、互学互鉴、互利共赢”的“丝路精神”。同时，中国逐步构建全方位、多层次国际对话渠道和合作机制，积极参与联合国维和、G20、APEC 等国际事务，参与协调地区事务如东盟 10 +3、中日韩领导人峰会、朝核问题六方会谈等机制，树立负责任大国形象；发起并主导上海合作组织、博鳌亚洲论坛、中欧论坛、中东欧合作论坛、中非合作论坛、中阿合作论坛、中国东盟 10 +1、亚信峰会、金砖国家峰会、中—南美、加勒比海国家、中—南太平洋岛国等对话平台；推行中孟印缅、中巴经济走廊、大湄公河次区域经济区等区域合作建设项目，倡设亚洲基础设施投资开发银行、金砖国家投资开发银行、中国—东盟海上合作基金和丝路建设基金；加快自贸区建设和谈判进程，倡导缔结“亚太自贸区”（FTAAP）……而能把这些新思想理念和对话合作机制落到实处又能统领全局的，恰恰是“丝绸之路经济带”和“21 世纪海上丝绸之路”两大战略构想。无论是和平发展、繁荣进步还是睦邻友好、开放包容这些理念，也无论是政治、外交、军事、安全还是经济、贸易、文化、科技这些领域，都可以在这“一带一路”倡议中得到体现，落地生根，发挥实效。

在这一点上，习近平进一步提出了以开放包容原则加强“五通”的具体设想。第一，加强政策沟通。各国可以就经济发展战略和对策进行充分交流，本着求同存异原则，协商制定推进区域合作的规划和措施，在政策和法律上为区域经济融合“开绿灯”。第二，加强道路联通。上海合作组织正在协商交通便利化协定，尽快签署并落实这一文件，将打通从太平洋到波罗的海的运输大通道。在此基础上，积极探讨完善跨境交通基础设施，逐步形成连接东亚、西亚、南亚的交通运输网络，为各国经济发展和人员往来提供便利。第三，加强贸易畅通。丝绸之路经济带总人口近30亿，市场规模和潜力独一无二。各国在贸易和投资领域合作潜力巨大。各方应该就贸易和投资便利化问题进行探讨并做出适当安排，消除贸易壁垒，降低贸易和投资成本，提高区域经济循环速度和质量，实现互利共赢。第四，加强货币流通。如果各国在经常项下和资本项下实现本币兑换和结算，就可以大大降低流通成本，增强抵御金融风险能力，提高本地区经济国际竞争力。第五，加强民心相通。国之交在于民相亲。搞好上述领域合作，必须得到各国人民支持，必须加强人民友好往来，增进相互了解和传统友谊，为开展区域合作奠定坚实民意基础和社会基础。

这“五通”从政策到民心，从道路到贸易，乃至货币，可谓虚实结合、重点突出，为“一带一路”建设指明了方向，确立了机制，落实了内容。而贯穿并统领“五通”的，就是“丝路精神”，就是古代丝路各国共同创造的丝路文化。从这个意义上讲，“一带一路”倡议堪称是“牵一发而动全身”的妙招，“一子落而全盘活”的活棋，是理念价值与交流方式、合作机制、具体措施相结合的最佳载体。

二 “一带一路”倡议的内涵分析

“一带一路”倡议中，“一带”即指“新丝绸之路经济带”，将从中国向印度洋和太平洋展开；“一路”即指“21世纪海上丝绸之路”。“一带一路”构想的实施将会是一个世界级的大战略，它将横跨世界上最长、最具潜力的经济走廊，包括中巴经济走廊、中国—蒙古—俄罗斯草原之路等，沿线大多是具有高度经济活力的新兴经济体与发展中国家，惠及人口超40亿，经济总量几乎占全球的1/3。

根据《愿景与行动》，“一带一路”旨在促进经济要素有序自由流动、资源高效配置和市场深度融合，推动开展更大范围、更高水平、更深层次的区域合作，共同打造开放、包容、均衡、普惠的区域经济合作架构（国家发展改革委等，2015）。这表明，中国期望在符合当前世界发展机制和趋势的前提下更深地融入全球经济体系，并在引领世界经济发展中发挥更积极的作用。但是，“一带一路”框架包含了与以往经济全球化完全不同的理念，即“和平合作、开放包容、互学互鉴、互利共赢”，而且强调了“共商、共建、共享”的原则。总体上，“一带一路”倡议可以简单地用“一个核心理念”（和平、合作、发展、共赢）、“五个合作重点”（政策沟通、设施联通、贸易畅通、资金融通、民心相通）和“三个共同体”（利益共同体、命运共同体、责任共同体）来表达。“一带一路”倡议并非偶然之举，而是世界经济格局变化和经济全球化深入发展的必然结果。其中所包含的科学内涵和所涉及的科学问题，一直是国内外各界包括学术界广泛关注的。但是，由于中国政府一直没有出台官方文件来具体阐述这个战略，社会各界对于“一带一路”倡议内涵的理解有着较大的差异，特别是国内各地区在积极参与过程中也凸显出盲目和无序。这里笔者认为，“一带一路”倡议顺应了时代要求和各国加快发展的愿望，是一个内涵丰富、涉及面广、包容性强的巨大发展平台。它的战略内涵可以从以下几组对应平衡关系中来理解和把握：

一是古今传承。丝绸之路始于古代中国，是连接亚洲、非洲和欧洲的古代商业贸易路线。我国从汉、唐、宋时期通过陆路和海上把丝绸、瓷器、茶叶、冶铁、耕作等商品和技术，传播到国外，同时从国外带回国内没有的东西，这种互通有无的经贸联系和文化交流，改善了沿线国家的社会生产力和人民生活水平。今天重新提出“丝绸之路”，不是期望恢复古老丝路往日的辉煌，其现代的含义更加宽泛，丝路成为一个象征性的标志，一个大的国家发展战略。从古到今要延续历史的精神，传承并提升古代文明，促进我国与世界各国在物质和文化等多方面更广泛的交流合作，这是实现中华民族伟大复兴中国梦的大战略棋局。

二是内外开放。“一带一路”既涉及国内区域又涉及国外区域，是国内沿线区域与国外沿线国家和地区通过现代运输方式和信息网络连接起来的相互开放战略，对外开放是战略的核心。我国当代对外开放从空间上看很不平衡，沿海地区起步早，开放程度高，而内陆和沿边地区相对较晚，开放程度较低。丝路经济带要有包括内陆地区和沿边地区的国内大部分区域参与，扩大这些地区的对外开放水平，形成全方位的开放经济体系。

三是海陆统筹。“一带一路”既涉及陆上通道又涉及海上通道，陆路通过铁路、公路联通中国到中亚、东南亚、西亚到欧洲，形成若干条陆上大通道、大动脉；海上丝绸之路在古代路线基础上不断拓展新航线，也就是现在21世纪海上丝绸之路，实现陆海连接双向平衡。“一带一路”将打破长期以来陆权和海权分立的格局，推动欧亚大陆与太平洋、印度洋和大西洋完全连接的陆海一体化，形成陆海统筹的经济循环和地缘空间格局。

四是东西互济。丝路经济带贯穿东西，联通南北，但主线是东西两个方向。从我国来看，过去30多年主要是依托东部地区通过海上贸易的东向开放，丝路经济带则更多是考虑通过连接亚欧的陆路大通道，加大西向开放的力度。我国西部地区由过去开放的末梢变为开放的前沿，向东开放和向西开放的相对均衡化，也必将促进国内东西部地区经济协调发展。当然也考虑到南北向与国际的货物运输、贸易往来，除了南方的海上丝绸之路，更有北方对接“草原丝绸之路”联通东北亚的蒙古、俄罗斯等陆路通道，开辟东北地区对外开放新局面。

五是虚实结合。“一带一路”是一个长远的国家战略，一个内涵丰富的大概念。由于它的边界不是完全确定的，它所涵盖的内容不是固定不变的，它的目标也不会是完全清晰的，因而使得这一战略显得有些“虚”。但是，从提出初期的基本构想到现在推进的过程看，这一战略正由“虚”变得越来越“实”。比如我国与相关国家的大通道建设，陆上和海上基础设施的互联互通、能源和矿产资源合作、贸易往来日益频繁、中国产品和投资“走出去”、油气管道在建、基础设施投融资机制建立，这些都是看得见的成果，“一带一路”倡议正在一步一步地向前推进，已经变成实实在在可以落实的工作。

六是中外共赢。“一带一路”是由我国提出的倡议，显然对我国自身发展有着重要战略意义，不仅有利于我国充分利用“两种资源、两个市场”，尤其是保障我国的能源资源安全、化解富余产能和经济转型升级，而且还有利于加强我国与周边国家尤其是新兴市场国家的经济和文化交流，建立长期合作伙伴关系。但必须看到，“一带一路”又是一个中国与相关国家能够实现互利共赢的倡议，一方面是中国的发展会对丝路沿线国家经济产生巨大的带动效应，如带动这些国家的优势资源开发、满足这些国家对中国工业品和生产技术的需求；同时更重要的是，中国政府充分考虑到周边相对落后国家建设“一带一路”的现实困难，出巨资建立了亚洲基础设施投资银行和丝路基金，并鼓励中国企业向外投资，这些都会使沿线国家获得实实在在的好处和利益，从而实现共同建设、共同发展、共同繁荣。

三 “一带一路”倡议的意义

1. 利于中国形成回归世界文明主流的国际战略

建设“一带一路”是中华文明回归世界文明主流的国际倡议，也是体现周边为首要的国际倡议，是中国第一次提出参与世界治理的新模式。亚洲最大的特点就是差异化很大，东北亚、南亚、中亚、西亚，文明多样性和丰富性，是其他地方所不具备的。推动亚洲的联动发展和振兴，建立加强互联互通伙伴关系，通过带动周边的文明，实现和平共荣、共生，打造利益、责任和命运的共同体。建设“一带一路”是亚洲文明共建与中国复兴开放的需要，也是中国特色大国外交的需要，更是体现中国特色、风格与气派“一带一路”是一个全新的国际关系模式，强调中国国内利益和内部发展与邻国的利益和发展是在一个互利互惠的系统中共同发展和繁荣。

2. 利于中国形成新型改革开放格局

“一带一路”倡议将构筑中国新型改革开放的格局，既带动中西部地区改革开放步伐的加快，激活经济活力，又促进东部地区经济结构的升级转型，利于对外资本的输出。具体来讲，首先针对中西部地区，由于“新丝绸之路经济带”的建设，将有力地成为全面提升中西部地区经济水平的主引擎，在加大中西部对外开放程度的同时，也将极大地提升其经济活力。其次针对东部地区，积极推动“21 世纪海上丝绸之路”建设，将深化东部地区与海外地区尤其是东南亚国家的经贸合作力度，这既有利于东部地区借此实现产业的转型与升级，也将带动其对外投资的资本输出。

3. 利于中国输出优势产能，支持周边基础设施建设

中国拥有全球最多的外汇储备，同时还是一个制造业大国，与“一带一路”沿线国家产业相比，产业优势较为突出。通过建设“一带一路”，中国能向沿线国家输出优势产能，从而带动中国经济与就业的发

展。“一带一路”沿线的很多国家基础设施建设比较薄弱，而我国具有丰富的基础设施建设经验和能力，工程承包在全球具有较强的竞争力，通过支持周边基础设施建设，为我们提供较为广阔的市场空间。目前我国国内基建需求却日趋疲软，因此，中国有着强烈的资本与基建产能输出的意愿。建设“一带一路”可以打开新兴经济体与发展中国家基建需求的大门，为亚太、非洲、拉美等新兴市场的基础设施建设提供有力的资本支持与强大的技术支撑，这样将有效地完成国内供给与海外需求的有效对接，并实现双赢。

4. 利于中国显著提升对外经贸关系

“一带一路”倡议的实施将有力地巩固中国同周边国家的合作基础，并将经贸合作的理念辐射到欧、非、拉美等大洲，这将有效地加强我国同合作国之间的互联互通与优势互补，以最终实现双赢。“一带一路”的倡议已受到沿线所在国家，尤其是中亚国家的欢迎与赞同，并且随着“一带一路”倡议不断向前迈进，新的亚欧商贸通道和自贸区的形成将对提升合作国的贸易经济水平产生重要积极影响，这将有效提升全球范围内的“中国影响力”。

第二节 宁波港经济圈发展战略内涵分析

宁波构建港口经济圈具有深远的历史背景和鲜明的时代意义。习近平总书记在浙江工作期间明确指出，港口是宁波最大的资源，开放是宁波最大的优势，要充分发挥港口资源得天独厚和港口经济、大桥经济、海洋经济、生态经济相得益彰的优势，积极打造“辐射长三角、影响华东片”的港口经济圈。党的十八届四中全会明确的三大发展战略中，“一带一路”和长江经济带这两大战略与宁波港口有很大关联。李克强总理2014年11月在浙江考察时提出打造江海联运服务中心设想时，也要求宁波积极参与，可以说新的内外开放战略赋予宁波港口经济圈新的内涵和更高的要求。

港口经济圈是涵盖港口、产业、城市、生态等要素的有机综合体，以国际强港和港口群为核心，中心城市和城市群为依托，港口经济及相关产业为支撑，综合运输体系、基础设施体系和信息网络体系等为纽带，改革创新和开放合作为动力，具有较强辐聚力和影响力的新型经济模式和现代经济体系。港口经济圈与都市圈、城市群、港口群等区域经济圈相比，有共同特征也有独特之处。其主要特征：一是圈层带动，即整个港口经济圈依托核心集聚区形成若干环状空间组团，以宁波为中心区向外通过紧密的功能联系走廊，形成内围圈层；二是线性辐射，即港口经济圈对外的功能辐射一般沿港口航线、多式联运、贸易走廊、信息网络等“线路”进行，超越空间的远程联系；三是链式集合，即将相关港口和城市的产业、资金、信息、基础设施、人才、生态等要素集合，形成产业链、供应链、价值链、创新链、服务链等环环相扣、紧密衔接的发展链条。

1. 宁波港口经济圈：“三区 + 五带”形成的区域经济共同体

目前，虽然对港口经济圈概念尚无统一界定。但我们认为，与经济圈、都市经济圈在内涵上有一定相似性，港口经济圈也是一种生产布局、资源配置的地域组合形式，其不同之处在于港口经济圈是以港口这一独特资源为中心，以综合运输体系和海陆腹地为依托、以港口产业链为主要支撑，经济、社会、文化紧密联系、相互协调、有机结合、共同发展的区域经济共同体。因此，港口经济圈既是空间概念的综合体，也是经济、社会、文化等意义上的综合体。立足宁波发展现状，结合国家“一带一路”发展对宁波提出的要求，从空间联系、拓展辐射的角度看，宁波港口经济圈可形象地用“三区 + 五带”表示。

“三区”，指核心区、辐射区和影响区。习近平总书记指出，宁波要打造辐射长三角、影响华东片的“港口经济圈”。因此，核心区就是宁波港口及其依托的城市，这是港口经济圈发展的主要动力源，决定着经济圈能级、辐射范围和发展方向。辐射区是核心区通过交通、贸易、投资、产业、文化等合作交流形成的紧密型经济区域，主要指长三角地区。影响区是港口经济圈的外围影响区域，指通过港口联系，在产业、贸易、人文等某些领域或某些行业形成的互动合作发展区域，主要指华东地区。港口经济圈的范围大小、功能强弱，主要标志在于“圈”内经济联系、交流合作能否做深做实。

“五带”，指在空间上以宁波港为中心，以综合运输、文化合作等为支撑，形成的放射状分布的紧密合作区域。这也是港口经济圈不同于一般都市经济圈的独特形态。一是长江经济合作发展带。依托长江黄金水道，发挥宁波作为长江黄金水道与沿海“T”形交汇处的区位优势，深化宁波与沿江各省市和中亚国家的合作，通过江海联运、海铁联运，拓展港口腹地，增强宁波对长江流域的综合服务能力；二是沪昆铁路合作发展带。依托规划建设的甬金铁路，连接沪昆铁路，打通向我国中西部地区拓展的大通道，将宁波港打造成为中西部地区重要的出海口；三是沿海港口合作发展带。重点是以市场为导向，以资本运作为纽带，强化港口、产业等合作，共同参与国际竞争，提升国家综合实力；四是日韩贸易物流合作发展带。日韩是我市贸易合作的传统区域，也是“一带一路”的沿线国家，宁波要借力东亚自贸区建设，加强与东北亚国家港口与区域协作，努力打造中日韩合作的先行区；五是东南亚和美欧合作发展带。指从宁波出发，经由马六甲海峡经苏门答腊达到印度，再由印度经过江海运往埃及，最后通过地中海到达欧洲、美洲。重点做好与海上丝绸之路沿线国家的互联互通，强化资源、矿产等领域合作。

改革开放30多年来，宁波经济社会取得快速发展，特别是以港口为依托的港口经济发展取得长足进步，港口经济圈初具雏形。港口经济圈辐射影响范围不断扩大，战略地位不断提升，已经成为我国东部沿海的开放门户。但受行政区划、管理体制、发展阶段等限制，围绕港口经济圈打造，还存在几个问题：一是港口大而不强，辐射功能不够。尽管宁波港口货物吞吐量和集装箱吞吐量分别位列全球第三和第六，已经成为我国四大国际深水枢纽港和远洋国际干线港之一，但是港口高端服务能力偏弱，航运金融、航运保险、航运经纪、海事法律信息服务等高附加值产业发展滞后；二是重大通道建设滞后，圈内城市互联互通不够顺畅。铁路、内河、航空依然是薄弱环节，不利于建立紧密的合作关系，不适应“一带一路”支点城市发展定位要求；三是合作发展机制不够健全。圈内城市间更注重货物贸易的合作，但在港口发展、产业共兴、服务贸易等领域合作不多，合作模式、机制有待进一步创新；四是核心区政策支撑相对不足。因而，新形势下，如何抢抓国家推进“一带一路”建设的重大历史机遇，高水平谋划宁波港口经济圈建设，加快重点领域突破发展，对宁波港口开发、经济发展和城市建设意义十分重大。

2. 宁波港口经济圈的建设方针：呼应战略、突出重点、合作共赢、改革创新

把握好建设方针是谋划推进工作的前提与基础。经过调研，宁波港口经济圈建设要立足于国际国内发展的大形势、大背景、大趋势，在发展理念上，以科学发展观为指导，坚持合作共赢、互惠互利，走共同发展之

路；在发展重点上，坚持以基础设施互联互通为依托，以港口、产业、文化合作为突破口，以培育国际化营商环境为根本支撑；在发展目标上，力争打造辐射长三角、影响华东片、服务中西部、连接海内外的港口经济圈示范区，巩固提升宁波作为长三角区域中心城市的地位。建设方针可以用“呼应战略、突出重点、合作共赢、改革创新”16个字概括。

呼应战略：这是港口经济圈谋划推进的宏观导向。要积极把握我国对外开放新趋势，从服务我国对外开放大局出发，加强战略谋划，把宁波发展诉求与国家战略要求有机结合起来，在国家推进“一带一路”建设中抢抓机遇、拓展空间。

突出重点：坚持“有所为、有所不为”，发挥好港口资源、对外开放、城市功能、产业配套、海洋经济等比较优势，加强港航物流、国际贸易等重点优势领域发展，提升城市国际化水平，打造圈内具有强大辐射带动能力的国际开放门户城市。

合作共赢：坚持把港口经济圈建设作为区域经济合作的新载体，以更加开放的姿态，大力推动与圈内相关城市在港口、产业、贸易、投资、文化等方面的合作，努力构筑优势互补、资源共享、共荣共兴的合作发展新格局。

改革创新：要围绕港口经济圈建设的重点领域，针对一些关键、核心瓶颈制约，加强与国家相关部委的衔接汇报，积极争取国家“一带一路”建设中的先行先试政策，加强与圈内相关城市和国家协调协商，推动港口、航运、金融、投资等方面的有效合作，打造规则衔接、合作顺畅的新机制。

3. 宁波构建港口经济圈的战略重点：打好“五张牌”

审时度势，把握重点，是港口经济圈建设能否取得成效的关键。立足宁波实际，结合国内外形势，当前重点应打好“五张牌”：

(1) 打好“战略牌”，争取港口经济圈上升国家战略

宁波构建港口经济圈，突破了行政区域界限，不可能单靠自身力量打拼，必须高举国家战略，争取获得国家支持，重点有三方面内容。

一是推动宁波港口经济圈上升为国家战略。目前，宁波周边地区上升国家战略的有上海自贸区、舟山群岛新区、义乌国际贸易综合改革试验区、温州金融改革试验区，宁波在某种程度上处于政策洼地。构建港口经济圈，是习近平总书记提出的重大命题，也是国家“一带一路”建设的重要支撑。这需要我们顺势而为，加强研究，更加积极主动地向国家衔接

汇报，争取纳入国家“十三五”规划，上升为国家战略。

二是争取上海自贸区经验推广复制。自由贸易是国际上知名港口的通行规则。宁波要构建港口经济圈，应争取实施自由贸易战略，向自贸区的开放标杆看齐。我们认为，当前重点是优化整合海关特殊监管区，尽快设立综合保税区或开展“园中园”试点，争取最大限度复制上海经验，提升核心区竞争力。

三是争取上海“两个中心”、实现宁波舟山一体化。政策与制度创新是港口经济圈的命脉。当前，与上海、舟山等周边区域比较，宁波港存在一定的劣势。因而，要从长三角一体化发展大局出发，积极向国家争取，把上海“两个中心”、舟山群岛新区的政策向宁波延伸，实现宁波舟山一体化，为港口经济圈建设提供政策保障。

（2）打好“港口牌”，提升港口经济圈发展能级

港口是宁波的战略资源，也是港口经济圈的主要动力。要把这个动力源打造好，主要有四方面任务：

一是提升港口综合开发水平。要按照“深水深用、浅水优用”以及效益最大化标准，统筹整合航道、岸线、码头等资源，提高岸线利用效率，挖掘最大的潜力空间。加快空港开发，扩建宁波机场，努力把宁波空港建设成国内干线机场、长三角国际航空物流枢纽，形成“双港齐飞”的战略格局，为港口经济圈建设注入强大的动力。

二是加快港口经济圈城市间重大通道建设。打造“三区五带”港口经济圈，离不开以港口为龙头的重大通道作为支撑。铁路方面，按照接驳陇海线、沪昆线等要求，尽快启动甬金铁路、杭州湾跨海铁路等对外铁路建设，完善宁波穿山北港区铁路支线，实现宁波—新疆—欧洲的铁路运输无缝对接，带动宁波港在中西部的“无水港”布局。高速公路方面，按照“两环十射”格局，启动沪甬第二通道前期研究，统筹谋划舟山与宁波陆域的交通接口。航空方面，要面向美国、欧盟、东盟等圈内城市和地区，开辟国际客货运和全货机新航线，建立“绿色通道”，使人员、货物往来更加便利和频繁。

三是发起设立国际港口联盟。宁波港口深、航线多、运量大，是联合国内外港口资源，发起设立国际港口联盟的理想城市。要强化港口联盟组织和运作机制研究，明确运行框架和机制；牵头协调各方利益，设立联盟秘书处，对航线航班、航运定价、信息共享、港口共建等重要事宜进行协

调。与此同时，要支持宁波港集团参与联盟港口的投资建设管理，拓展航线，提升港口的辐射力和管控力。

四是推动港口管理现代化。把握现代港口智能化发展趋势，结合智慧城市建设，强化信息、科技等在港口管理中的集成应用，推进港口 EDI 与电子口岸平台、内陆无水港信息中心、经济圈内航运企业等的对接，建立集装箱海铁联运物联网数据资源中心，推进信息港、安全港、财富港建设，打造具有全球港口资源管控能力的智慧港。

(3) 打好“产业牌”，谋求港口经济圈联动新优势

发展宁波港口经济圈核心区的产业，必须放宽视野，远近结合，在与腹地纵横联合中实现互利共赢。

一是拓展大宗商品和中高端消费品贸易范围。发展大宗商品交易，是宁波谋求掌握价值链主动权的重要突破口。要发挥好宁波现有的金属、矿石、塑料等大宗商品交易平台优势，鼓励国际运营商、贸易商和期货经纪商等瞄准周边广大制造商的需求，创新服务模式和经营业态，加大原材料、先进设备的进口力度，做大贸易供应链。同时，依托腹地经济和消费优势，发展以进口中高端消费品、冷链产品等为主体的国际贸易，发展网上展示、交易等服务，拓展大宗商品服务范围和合作空间。

二是提升港航服务影响力。宁波港作为上海国际航运中心的主要组成部分，港航服务体系完备、基础良好，是港口经济圈合作发展的现实支撑。要在提升信息、代理、货运、通关等航运基础产业的同时，以大宗商品、中高端消费品、冷链产品等国际贸易发展为契机，做大做强以港口为主的现代物流业，大力发展航运金融、航运交易等特色优势行业，为圈内城市提供国际一流的港航服务，在服务中寻找商机。

三是推进临港工业全产业链合作。推动产业共兴是港口经济圈建设的重要内容。临港工业产业链长，宁波发展基础扎实，可以在较大区域范围内统筹谋划，合理空间布局，通过城市间的分工促进产业链完善，提升区域产业整体竞争力。譬如，宁波有石化产业上游的炼油乙烯、中游有绍兴的精细化工、下游有甬绍的纺织服装和嘉兴的石化新材料等，完全可以打造从炼油乙烯到精细化工、塑料橡胶等“一条龙”的产业链，建设世界级石化产业集群。

(4) 打好“开放合作牌”，搭建港口经济圈合作发展载体

港口经济圈能否做大做强，很大程度取决于核心区与辐射区、影响

区、合作带的联系是否牢固，能否形成利益共同体。搭建合作平台是重中之重的任务。重点要关注三大平台：

一是国际贸易合作平台。国际贸易是宁波港口经济圈的龙头产业。要主动与中东欧及有关国家合作，打造具有国际影响力的品牌会展，重点是筹备中国—中东欧博览会，设立东盟进口产品保税展示交易平台、进口货物集散中心，举办“东盟·宁波周”等，搭建贸易合作平台，提升国际贸易合作水平。

二是对外经济合作平台。重点是加强与“一带一路”沿线国家合作，共建产业园区、科技园区、经贸合作区，为企业境外实业投资提供舞台。先行启动建设马来西亚、东非、中非等境外产业园；同时，也要搭建“引进来”的合作平台，引入新加坡、马来西亚、中东欧、美洲等有产业基础的国家企业前来投资，建设若干个特色产业园。

三是人文交流合作平台。这是确保港口经济圈经贸合作源远流长的精神纽带。重点是筹办好中东欧部长论坛、海洋经济论坛、国际港口文化节、中国航海日等活动，扩大论坛的影响力；发展友好城市，让官方互访、民间交流更活跃，为强化合作、增进友谊提供文化保障；定期举办海上丝绸之路博览会、文化主题年、文艺演出、学者互访、体育竞赛等主题活动，强化圈内城市交流。

（5）打好“改革创新牌”，培育国际化营商环境

高端要素能否在港口经济圈聚集，取决于制度环境是否高度国际化。必须坚持以开放促改革，强化合作机制创新，努力营造符合国际通行规则的优越营商环境，为港口经济圈发展提供制度保障。重点任务有：

一是推进国际贸易便利化改革。在原产地证书申领与核准、海关和质检的电子联网核查、货币兑换等方面，宁波要与港口经济圈的有关国家更多沟通，创新提高通关通检效率，努力降低交易成本。

二是推进国际航运便利化、海铁联运综合改革。争取将上海国际航运中心的政策延伸到宁波，包括沿海捎带、启运港退税等业务试点。在建设集装箱中心站和办理站，以及海铁联运运营管理等方面，宁波要争取国家给予试点政策支持。理顺宁波港与内陆无水港之间的通关协作机制，探索建立更加灵活的价格调节和生成机制。

三是优化跨境电子商务发展环境。把握电商经济、信息经济的发展趋势，推进圈内城市报关、检验、支付、外汇、税收等贸易环节改革，建立

新型的海关监管和检验检疫模式，完善企业收结汇、跨境支付、电子商务出口退税等制度，为港口经济圈搭建顺畅的“网上丝绸之路”。

第三节 宁波港口物流发展的SWOT分析

通过SWOT分析方法，来分析影响宁波港口物流发展中的各种主要内部优势（Strengths）因素、劣势（Weaknesses）因素、机会（Opportunities）因素和威胁（Threats）因素，运用这个方法，有利于对宁波开展港口物流所处境况进行准确、全面、系统的研究，有助于制定港口物流发展战略，以及与之相应的发展计划或对策。

一 内部优势（Strengths）

1. 优越的自然条件

宁波港自然条件得天独厚。宁波港位于北纬29°52′，东经121°33′，海域面积9758平方公里，海岸线800多公里，同时还有内陆江河丰富的水力资源。得益于舟山群岛做屏障，宁波港区波平、水深、流顺、风浪小，不冻、不淤、陆域宽广，进出宁波港北仑港区的航道水深一般都在30—100米，最浅的虾峙门航道4公里的浅段，高潮时的水深也在21米以上，能满足20万—30万吨级巨型船舶进出港的需要。是国家重点开发建设的四大国际深水港之一，也是目前中国唯一能装卸30万吨级散货船的港口。得天独厚的深水优势，给宁波港的发展插上了腾飞的翅膀。2016年宁波舟山港口货物吞吐量达9.2亿吨，集装箱吞吐量达2156.1万标箱，分别居世界第一位和第四位。宁波建有万吨级以上港口泊位102个，拥有集装箱航线228条，与世界上100多个国家和地区的600多个港口建立了通航关系，全球前20名的集装箱班轮公司均已登陆宁波港，是世界上最繁忙的港口之一。

2. 良好的区位条件

宁波港地处我国大陆海岸线中部，处在南北航道与长江黄金水道的“T”形交汇点，地理位置适中，是中国大陆著名的深水良港。内外辐射便捷。向外直接面向东亚及整个环太平洋地区；向内不仅可连接沿海各港口，而且通过江海联运，可沟通长江、京杭大运河，直接覆盖整个华东地区及经济发达的长江流域，是中国沿海向美洲、大洋洲和南美洲等港口远洋运输辐射的理想集散地。可开发的深水岸线达 120 公里以上，具有广阔的开发建设前景。

3. 广袤的经济腹地条件

作为中国主要的外贸大省，浙江省的外贸产品基本由宁波港出运。安徽、江苏、上海等长江中下游的部分地区作为宁波港的经济腹地也为港口物流产业集群规模的不断扩大提供了强有力地支持。全球最大小商品集散中心义乌 90% 的集装箱通过宁波港运往世界各地，是宁波港重要内陆腹地之一。宁波港主动与国际、国内各大班轮公司对接，集装箱海铁联运也迅猛发展。港口物流企业及相关组织机构运营灵活，业务增长迅速，对宁波港口物流的发展起到了很大的促进和支撑作用。

4. 便捷的集疏运条件

2016 年全市完成交通基础设施投资 242. 3 亿元，比上年增长 29. 8%。年末全市公路总里程 11247. 7 公里，公路网密度 115. 8 公里/百平方公里，达到中等发达国家水平。高速公路 495. 8 公里，一级公路 1205. 6 公里，二级公路 809. 4 公里，三级公路 1564. 1 公里，四级公路 6509. 5 公里。年内建成 3 个万吨级码头，万吨级码头总数达 106 个。铁路宁波北站搬迁及其配套工程完工，12 月洪塘至宝幢段货运铁路正式开通运营，宁波铁路“南客北货、客货分流”的环形枢纽最终形成。机场三期工程加快推进，完成投资 21. 4 亿元。调整优化航线数量和航班密度，积极开发东盟、南亚、西亚等经济板块的“21 世纪海上丝绸之路”新航线，全年新开航线 11 条，现共拥有航线 228 条，其中远洋干线 113 条，近洋支线 62 条，内支线 21 条，内贸线 32 条。海铁联运业务进展快速，全年共完成海铁联运 13. 5 万标箱，增长 28. 4%，增幅列全国 6 个示范通道首位。

5. 宁波—舟山港一体化优势明显

2006 年 1 月 1 日，宁波港和舟山港正式合并，主要从事港口经营业务，货种包括煤炭、矿砂和粮食等。宁波—舟山港海域岸线总长 4800 公里，用于规划港口岸线 3640 公里。与 100 多个国家和地区的 600 多个港口通航，成为全球发展最快的港口之一。2016 年，宁波—舟山港完成货物吞吐量 9. 2 亿吨，跃居世界第一。《宁波—舟山港总体规划》显示，宁波—舟山港的集装箱深水泊位已具相当规模，靠近长三角南部集装箱生成地，在弥补目前上海港航道水深和深水泊位能力不足、承担长三角南翼外贸集装箱运输中发挥重要作用。

二 内部劣势（Weaknesses）

宁波港口物流是经济发展到一定时期的产物，发展较为迅速，但仍然存在一些问题制约港口物流发展水平的进一步提高。如何加快宁波港口物流发展转型升级、打造现代港口物流体系，成为宁波政府及相关部门亟待解决的问题之一。

1. 港口布局结构不合理，海陆经济腹地不对称

就拿集装箱堆场来说，宁波市港外集装箱堆场主要集中在北仑区域，具备集装箱堆场经营资质的企业共有35家，实际在经营集装箱堆存业务的有32家，其中只经营仓储业务的有3家，将场地租赁给其他企业经营或未经营堆场业务的企业有5家。这就存在港区外堆场位置分布不均衡的问题。目前，宁波市港外集装箱堆场主要集中在北仑区域，北仑区集装箱堆场经营场所主要位于北仑港区（二三期码头）后方，达27处，占堆场总量的70%左右，而穿山港区、大榭港区后方堆场相对较少，梅山港区后方甚至尚未设置堆场。而且，港区外堆场面积与港区吞吐量也不匹配。如2013年北仑港区吞吐量为587.59万标准箱，占四大港区的比例为36.4%；但北仑港区的后方堆场面积则相对过剩，为2487亩，占总量的比例为63.1%，供需不平衡的矛盾较为明显。

宁波港海陆经济腹地不对称。宁波港通过近几年的努力，国际集装箱远洋干线和近洋干线明显增多，现共拥有集装箱航线235条，其中远洋干线117条，占49.56%，国际出港增长10.66%，国际进港增长9.98%，近洋支线66条，内支线20条，下降20.95%，内贸线32条，增长45.64%。海向腹地已经覆盖到五大洲经济发达的主要航区。然而与海向腹地相比，宁波港现有的直接陆向腹地主要分布在浙江省的一部分，并与同处长三角的上海港的腹地重叠，形成了一种竞争关系。与上海港相比，宁波港存在内陆腹地开拓起步晚、航线航班分布稀、集装箱码头使用频率低、口岸综合服务有待完善等不足。

2. 物流需求增长趋缓，港口服务功能单一

物流需求增长趋缓。由于国际经济增长乏力和国内经济结构调整，物流需求明显不振。2013年宁波的物流需求系数为2.5，较上年减少0.13，比全国平均的3.52水平低1.02；全市实现社会物流总额17573.34亿元，同比仅增长3.64%。物流需求增长不振，带来货运量增长趋缓和货运市

场运价低迷。2014 年上半年重点监测的公路运输企业货运量同比增长 3.9%，增速低于全行业平均增速 7 个百分点。其中，集装箱运输量同比增长 2.9%。重点监测的水路运输企业船舶航行率总体维持在 50% 以下的超低位水平，平均货运总量仅为 28.3 万吨/月；煤炭、钢材等大宗货物主要线路的运输价格较年初相比跌幅达 50% 以上，部分航线超过 60%，企业亏损面约为 50%。重点监测的物流园区经营效益提高明显，园区主营业务收入、主营业务利润同比分别增长 52.6% 和 77.8%；主营业务利润率为 56.9%，盈利能力较强。

宁波港港口服务功能单一。目前宁波港的功能仍以传统的装卸、储存、转运服务为主，而在货物流通过程中的货检、分装、包装、贴标签等物流增值服务比较薄弱，区港联动的试点区块——宁波保税物流园区还未真正发挥其保税物流功能。宁波港经过多年的发展，已促进形成了临港工业带，但港口在拓展商贸和物流服务功能方面，与国际先进港口存在很大差距，“以港兴市”的作用有待进一步增强。

3. 管理体制尚不健全，产业结构尚不合理

在软环境方面，港口物流的经营管理体制存在一定问题，服务体系尚不成熟，市场机制尚不健全。如“政企合一”的现象不利于港口物流向市场化迈进，部分港口货代、船代、小型仓储物流公司等的管理有待加强，部分落后的管理体制既束缚了港口物流发展的能动性，又割裂了港口物流各个功能环节的联系，不利于实现可持续健康发展。

港口物流产业结构尚不是很合理，层次有待提高。部分港口物流产业属于只以原材料的简单加工运输等为主的低附加值型产业，需要向具有高附加值的高端港口物流产业转型。物流企业信息化比例较高，但由于管理不规范、部分员工素质偏低等原因使得信息系统得不到合理利用。

4. 企业转型创新不足，物流人才相当缺乏

企业转型创新能力不足。宁波从事物流相关业务的企业超过 5000 家，A 级以上的物流企业 135 家，比例不足 3%。其中，5A 级 1 家，4A 级 20 家，3A 级 68 家，2A 级 37 家，1A 级 9 家。特别是道路运输业，市场主体“小、散、弱”的现象普遍。截至 2016 年 6 月月底，全市共有道路货运经营业户 50929 户，营运货车 98317 辆，户均车辆仅为 1.93 辆。大多数物流企业的生产仍以简单的扩大要素投入为主，能够应用先进的科技知识提升运营效率，提供全流程、一体化、多环节、综合性物流服务的企业

不多。目前，船舶、车辆等运输装备老旧，企业的信息化水平普遍较低，RFID 等先进信息技术仅在部分场站应用，公共物流信息平台作用尚未充分显现；集装箱甩挂和双重运输组织方式还处于试点阶段，规模化、网络化运营尚未形成。

物流专业人才被列为我国 12 类紧缺人才之一，缺口有 60 余万人，从 2006 年起宁波市政府就已经将港口物流人才列为宁波十大紧缺人才之一。港口物流企业主要依靠资本和劳动力驱动发展，核心技术要素相对缺乏；物流人才特别是高级管理人才较为欠缺，难以满足急剧增长的综合型高级物流人才，而宁波本地高等教育资源发展不平衡，在甬院校的专业设置和人才培养尚不能满足需要，高层次物流培训体系尚未建立。这些问题在一定程度上制约了港口物流的进一步发展，成为政府及相关组织机构、物流企业亟待解决的问题。

三 外部机遇（Opportunities）

1. 国家“一带一路”建设的战略机遇，港口发展面临新契机

随着国家“一带一路”、宁波“港口经济圈”等战略的深入实施，“21 世纪海上丝绸之路”带动新一轮港口的投资与合作，宁波港在 21 世纪海上丝绸之路上的战略定位是“一带一路”重要枢纽、21 世纪海上丝绸之路战略支点和创新先行城市，2014 年 9 月 16 日宁波航交所与波罗的海交易所在伦敦签订战略合作协议，将共推中欧海上丝绸之路发展。长江经济带对接一带一路，区域经济一体化格局推动港口行政融合，港口物流迎双重红利，宁波港正在加紧由传统的“运输装卸型”港口向“物流贸易型”港口转变。深汕合作区计划投资 390 亿元建设大型国际物流港口也给宁波带来很好的示范意义。我市想要在区域竞争挑战中抢占国家战略发展先机，要发挥优势，应积极推动宁波港作为发起方建立海上丝绸之路国家港口联盟，加强周边城市经济圈合作和跨行政融合，打造立足全国辐射“海丝”国家的国际枢纽服务中心，塑造新的城市核心竞争力。

2. 上海自由贸易区建设的地邻和制度机遇

按照习近平总书记 2014 年 5 月在上海调研时讲话精神和上海自贸区总体方案中的实施范围界定，长三角的浙江、江苏两省具有率先融入上海自贸区的地缘文化优势和产业协作基础。上海市也希望通过“四个中心”建设，大力发展离岸服务贸易，打造国际性的资金流、订单流、货物流的

控制管理中心，减轻上海港的吞吐量和物流交通压力。宁波港口作为长三角地区位居上海港之后的第二大海港，集装箱吞吐量位居全国第三、全球第四，具有融入上海自贸区的现实基础。同时，根据2014年国家深化经济体制改革的重点任务，国务院已经将上海自贸区的投资制度改革复制到全国范围，列入加快转变政府职能的主要内容。2014年9月22日，宁波海关开始率先在长三角三省一市（上海市、江苏省、浙江省、安徽省）的上海、南京、杭州、宁波、合肥海关展开长江经济带海关区域通关一体化改革，逐步将上海海关10项通关便利化和4项功能拓展的创新项目复制推广到长江经济带的51个海关特殊监管区域。宁波是全国十大贸易口岸之一，拥有出口加工区、保税区、保税物流园区、保税港区等特殊监管区，正积极争取设立综合保税区，具备了承接上海自贸区口岸改革经验推广应用的条件。

3. 中西部振兴开发的产业互补机遇

随着国家西部大开发、中部崛起战略的深入推进，国家经济重心正逐步由东部向中西部转移。2014年中西部地区主要经济指标增速仍快于东部地区，总体呈现东部地区稳中趋缓、中部地区增幅明显、西部地区快速增长的特点。2015年国内经济结构的调整、沿海发达地区的产业转型升级和中西部及沿边地区的产业发展，将带动对外对内贸易的发展。宁波作为中西部内外贸易的重要口岸，其先进制造业和纺织、汽车、模具等优势产业与中西部具有较强的互补性，港口物流的区位和成本优势突出，可以预见，未来港口的腹地范围将得到较大拓展，港口物流需求仍将有一定增长。

4. 港口合作化的发展优势

港口合作发展已成为港口业的大势所趋，其表现之一就是港口间的横向合作。港口合作是指港口与港口间为了谋求更大的经济效益，以组合港、港口联盟等形式联合发展，在业务上既相互配合又分工处理，这种发展形式对于解决一个经济区域内的众多港口由于货源地的重叠交叉导致的利益纠纷十分有效。国外港口合作的成功案例比较多，如鹿特丹和安特卫普、日本东京港湾港口群等。目前，港口合作发展在我国港口间有明显的发展，如2006年开始的宁波港与舟山港的一体化，经过几年的发展取得了显著的成就，而正在筹划建设的长三角港口群，也将更有效地解决舟山港与宁波港、上海港等在货源地重叠上出现的矛盾。宁波—舟山港于 2006 年正式启动，这对两港的拉动有极大的作用。

5. 物流业等服务业发展机遇

根据“十二五”发展规划要求，未来五年内中国经济结构将继续调整，着重发展金融，物流等服务业。作为服务业的重要组成部分的港口物流，近年来对服务业的 GDP 贡献率越来越高。而作为长三角经济带的重要门户的宁波在地理位置，物流基础条件和产业结构等方面都具有发展现代物流业的优势和条件。2014 年 7 月 14 日，国家发改委召开全国现代物流工作部际联席会议，讨论了《规划》工作分工方案和三年行动计划(2014—2016)，宁波在国家相关规划统领下，尽快编制宁波物流业中长期规划，明确宁波物流业发展思路与目标，针对宁波物流发展重点及难点问题提出切实可行的发展举措。深化物流行业管理体制机制改革，完善物流业协调与管理机制，切实发挥物流业联席会议制度，研究宁波物流业发展重大问题，为推进物流业转型升级提供制度保障。

四 外部挑战（Threats）

1. 来自周边港口的竞争

宁波港口物流发展面临着国内外港口特别是上海港的竞争。由于部分周边港口与宁波港口地缘接近，港口物流的现代化水平在一定程度上高于宁波港，因此成为威胁宁波港口物流发展的隐患。亚太地区港口分布比较密集，因而国内外港口的竞争日益激烈。温州港、嘉兴港等长三角港口群中的部分港口与宁波港存在经济腹地重叠的现象，势必会出现在腹地货源的争夺，在一定程度上削弱了宁波港口物流的竞争优势。东部沿海地区，福建沿海港口和深圳、广东各港口和宁波港存在长远腹地如湘、赣等的重叠，而长江流域乃至整个西部地区早已是苏、沪和长江以北连云港，乃至华北各港口的“势力范围”，宁波港难以轻易获取其手中的资源；日本的东京、神户和横滨等港口区位优越并且连成一片，港口物流现代化程度较高，拥有先进的电子信息系统和全天候工作的集装箱码头。韩国釜山港是我国内地外贸产品的重要中转港，65% 以上销往欧美的外贸产品经由韩国釜山港中转。台湾高雄港也分流了欧亚大陆东部的部分货流，有着优良的深水资源。新加坡港也依靠其自身得天独厚的优越条件大力发展港口物流，拥有世界一流的港口作业设备，在一定程度成为宁波港口物流可持续发展的隐患。

2. 物流供给结构调整缓慢，区域港口物流竞争压力增大

现代综合物流服务的兴起，全球物流的发展越来越迅速也越来越紧密，以港口运输这种相对比较单一的服务难以满足经济腹地生产和贸易的需求，这要求港口拓展完善其服务功能，这就可能引发港口企业对现有资源的挑战和重新配置，给港口的发展造成一定的压力。2017 年新建码头项目将减少，沿海干散货船舶运力淘汰将继续，道路运输集卡和危化品车辆将保持较小波动，货运站整合进物流园区进程将缓慢推进，道路物流企业联盟推进依然难度不小。总体来看，2017 年港口物流能力总量过剩、结构失衡的局面难以有较大改观。同时，港口城市抢抓“海上丝绸之路”门户，宁波周边的上海和福建港口城市，随着上海自贸区制度改革红利的释放，以及福建省向莆铁路和高速公路等港口集疏运通道的完善，其物流区域竞争实力大大增强，将会对宁波港口物流的高端服务和煤炭、铁矿石、原油大宗货物物流形成强有力的竞争分流。宁波港的货源和集装箱主要来源于浙江省、上海、安徽等，上海港直接分走宁波的货源，加剧了宁波港的竞争形势。此外，近年来，浙江省内河港口也得到进一步的发展，如温州港状元番深水港的建成，竞争明显。从国外港口来看，釜山港、高雄港、新加坡港等都在不断完善拓展，竞争实力还在不断提升，形成对宁波港发展的夹击之势。

3. 港口基础设施有待完善，航运业竞争激烈

随着国际航运业竞争的日趋激烈，国际航运企业间通过大规模的并购，实施战略联盟以达到抢占和垄断国际航运市场的目的。这势必对宁波航运企业产生很大的冲击，从而影响宁波港口物流的发展。另外，随着造船技术水平的不断提高，船舶规模逐渐呈大型化方向发展，大型集装箱船舶需要更大的泊位和更深的港口航道。但宁波部分港口物流基础设施还有待加强，因此需要对宁波港口岸上设施加大建设投资，来满足大型船舶泊位和航道所需的新要求。其次，作为着力发展外向型经济的港口城市，宁波 85% 以上的外贸产品通过宁波港运输。改革开放以来宁波外贸迅速发展，但随之而来的国际贸易纠纷以及国际金融危机的爆发造成了国际贸易环境的恶化，给宁波外贸的健康发展带来了一定的障碍，影响了外贸的顺利展开，从而对宁波港口物流的发展产生一定的影响。

第四节 宁波港口物流战略定位

一 宁波港口物流发展战略思路

按照“一带一路”“长江经济带”的国家战略及宁波发展现实要求，宁波港口物流建设要以港口为支点，以转变港口发展方式为主线，以综合物流支撑平台、港口物流联动平台、港口物流信息化平台为建设重点，努力构筑“立足宁波、依托浙江、服务全国、对接海内外”的现代化港口物流体系，打造以国际航运中心为特色的港口经济圈，形成战略性发展平台，将宁波港建成我国重要的战略物资储备基地、重要的港口物流基地和重要的大宗商品交易基地，成为大宗商品存储、中转、贸易等的国际性枢纽港。

二 宁波港口物流战略定位

连接“新丝绸之路经济带”和“21 世纪海上丝绸之路”的战略支点。充分发挥连通海内外的港口区位优势，对内促进长江经济带港航物流服务及丝绸之路海铁联运物流服务一体化，对外促进海上丝绸之路沿线港口共建与功能共育，增强国家战略物资保障能力、新一代集装箱枢纽港竞合能力，提升内外开放水平，成为连接新丝路经济带和海上丝路的战略支点。

宁波港口物流应充分依托临港产业区、港口物流园区、金融业等拓展港口物流的服务功能，提高服务质量和效率，开展更好的增值服务，充分发挥位于长江黄金水道龙头的区位条件和港航服务业比较发达的优势，加大港航基础设施和港口物流服务配套体系投资建设力度，不断提升港口物流的服务水平，使宁波港成为带动新丝路经济带发展的亮丽龙眼，从而不断推进以多式联运国际枢纽港为亮点的港口经济圈建设。

实施港口物流供应链管理，将商流、物流、信息流和资金流进行有机组合，为客户提供价值，实现信息化管理。这个港口物流供应链管理系统就要求客户具有快速的反应能力，能充分体现信息技术在港口物流中的应用，提高整个供应链系统的效率，大大降低整个系统的运行成本，减少库存和物资储备，提供满足不同客户的个性化需求服务，增加客户对产品和服务的满意度。

实施人才兴港战略，熟悉和掌握现代港口物流管理技术的人才是发展现代港口物流业的关键。分层次、分类别、多渠道、多形式、重实效，培养一批具有开拓精神和国际化视野的高级港口管理人才，打造一支物流从业人员技术过硬的队伍。同时重视与高校合作，聘请物流专家作为港口物流咨询顾问，为宁波现代港口物流的建设提供智力支持，加快形成宁波的人力资源市场化配置机制。

三　宁波港口物流具体战略选择

根据3.3宁波港口物流的SWOT战略分析以及宁波港口物流发展水平分析，确定如下发展战略：

1. 宁波港口物流发展的差异化服务战略

宁波地处“海上丝绸之路”和“长江经济带”的交会处，紧邻亚太国际主航道要冲，具有辐射“一带一路”和长江经济带沿线城市的战略区位。打造中国东方国际航运中心，关键是建设面向东方的国际主要枢纽港和中转港。宁波港要与上海港等进行国内竞争，还要与韩国釜山、日本东京、横滨、神户等港口展开国际竞争，但宁波港与这些港口相比虽然有巨大的潜力，但还不具备与它们进行直接竞争的实力。要想迅速崛起，宁波港应该努力提高港口服务质量和效率，深化对现有宁波港国有企业改革，加快港口物流结构调整，细分专业物流市场，积极培育第三方物流市场，推动基于信息化的物流服务创新，完善港口物流服务体系。为货主提供更好更多的增值服务，港口要因地制宜发展自己的特色物流，针对不同客户的个性需求提供个性化的服务，以提高客户的满意度以吸引更多的货流量，宁波港加紧由传统的“运输装卸型”港口向“物流贸易型”港口转变，打造综合交通枢纽网以及服务国际多式联运枢纽港。

2. 宁波港口物流发展的集中化战略

“长江经济带”对接“一带一路”，区域经济一体化格局推动港口行政融合。港口有大小，实力有强弱，而且不同层次、不同类型的港口的经营目标和市场定位是不同的，即使同是从事物流服务，服务的范围和重点也是不同的。长三角经济和宁波港自身的特点决定了宁波港应突出发挥区位和深水岸线优势，重点发展深水化泊位、大型化船舶、远洋化航线、专业化货种，在适度发展集装箱的同时，应下力气发展油品、矿石、粮食和汽车等大宗货种，把宁波港建设成东北亚地区的油品、矿石、粮食和汽车转运中心，建成东南沿海地区最大的客货运输中心。抢抓“一带一路”“长江经济带”战略机遇，提升宁波港口物流区域地位。宁波港现有的港区大榭、石浦、北仑、象山港区泊位等级低，陆域狭窄，集疏运不畅，与市区交叉，难以承担越来越多的货物运输需求。需要按照宁波城市规划的要求，发展专业化的集装箱港区。

3. 宁波港口物流发展的一体化战略

（1）横向一体化

“21 世纪海上丝绸之路”带动新一轮港口的投资与合作，宁波港在 21 世纪海上丝绸之路上的战略定位是“一带一路”重要枢纽、“21 世纪海上丝绸之路”战略支点和创新先行城市，宁波港要搞好与周边港口的合理分工，培育宁波港的比较优势和核心竞争力。在正确判断和处理与周边地区港口（包括上海、舟山港及韩国、日本的港口）市场分工的基础上，围绕长三角经济及宁波港的特点，发展具有宁波特色和竞争优势的港口功能。同时发挥宁波对周边特别是对省内港口的带动作用，搞好分工与合作，实现港口资源的优化配置，共同促进长三角经济快速发展。明确港口物流发展定位，借力上海自贸区建设、舟山海洋经济特区建设，优化港口物流口岸环境，提升港口物流辐射开发能力，加快“港口经济圈”建设。

（2）纵向一体化

宁波港应该努力提高港口服务质量和效率，为货主提供更好更多的增值服务，同时采取各种措施拓展腹地的范围，开发更多的货源。宁波港要转变经营方式，提高港口竞争能力，必须从单一的运输、仓储等分段服务，向原材料、产成品到消费者全过程的物流服务转变，为用户提供报关、流通加工、包装、配送等增值服务，运用“一票到底”的多式联运模式，以最简便方式、最佳运距、最短时间完成运送程序，使物流的效率与效益得以最大程度的发挥。同时，服务价格也必须向更加弹性化、多样化、组合的公开价格策略转变。要达到这些目的，只有通过调整港口内部经营结构，建立完善的港口物流管理系统，提高物流服务功能和效率，降低服务成本，才能真正提高港口的竞争力。同时要不断提高通关效率、港口效率、政府效率，完善海关、边防、检验检疫，仲裁、金融、保险、贸易、保税、海事等口岸环境，通过提供一体化和高水平的服务，吸引更多的直接腹地和中转腹地的运输需求，实现宁波港口物流服务纵向一体化。

第四章
港口物流发展模式分析

第一节　港口物流发展的主要模式

港口通过选择一种方法或途径来发展物流以实现港口物流的快速发展就是港口物流发展模式。目前，国际上港口物流发展的模式有不少，但以国际航运中心模式、港口区域物流体系模式、虚拟供应链式联盟模式、区港联动—保税港区物流模式、港口物流的“网状布局”模式、第三方物流的发展模式这几种最为常见。

一　国际航运中心模式

通常情况下，航运指的是使用船舶、筏和其他浮运工具，漂浮在江、河、湖泊、人工水道以及海洋上运送旅客和货物的一种运输方式，它是综合运输系统的重要组成部分。一般来说，航运通常都是指水路运输，有海洋和内陆河流两种运输方式。如果一个城市是稠密航线的交叉点，拥有深水航道，发达的交通网络，再搭配相对完善的硬件设备，在此基础上发展成为区域性的经济、贸易、信息、物流中心，那么这就是一个航运中心。

最初的航运中心只是单纯的航运集中地，也就是航运运输供给和需求产生的地方。指的是货物的海运贸易的需求，包括类型、数量、路线等，供给是指传播的能力，包括因素如造船、船员、船公司等，这是最基本意义上的航运中心的定义，它的主要特点是它的存在和变化在很大程度上取决于运输以外的领域及其发展程度。航运运输的需求主要是由贸易的发达程度决定的，当不同国家质检的贸易需要在海上进行的时候，航运的需求就产生了；船舶供应基本上是由发达程度和造船业的竞争决定的，货物和船都是实体，因此被称为硬实力。在硬实力的基础上航运中心的兴衰完全由其自身的经济基础，发展类型的阶段决定，腹地海运贸易需求的发展可以直接导致港口的发展，并刺激当地航运的发展。造船业的繁荣也会导致一系列相关产业的发展并会促进金融行业的发展。这种航运中心和航运服务中心有很大的差异，可以称为航运货运中心或造船中心，或者统称为航运生产中心或硬实力中心（相对于航运服务中心和航运中心软实力）。例如，今天的宁波—舟山可以被看作是一个世界级的国际货运中心，而韩国的釜山及周边地区则是一个世界级的国际船舶制造中心。

从世界主要的国际航运中心的整体来看，基本都具备如下的条件：

第一，基本具有第三代港口规模、功能的物流实现中心，包括完善的海陆空等基础设施，覆盖全面的综合保障能力。

第二，拥有实力雄厚的经济腹地。要在竞争日益激烈的市场中谋得长远的发展，发达的腹地经济是必不可少的。德国学者高兹在其著作《海港区位论》中提到，腹地范围的大小，经济规模的大小，经济发展的活力是港口发展的动力和支撑，同时对港口与腹地的结合的整体区域中的经济结构和经济活动等方面起着重要的决定性作用。

第三，拥有良好的港航物流企业创业环境。具体包括积极扶植的政策和良好的法律环境，比如保税区的建立、税费减免政策，等等。

第四，建港条件成熟，具体包括优越的自然条件和完善的后天设施设备。良好的国际航运中心需要有优越的自然条件作为前提，这包括海岸线长度、水深情况、气候条件，等等，而相配套的基础设施是国际航运中心发展的推动力，包括叉车、岸桥等等。

二 港口区域物流体系模式

港口区域物流体系是指以港口为物流区域的中心，向周围辐射状发展和建设形成的港口—腹地式区域物流经济模式，通常的区域经济模式应该是临港物流园区＋物流中心＋配送中心的物流体系结构布局。从宏观层面来看，港口区域物流是根据分工合作的原则，按照惯例，使用现代物流网络、物流设施和物流技术来实现货物地区之间的流动和交换，优化了资源配置，促进了区域经济繁荣和发展的过程。从微观层面上看，港口区域物流是选择最好的方法与路径，以最低的费用和最小的风险，并确保质量，适时地使货物从区域内一国的供方运到另一国的需方的活动。

要满足物流服务需求就需要一定的区域性的物流园区，这个物流园区主要负责进行该区域内的物流管理和组织，像成都的口岸物流园区、深圳的港口物流园区都是这样的情况。物流园区集中负责一个地区的物流组织、运输选装服务的提供，通常运输能力比较强，容量也比较大，这种规模化的运输组织可以为规模化物流组织提供条件，进而实现规模经济性，降低该地区各行业的物流成本。可以说在各地区建设物流园区是实现区域性物流体系建设的一个基本条件。而物流中心就需要物流设施具有一定规模，从功能设计上提供一种或几种具有明显竞争优势的主要物流服务，所以要想建立港口区域物流体系模式就必须有成熟的区域运输组织功能的物流园区和能提供综合性的配套物流服务的大型物流中心，二者缺一不可。

三　虚拟供应链式联盟模式

近年来，全球港航业之间的收购与兼并越来越普遍，而全球联盟体的服务业由海上运输延伸到物流供应链的所有环节，并购的船公司规模越来越大，物流运输的市场格局也相应受到影响，变化了的市场更加激化了港口间物流业的竞争，要想在竞争中具有强大的竞争实力就必须发展战略联盟。港口虚拟供应链模式是面向广大中小型企业的合作模式，其总体特点是虚拟供应链成员在各自核心能力基础上完成特定商业合作，以网络和计算机通信系统为技术支持，实现整个供应链成本最低的功能性网络。

虚拟供应链模式主要由横向联盟和纵向联盟两种模式组成，港口群一起合作发展实现共赢的模式为横向联盟，比如集装箱港口的联盟发展。在形成港口群企业之间的合作关系时，首先这些港口群是由众多相关行业的企业通过合资、参股的方式形成的，这样一个港口物流网络就不止包括一个港口，而是一个区域性的港口集合。纵向的合作联盟还有港区联盟、港航联盟、港货联盟等几种。

港货联盟就是以货主为模式的核心，港口是和货主直接合作、结成联盟的，货主主要进行自己的核心业务，并把非核心的货物运输外包给物流企业从而提高自己核心业务的控制率，把利益率较低的部分分出去。港口通过与货主的合作可以保障货源，同时拓展自己的服务内容，参与到企业的生产和经营环节中。

港航联盟，就是港口和航运公司进行合作，对于现代物流来说主要是跟集装箱班轮公司进行合作。比如说港口与航运公司企业共同出资协同管理某个港口码头或者内河运输方式的营运。或是港口让出一些权力，由把港口的一部分经营内容和仓库等场所交给班轮公司共同管理和使用。也可以港口和班轮公司两方同时出资提供第三方物流服务，共同开发信息平台，实现联盟共赢的目标。

港区联盟，港口和临港工业区分别是生产要素的最佳衔接点和物流的集散中心。通常在港口附近的合适区域建立起一个物流园区和临港工业园，建立一个产业集群，把一个行业相关的企业都集中到一起来，从而提高行业的效率，降低相互之间的供应和沟通成本。由于大型港口在整个体系中处于最核心的位置，因而也是整个供应链的核心，其他的小型港口则要依据自己的位置特点以及本区域内企业的特点与其他港口、核心港口进行优势协作。在港区联盟的模式下，企业对于市场的需求可以更加灵活地进行改变，而且也能给大型企业带来相对较大的规模效益。

四　区港联动——保税港区物流模式

区港联动模式的产物是保税港区，也可以理解为港区和保税区之间专门划分出来的区域就是保税港区，政府给予保税港区特殊的政策保护，用来专门发展成为仓库和物流产业，达到有一定的标准能吸引外资企业同时能够促进腹地的经济发展，实现区域性经济在对外市场上的核心竞争力，实现区域经济的良性发展。

保税港区是目前唯一受法律保护的自由贸易的雏形。在这样的基础上，区港联动—保税港区模式的物流系统具有以下的特点：

第一，具有一定的开放性：此处的开放性不仅体现在保税港区的国际开放地位，也体现了港口物流系统中内部子系统之间以及整体系统与外部环境之间在物质、能量、信息、技术、管理等方面的开放程度。物流系统中的各框架分支彼此之间协同合作配合时也需要大量的资本、信息的交流，还需要一些物流要素和信息比如外界社会发展、经济发展、生态系统等相关的信息。因此开放性是港口物流体系中主要的活力源泉。

第二，具有高效的流动性：高效的流动性是指在物流体系中资产、能量、人员、设备和信息等在各产业之间以及一个地区内的流动程度。保税港区是实现资本、商品、信息高速流动的一个特定的区域，所以其物流活动整个过程都具有高效的流动性。只有用这种方法可以实现资源在保税港区和进出口过程中合理的流动，从而实现物资资源最佳的有效利用，实现保税物流的协调发展，最大限度发挥保税港区系统功能。

第三，具有群聚效应：保税港区重点发展的是保税物流和加工贸易，联合空运逐步扩大其功能，逐步开展世界范围内的中转、配送、采购和对外贸易量，都要充分利用港口区域内的资源，出口加工区和毗邻区域资源的特殊优势，连接好相互之间的优势，形成海运港口、加工区、空运港三合一的协同发展，进行海运、陆运、空运等多种方式联运。这种模式形成后就会聚集制造加工企业、物流企业、金融机构和政府监管部门等各种要素，从而就使港口物流形成了一定的群聚效应。

第四，服务具有柔性：服务的柔性是指物流企业根据顾客的需要而灵活地提供服务的水平。它要求保税港区操作必须适应其特殊功能的要求比如要细分类、清楚批次和尽可能缩短时间的趋势，灵活组织和实施港口的物流运作，并针对客户的需求为其制定针对性的物流服务。

第五，标准化：标准化是指在港口物流过程中作业、设备、设施、管理、人员、信息共享等之间的协同的标准化程度。港口物流的协同发展必须具备标准化的物流设施、标准化的物流设备工具、标准化的作业程序、训练标准有序的物流人员、物流管理的标准化、物流信息的标准化，从而实现高效率、低成本、高效益的港口物流系统。

信息系统建设是保税港区未来发展的主要方向，可以参考国际自由港的运作模式和管理制度，借鉴其运营经验，提供的物流服务既要按国际惯例，也要培育自己的特色，政府管理部门、港区营运商和港区企业都要在统一的平台上规范运作、标准管理、诚信经营，充分体现高效贸易的便利化和透明原则。所以建立集区港联动局域网、进区企业系统网、海关国检监管专用网和公共信息网四网合一的开放式信息系统是必需的条件。

五　港口物流的“网状布局”模式

所谓的网状模式主要是指在各个区域之间实现一个网状的物流系统相互联系。这里所指的区域通常是大区域的概念，因为网状布局都是一些世界级的大型港口城市进行的，它们本身拥有雄厚的财力，管理也较为科学和先进，然后在世界范围内和其他港口相互联系，建立起一个世界级别的港口物流集群，实现相互利益的提升。另外这些港口物流企业还可以通过合资等手段进行合作。

物流网状布局模式是一定要以船舶企业的投资方，像世界著名的 AP 穆勒 - 马士基公司就是以航运起家，经过了多年的港口经营和管理以后，已经拥有雄厚的财力，其下属的集装箱公司已经成为当今世界上规模最大的集装箱运营公司，拥有丰富的全球航线，并在各主要港口之间建立了自己的集装箱物流网络。

物流网状布局还有一种情况的投资主体是港口运营商，例如以经营香港葵涌货柜码头起家的和记黄埔港口，在有了成熟的港口管理经验以后，就开始在其他地区推行自己的港口管理模式，目前的黄港口和黄三角洲港口是其最初发展基地，目前已经发展了3个内河港口和3个沿海港口。

六　第三方物流的发展模式

第三方物流又被称为3PL或TPL，是相对发货人（第一方）和收货人（第二方）来命名的。是由来自第三方企业来承担一部分物流活动的一种物流形态模式。国际上基本都是采用来自美国物流管理协会的一些对物流的定义。即是为了满足消费方的需要而进行的一些商品的交易以及在交易中产生的一些相关服务信息，整个过程是有一定的计划和管理，从而实现高效满意的服务体系的流通过程。

一个产业组织结构利用外部的资源为另一个产业或企业的生产经营服务，将过程中的一些业务外交给第三方服务公司来完成，第三方服务公司为各个企业服务就产生了第三方物流的概念，即提供给供应方和需求方的全部物流的专业服务的过程。用合同来规范这种承包服务模式，因此也称为合同物流。

我国的物流行业对外贸易开发相对较晚。所以第三方物流服务的企业需要在有限的时间内不断地提高自己的服务水平，争取制度更完善，从而得到更多的客户。国外的第三方物流服务企业在中国缺少网络资源和运输的资产，想要建设这些需要大量的资本，因此大多跟内地服务商合作，所以需要有完善的网络和信息处理的能力包括运输条件都要具备，而且也要不断地学习国际上先进的管理思想和经营方式才能更好地与国际上的第三方物流接轨。

第二节　典型港口物流运作模式分析

一　航运中心模式——鹿特丹港

鹿特丹港位于莱茵河和马斯河汇合处，是连接欧、美、亚、非、澳五大洲的重要港口，素有“欧洲门户”之称。港区水域深广，内河航船可通行无阻，外港深水码头可停泊巨型货轮和超级油轮。第二次世界大战以来，欧洲经济逐渐复兴并建立了欧洲联盟，鹿特丹港凭借其优越的自然条件和地理位置，发展极其迅速，现已拥有7个港区，40多个港池，共有650多个泊位，可同时供600多艘千吨及万吨级轮船停泊作业。港区面积100多平方公里，码头岸线总长37公里。1961年，吞吐量首次超过纽约港（1.8亿吨），成为世界第一大港，从60年代起就一直保持着世界第一大港的地位，直到近年来被我国的上海港和宁波—舟山港超过。目前，鹿特丹年进港轮船3万多艘，驶往欧洲各国的内河船只12万多艘。鹿特丹港有世界最先进的ECT集装箱码头，年运输量达640万标准箱，居世界第四位。

鹿特丹港采用的是航运中心模式，该模式是政府将土地使用权和经营管理自主权赋予港口管理局，由其统一对港口运营进行管理。通常管理局拿出部分土地、仓库和堆场等建立为全球提供服务的公共港口物流中心，而管理局自身只负责提供和管理基础设施、配套服务等，并不直接参与物流中心的经营。港口管理局选择好的物流经营方加盟，吸纳企业加入物流中心，并将其原材料采购、配送等职能交由物流中心负责，参与供应链管理。航运中心物流模式基本上是由鹿特丹港创建并且运营发展起来的，故也称为鹿特丹港模式。这种航运中心模式是现如今世界港口物流运作模式的一个发展方向的典型代表，除鹿特丹港之外，还有世界上很多著名港口如纽约港、汉堡港、巴尔的摩港和马赛港等都是采用了此港口物流运作模式。鹿特丹港口发展的主要特点：

1. 政府规划企业经营

鹿特丹港的土地、岸线等所有权属市政府，市政府设立港务局开发建设和日常管理。港务局统一规划和投资开发土地、码头、航道等基础设施和物流中心等，引进与港口相关产业。参与经营的私人企业以租赁方式进行，仅投资部分机械设备、库场及辅助配套设施。

2. 与港口腹地工业紧密衔接

鹿特丹港是世界主要炼油和化工业的重要基地，港区拥有4个世界级的精炼厂、30多个化学品和石化企业、4个工业煤气制造商等企业，全球著名的炼油及化工企业如壳牌、埃索、科威特石油公司都在鹿特丹港建有相应的港口泊位或相关临港工业等，因此港口吞吐量中大约有一半与临港工业有关。此外，食品工业是另一个非常重要的工业，食品公司的贸易、存储、加工以及运输等都集中在港区，如联合利华、可口可乐等。对于欧洲各大超市而言，鹿特丹就是它们的海边超市。

3. 专业物流中心规模大

1998年鹿特丹港开始建立配送园区，并大力发展专业化物流服务。目前港口及腹地建有Eemhaven物流中心、Botlek物流中心和Maasvlaskte物流园区这三大物流中心，其中Eemhaven提供大宗产品如钢材、木材等的储存和配送服务，Botlek是石油、化工产品专业配送中心，Maasvlaskte物流园区面积更是达到125万平方米。这些物流中心均有与码头间的专用运输通道，提供物流运作的必要设备，通信和信息技术先进，提供各项增值服务及海关的现场办公服务。

4. 配套完善运作高效

鹿特丹港港口和工业园区的土地、码头、航道和其他设施统一由鹿特丹港务管理局开发、建设，并实施高效、安全、便捷的船务运输管理，其配套设施及物流服务十分完善且运作手段高度现代化。同时它还拥有完善的海关设施，优惠的税收政策，以及一支技术先进、生产效率高并懂多门语言的劳动队伍。通过自动化导航系统、码头操作系统（TOS）、EDI服务系统特别是其子系统“INTIS”已成功推广了“电子商务网络”，这些信息系统将港口信息及时收集、分析和共享，促使物流运作的效率提高了。任何货物到达港口后，通过公路、铁路、河道、空运、海运等多种运输路线将货物送到荷兰和欧洲的目的地。效率远远比世界上的一般港口要高得多。

二 区域物流体系模式——安特卫普港

安特卫普位于安特卫普市西北郊，位于斯海尔德河下游右岸，距北海大约70公里。是欧洲第二大港，世界第四大港，港区面积130.55平方公里，可靠泊码头岸线总长度达160公里，其中一半以上能接卸巴拿马级以上船舶。该港拥有300多条班轮航线，与世界800多个港口相连。安特卫普港的位置接近欧洲主要生产和消费中心，吞吐量的一半为转口贸易，是比利时、荷兰、卢森堡、德国和法国的主要进出门户，该港杂货运输量居欧洲之首，是欧洲最大的钢材、水产品和水果港，并拥有集装箱、汽车、钢材、煤炭、粮食、木材、化肥等专业码头，运输量几乎100%是国际运输。安特卫普港与上海港、大连港是友好港。

区域物流体系模式是由安特卫普港创建和运用的，所以也称安特卫普港模式。安特卫普港的物流发展具有共同出资型物流中心模式的特点，由多家水陆物流企业联合组成现代物流中心，统一开展装卸、仓储、运输、配送、信息处理等全方位综合性服务。这种模式可以解决港口资金缺乏的困难，同时，通过与国内外先进的物流企业合作，也能更快地了解和掌握国际上最先进的物流技术及运作理念。具体特点如下：

1. 以开放政策大力吸引各方投资

安特卫普港由安特卫普港务局进行规划和管理。1997 年体制改革后，港务局成为市政府直接控股的独立经营单位，拥有了更多管理、人事、财务和决策上的自主。在港口物流中心的建设中，安特卫普港务局的投资集中在码头、航道和锚地等港口基础设施上，而土地开发、物流经营、运输业务则吸引社会各方投资建设和经营。安特卫普港务局利用开放的政策，很好地发展了斯海尔德河两岸的物流相关业务。

2. 先进的管理系统和现代化的信息服务

安特卫普港的信息管理系统十分完善和健全，拥有现代化的电子数据交换和 EDI 信息控制系统、使用“安特卫普信息控制系统”（APICS）、海关使用的“SADMEL 系统”和比利时铁路公司使用的“中央电脑系统”，一些私营行业还建立了“安特卫普电子数据交换信息系统”（SEAGHA），与“SADMEL 系统”以及“中央电脑系统”等其他电子数据交换网相连。以先进的供应链管理和综合物流系统向其客户提供全方位的物流服务，对船舶航行进行智能化导航、实时监控等。

3. 完善的交通运输网络保证商品运输的畅通

安特卫普不仅是 12 条铁路的终点，还是 7 条高等级公路的交汇点，而且拥有安特卫普和布鲁塞尔两个机场，与世界上 100 多个国家和地区建立了贸易关系，拥有 300 多条班轮航线与世界上 800 多个港口相连，水运与密集的高速公路、铁路为核心的陆运相衔接，形成了完善高效的交通集疏运网络体系。

4. 借助于腹地经济不断发展临港工业

安特卫普港是比利时第二大工业中心，临港工业高度集中，主要有钢铁、炼油、化学、机械、汽车、冶炼、造船等。安特卫普港化工产业集群十分发达，是仅次于美国休斯敦的世界第二大石化中心。另外，安特卫普港腹地也比较广阔，除本国之外，经济发达的法国、卢森堡、德国及荷兰等部分地区，也是推动安特卫普港发展的重要间接腹地。

三 区港联动模式——新加坡港

新加坡港位于新加坡岛南部沿海，西临马六甲东南侧，扼太平洋及印度洋之间的航运要道，战略地位十分重要。它是亚太地区最大的转口港，也是世界最大的集装箱港口之一。新加坡是一个因港而兴的国家，具有“一流港口设施、一流网络技术、一流物流人才”，凭借优越的地理位置和多年的发展，已成为亚太地区重要的国际贸易、金融和航运中心，联系着全球200多家船运公司和100多个国家的600个港口。2014年，新加坡港集装箱年吞吐量上升4%至3390万TEU，位居世界第二位，但保持着世界第一大加油港的地位。

区港联动模式是由新加坡港创建并发展起来的，所以亦称为新加坡港模式，是由港口物流和航运物流企业公司共同组建的物流运营模式，这种发展模式具有供应链型物流中心和联合型物流中心两种模式的特点。供应链型物流中心是由港口物流企业与航运物流企业共同组成物流中心，双方既优势互补，又分工合作，共同组建物流集团并共同经营。联合型物流中心是由港口管理部门、保税区或者政府等联合组建。新加坡港物流主要特点如下：

1. 政府投资建设港口并执行自由港政策

新加坡政府一直对港口进行直接投资，并且投资力度非常大，使港口规划水平、建设质量和规模始终处于世界领先水平，为新加坡港始终处于国际航运中心的优势地位提供了有力的支撑和保障。新加坡港实行自由港政策，具体体现在允许自由通航和自由贸易，允许境外货物、资金自由进出，并且对绝大多数货物免征关税，极大地方便了货物的流通，节省了贸易成本，带动了集装箱国际中转业务的发展，提升了新加坡的国际竞争力，使新加坡在国际航运、贸易和金融业务中发挥着举足轻重的作用。

2. 积极培育港口物流链

新加坡港充分利用其作为物资集散中心各项生产要素非常集中的优越条件发展临港工业，始终坚持港口发展与腹地工业发展相结合，使临港工业巨大的物流需求与港口的发展相互促进，实行以港兴城，以城促港。新加坡港已成为全国的经济中心，该港不仅是世界上电脑磁盘和集成电路的主要生产地，而且炼油业也很发达，是仅次于休斯敦、鹿特丹的世界第三大炼油中心。目前新加坡共有7000家左右的跨国企业，其中超过4000家在新加坡设立总部或地区性总部，全球前25强的跨国物流企业有17家在新加坡设立总部或地区总部，这些进行跨国资源配置的跨国公司大大推动和促进了新加坡港口物流的发展。

3. 物流分工明确实行集约化经营

为满足第三方物流发展和顾客的需要，新加坡港已在裕廊码头建立了物流中心，培育港口物流链，促进港口与加工业联合发展。目前，新加坡港区共有三个配送中心，其一设于保税区内，提供拆拼箱、仓储、运输以及货物取样、测量、包装、贴牌等服务，其二为散货分拨配送中心，主要处理矿石、煤炭、石油等大宗散货，另外一个则是专业汽车转运中心。这样，港口物流为临港工业提供专业、高效的物流服务，提升加工工业水平，进而又促进港口经营效益的提高。

4. 物流运作与管理高度现代化

新加坡政府和企业都十分重视物流信息技术和自动化设备在港口中的应用，目前新加坡港已拥有自动识别系统、全自动化桥式吊机以及电子入闸系统等各种高科技装备。构筑新加坡国际航运中心信息平台的主要是EDI贸易网络系统（TRADENET）和新加坡港口EDI网络系统（PORT-NET）两个电子信息系统，它们把新加坡所有国际贸易主管机构连接到一个整体系统网络中，实现各部门之间的信息共享，也大大提高了政府、航运公司、物流企业、金融和法律服务机构等协同运作的效率。

第三节　宁波港口物流运作模式选择

从各港口发展模式的特点来看，不同的港口在开展港口物流服务时，都是结合自身的实际情况，选择适合自身发展的模式。一般，对于自然环境、港口基础设施、腹地经济、管理手段均占绝对优势的港口可以选择国际航运中心模式；对于各方面条件均不占优势的港口则可以选择港口区域物流体系模式。

结合国内外港口发展模式的特点，宁波—舟山港在实行一体化发展后，具有国际航运中心潜力，但就目前而言，宁波—舟山港发展与国际航运中心的要求有一定差距。因此，现阶段应以完善供应链一体化建设，选择发展港口区域物流体系模式。具体的实施构想如下：

宁波港的发展趋势是谋求港口主业与港口物流充分融合，形成港口物流链，实现对整个供应链的控制和增值。宁波港拓展港口物流就应结合内向型物流和外向型物流发展模式共同入手。内向型物流发展模式的影响因素主要有：港口自然条件和区位条件；港口基础设施；信息化程度；物流业务管理与开发；口岸环境；服务水平。外向型物流发展是从港口涉及的关系对象着手，充分重视港口物流发展过程中的纵向联系和横向联系，即通过纵深发展港口物流所处的外部环境来实现港口物流的持续发展。而主要的外部环境有：集疏运条件、腹地经济、政府物流产业政策、行业物流业务发展、物流园区、港口之间竞争，等等。

要拓展宁波港港口物流实现途径的优选具体有：

第一，继续推进港口基础设施建设。

新建一批大型化、专业化码头。加快建设大榭、穿山、梅山、镇海港区等一批深水码头，缓解矿石、煤炭等散货和通用杂货码头紧张、公用原油码头缺乏的状况。

整合码头资源，提升既有码头能力。以规划为引导，优化北仑港区空间布局，推进业主码头合作与开放经营；加固改造和扩建镇海、北仑港区老旧码头，重点实施北仑港区煤炭泊位改造工程，同步扩建后方堆场和储罐等设施，充分挖掘现有码头潜能。

第二，加快完善港口集疏运网络。

加快疏港公路建设。加快建成三门湾大桥及接线、杭州湾大桥杭甬高速连接线、杭甬高速复线一期，推进六横大桥宁波接线项目前期工作，尽快形成“一环六射”疏港高速主骨架网络，实现港口集疏运由普通道路向高速公路为主的转变，尽可能减少对城市内部交通的干扰；新建、改扩建沿海中线、环象山港公路等干线公路，同步实施干线公路路面大中修工程，承担疏港高速公路建成前的港口集疏运任务。

加快疏港铁路及场站建设。重点建设铁路货运北环线、大榭及穿山港区铁路支线、宁波北站和铁路集装箱中心站等项目，扩建北仑铁路支线，规划建设甬金铁路、跨杭州湾铁路，加快形成“五线一枢纽”铁路布局，实现主要港区通达铁路，分流日益繁重的公路交通压力。

加快集疏运场站建设。新建大榭集装箱等综合场站，完善海铁、公铁、公水等多式联运设施，实现“零距离换装、无缝隙衔接”；改变港区后方堆场功能单一、小散现象，引导集装箱堆场向物流园区或专用集卡停车场站发展，提高集约化运营水平。建设北仑集卡运输服务基地、镇海危化品车辆服务中心，提供停车、维修、加油、车辆罐体检验、餐饮等一站式服务。

提升集疏运设施管理水平。加快研究建设以高速公路不停车收费、交通视频监控、路况信息发布和智能车辆诱导系统为主体，技术先进、反应灵敏、运营高效的智慧交通路网体系；初步建成以智慧路政、智慧运管、智慧港航、交通综合指挥平台为主体的智慧交通管理体系，基本实现港口集疏运基础设施的全方位监测和高效管理。

第三，提升港口物流发展水平。

加快发展港口现代物流。以贸易物流港建设为目标，加快发展港口现代物流，拓展服务领域，增强服务功能，培育一批多式联运经营、综合物流服务等不同类型的示范企业，做大做强港口物流企业。加快建设梅山保税港区物流园区、镇海大宗货物海铁联运物流枢纽港、宁波保税区现代保税物流基地、宁波经济技术开发区现代国际物流园区等临港物流园区，加快发展大宗商品交易，逐步形成集商品交易、信息传递、物流服务等多种功能于一体的现代港口物流体系。

大力改善口岸通关环境。推动口岸监管模式和监管制度创新，完善口岸大通关模式，深化分类通关改革和管检分离改革，积极探索第三方检验检测市场化运作模式，规范口岸查验费用，提高口岸通关查验效率，改善口岸通关环境，增强口岸服务功能，争取上海两个中心相关航运税收优惠政策延伸至宁波港口。重点拓展电子口岸功能，强化物流信息服务，推动物流信息公共服务平台和数据中心建设，全面构建功能完善、机制灵活、便捷高效的现代口岸服务体系，为国际强港建设提供重要支撑。

第四，以改革思维推动港口管理职能转变。

减少行政审批项目，简化审批程序，建立权力清单制度。按照国家事业单位改革要求，推进引航机构深化改革。研究建立港口锚地的共享公用机制。研究完善港口评价机制，开展绿色港口等级评价，试点开展基于港口增加值的港口经济运行综合评价。

切实维护港口规划的权威性和严肃性。港口规划一经批准，必须严格执行。港口基础设施必须先规划、后建设，港口建设项目不得突破规划。加强对港口规划实施情况的监督与检查，对发现的问题依法制止和纠正。进一步强化港口岸线资源管理，严格执行岸线管理制度，严格按照基本建设程序开展港口项目建设，推行施工安全标准化，提升港口工程质量管理水平。

完善港口标准化体系。加强节能减排、环境保护、安全管理等方面标准的制修订。加快设施装备、货物装载、信息交换、服务质量等标准的制修订，促进不同运输方式有效衔接。

第五章
宁波港口物流业的空间发展格局及竞争力分析

第一节　宁波港口物流业空间格局及其影响因素分析

一　宁波港口物流业发展的空间布局

宁波人文积淀丰厚，历史文化悠久，属于典型的江南水乡兼海港城市，是中国大运河南端出海口、“海上丝绸之路”东方始发港，其中最具宁波代表性的宁波港被国际港航界权威杂志——英国《集装箱国际》评为“世界五佳港口”。依托宁波港的发展，宁波发展成为浙江省经济最为发达的城市之一，是我国东南沿海最为重要的港口城市，在具有港口优势和区域经济优势的宁波，港口物流业的发展有着举足轻重的作用。在2011年3月国务院公布的《物流业调整和振兴规划》中将宁波确立为长三角洲物流区域的三大中心之一和全国性物流节点城市。宁波的港口物流业融合了仓储业、运输业、信息业、货代业等多种行业的复合型服务产业，是宁波市经济的重要组成部分，在转变经济增长方式、促进产业结构升级、提升宁波经济竞争力方面发挥着越来越重要的作用。本节根据宁波市工商局的交通运输、仓储和邮政业的企业登记信息分析宁波市港口物流业空间分布。

1. 研究方法

（1）探索性空间数据分析

本研究使用全局 Moran's I 指数和全局 G 指数对宁波市港口物流业进行全局自相关分析，其计算公式如下：

$$I = \frac{n\sum_{i=1}^{n}\sum_{j=1}^{n} W_{ij} | x_i - \bar{x} | | x_j - \bar{x} |}{\sum_{i=1}^{n}\sum_{j=1}^{n} W_{ij} \sum_{i=1}^{n} | x_j - \bar{x} |^2} \qquad (1)$$

式中 x_j、x_j 分别是第 i、j 街道港口物流企业数量的观察值；W_{ij}是二进制的空间权重矩阵；$\bar{x}$ 表示的是各个街道物流企业数量观察值的平均值；n 是研究区域中单元的总数。全局空间自相关系数的范围是［-1，1］，其中大于0表示宁波市港口物流企业发展存在正相关关系，小于0表示港口物流企业发展存在负相关关系，等于0则说明港口物流企业发展不存在相关关系；

$$G(d) = \frac{\sum_{i=1}^{n}\sum_{j=1}^{n}(d)x_k x_j}{\sum\sum x_i x_j} \tag{2}$$

式中 x_i、x_j 分别是第 i、j 街道口物流企业数量的观察值；W_{ij}（d）是以街道单元的中心点之间的距离 d 为规则定义的空间权重矩阵。

本研究用热点分析方法说明宁波市港口物流企业局部空间集聚类型：低值簇和高值簇也就是冷点区和热点区的空间分布情况，计算公式如下：

$$G_i^*(d) = \frac{\sum_{j=1}^{n} w_{ij}(d)x_j}{\sum_{j=1}^{n} {}_j} \tag{3}$$

对其进行标准化处理，转化为：

$$Z(G_i^*(d)) = \frac{G_i^*(d) - E(G_i^*(d))}{\sqrt{Var(G_i^*(d))}} \tag{4}$$

式中 $E(G_i^*(d))$、$Var(G_i^*(d))$表示 $G_i^*(d)$的数学期望和方差。得到的 $Z(G_i^*(d))$值显著，且为正，表明在研究期间内街道 i 及其周围地区港口物流企业数量多，属于高值空间集聚区域，也就是热点区；反之 $Z(G_i^*(d))$值显著，并为负，表明在研究期间内街道 i 及其周围地区港口物流企业数量少，属于低值空间集聚区域，也就是冷点区。

（2）回归分析模型

企业区位选择可以看作是空间单元内企业数量与影响要素的效用函数，研究因变量为企业数量，其观测值为离散的非负整数，观测值为0的情况出现的较为频繁。所以可以假设其服从 Poisson 分布，使用 Poisson 回归模型分析企业区位选择的影响要素。章文 2014 年使用该模型分析了深圳市服装企业在街道单元区位选择；毕秀晶也使用负二项回归方法分析了政府政策、交通通达性对上海市软件企业区位选择的影响。

假设宁波市第 i 个空间单元内港口物流企业数量 y_i 服从参数为 λ_i 泊松分布，在研究单元内观测到的港口物流企业数量为 y_i 的概率为：

$$P\ (Y_i = y_i \mid X_i) = \frac{e^{-\lambda_i}\lambda^{y_i}}{y_i!} \tag{5}$$

$$\lambda_i = e^{\beta xi} \quad i = 1,\ 2,\ 3,\ 4\cdots \tag{6}$$

式中 λ_i 取决于解释变量 x_i；β 是变量的回归系数向量，对参数 β 进行广义线性模型（Generalized Linear Model）中的最大似然估计（Maximum Likelihood Estimation，MLE）：

$$L(\beta) = \sum_{i=1}^{n} [y_i\lambda_i - \ln(y_i!)] \tag{7}$$

泊松回归模型一个关键假定是因变量的条件均值和条件方差相等，即分散均匀，并且等于 λ_i。即：

$$\mathrm{Var}\ (Y_i \mid X_i,\ \beta) = E\ (Y_i \mid X_i,\ \beta) = m\ (X_i,\ \beta) = \lambda_i \tag{8}$$

但是这个假设在实际应用中很难满足[17-18]，如果条件均值小于条件方差，即样本中出现过度分散的问题，将导致泊松回归模型结果出现偏差。这样的模型一般服从负二项回归模型（Negative Binomial Regression Model），负二项回归模型允许因变量条件方差与条件均值不相等，其对数似然函数为：

$$\begin{aligned} L(\beta,\eta) = \sum_{i=1}^{n} \{ & y_i\ln(\eta^2\lambda) - (y_i + 1/\eta^2)\ln(1 + \eta^2\lambda_i) \\ & + \ln\Gamma(y_i + 1/\eta^2) - \ln(y_i!) - \ln\Gamma(1/\eta^2) \} \end{aligned} \tag{9}$$

2. 空间分布及演化特征

（1）空间分布特征

本节分别以区县和街道为时间选择区间为 2004 年，2009 年，2014 年。行政单元系统的分析港口物流企业在宁波市的空间分布格局以及演化情况。区县级政区是宁波行政区划的最高级单元，从区县级行政角度分析宁波港口物流企业的分布特征，见表 5 - 1。分析表 5 - 1 可以看出宁波市港口物流企业主要布局在郊区及港口附近，并且位于郊区和港口的企业比例不断增大。2014 年中心城区分布了 18.23% 的港口物流企业，低于 2004 年的 27.88%，企业总数量为 533 家；2004 年郊区港口物流企业数量为 325 家，占全市的 46.23%，这个比例在 2009 年、2014 年增长分别为 53.13%、57.48%，郊区化特征明显。其中，北仑区港口物流企业数量除

2004 年以外始终位于首位，在 2014 年更高达 957 家，远远高于其他区县。

表 5 - 1 不同时段宁波港口物流企业的区县分布（单位：个）

	地区	2004	2009	2014
中心城区	海曙区	15	47	65
	江北区	149	286	368
	江东区	32	71	100
郊区	鄞州区	105	230	381
	镇海区	90	202	342
	北仑区	130	492	957
县级市	奉化市	16	41	62
	慈溪市	79	174	300
	余姚市	37	89	149
	象山县	14	44	113
	宁海县	36	63	86

街道是我国正式规定的最小行政区划，统指镇、乡、街道办事处一级的行政单元。利用 ArcGIS10.2 软件对 2004 年、2009 年、2014 年宁波市港口物流企业的街道数据进行分析，并比较港口物流企业在距离城市中心（天一广场）20 公里、30 公里的圈层分布情况，可以更好地得到港口物流企业的分布和集聚情况（见图 5 - 1）。

在 ArcGIS10.2 软件中按照自然间断点分级法将 2004 年、2009 年、2014 年各个街道的港口物流企业数量分为 5 个级别，如图 5 - 1 所示。第一级别港口物流企业数量（2004 年为 31—72 个；2009 年为 73—172 个；2014 年为 114—265 个）大部分集中在距离市中心 30 公里范围内的江北区、北仑区、鄞州区；第二级别的港口物流企业（2004 年为 15—30 个；2009 年为 40—72 个；2014 年为 65—113 个）除集中在距离市中心 30 公里范围内以外，还有部分集中在慈溪市和余姚市，表现出明显的集聚趋势；第五个级别（2004 年为 0—2 个；2009 年为 0—7 个；2014 年为 0—11 个）零散分布在宁波市各个街道。

港口物流企业的实际街道区位分布具有城区高度集中、县级市零星分布的特征。港口物流企业的空间布局从宁波市范围来看呈现出“两心一轴”的格局。大量的港口物流企业集中中心的江北区和北仑区，构成一个大的集聚中心；在慈溪市和余姚市则形成一个小的集聚中心；宁波市北部地区港口物流企业沿着高速公路与铁路呈现轴线分布，其他地区则零散分布，没有形成集聚中心。

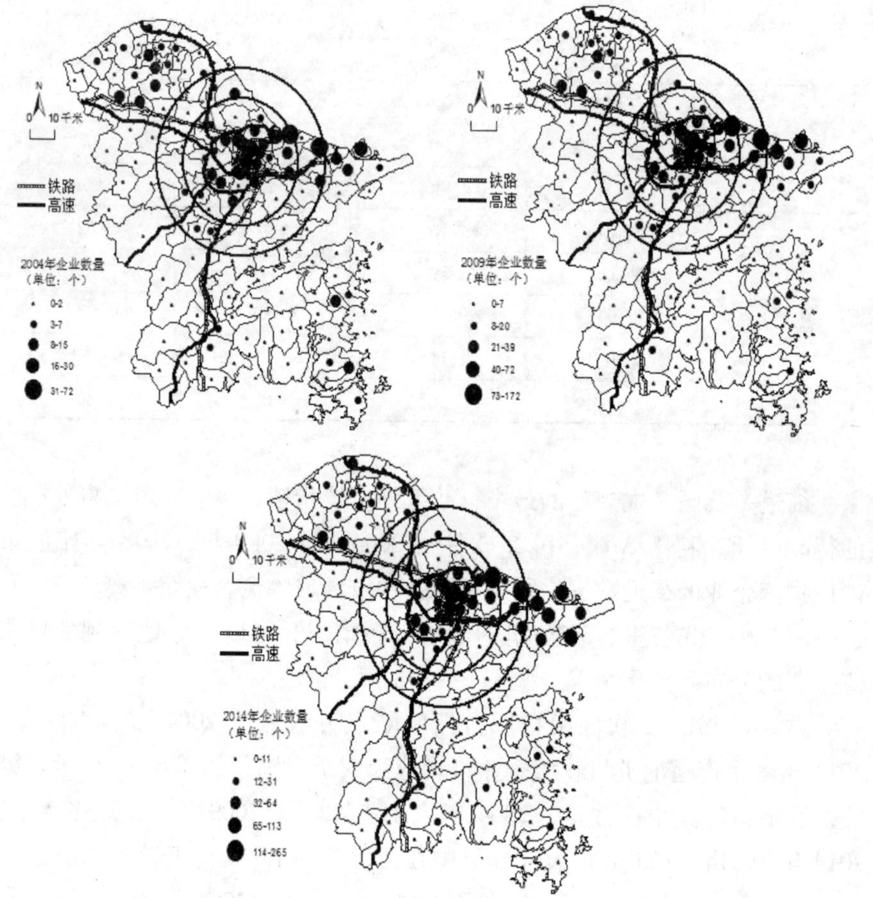

图5-1　2004年、2009年、2014年宁波分街道港口物流企业分布图

（2）全局自相关

为了从整体上把握宁波港口物流企业空间聚类格局及演化情况，根据公式（1）、（2）计算2004年、2009年、2014年港口物流企业全局空间自相关指数和集聚强度指数（表5-2）。2004年、2009年、2014年Moran's I指数的Z检验值都为正且显著，说明相似的观测值趋于空间集聚，也就是说港口物流企业数量高的街道与数量高的街道相邻，数量低的街道与数量低的街道相邻。从表中可以看到，港口物流企业数量分布的全局空间自相关指数表现出上升的趋势，说明港口物流企业集聚的态势不断增强。

Moran's Ⅰ指数只Z（d）在1%的置信区间内显著，三个时间段内Z（d）的最小值为4.983356，值为正且较大，表明宁波市港口物流企业存在较强的空间集聚性。从G（d）和E（d）的测算结果看，2004—2014年G（d）一直大于E（d），说明在研究期间内宁波市港口物流企业在空间上的分布是围绕着几个高强度的集聚中心展开的；具体分析可知2004—2009年G（d）和E（d）的差别逐渐增大，同时Z（d）的值也呈现出了上升的趋势，表明在这个时间段内高值集聚的趋势增强；2009—2014年G（d）和E（d）越来越接近，Z（d）的值也表现出了下降的趋势，表明此段时间内高值和低值的集聚中心减少。

表5-2　宁波市港口物流企业全局自相关情况

	2004年	2009年	2014年
Moran's I	0.232611	0.267198	0.270039
E（I）	-0.006494	-0.006494	-0.006494
Z（I）	5.233713	5.966876	5.903788
G（d）	0.064847	0.068185	0.063954
E（d）	0.031336	0.031336	0.031336
Z（d）	4.983356	5.310750	5.028725

（3）热点区空间演化

Getis-Ord General G值仅能表明宁波港口物流企业空间集聚是高聚类分布，不能表明其高低值集聚的具体分布情况。所以，本文进一步基于街道的行政单位根据公式（3）计算各个街道港口物流企业的Getis-Ord G_i^*值，将其空间化，利用Jenks自然间断点分级法对2004年、2009年、

2014 年的 G_i^* 值分为 5 个等级，G_i^* 值较高的街道代表宁波港口物流企业集聚分布的热点地区，G_i^* 值较低的街道代表宁波港口物流企业集聚分布的冷点地区，生成的港口物流企业分布的热点图，见图 5－2。

由图 5－2 可知，总体而言，2004—2014 年宁波市港口物流企业的 G_i^* 值分布表现出“北部大于南部、东部大于西部”的趋势，热点区域、次热点区域由南向北沿海呈带状分布，表明在研究期间内宁波市港口物流企业集聚的热点区域集中在东北部地区，西南部则主要是集聚的冷点区域；热点区域面积逐渐减少，热点集聚区位置也发生变化。具体而言，2004 年热点区有江北区的庄桥街道、孔浦街道、文教街道、白沙街道、甬江街道；北仑区的戚家山街道、新碶街道、霞浦街道、大碶街道、小港街道；镇海区的骆驼街道、蛟川街道、庄市街道、招宝山街道，共 14 条街道。2009 年港口物流企业分布的热点区域在 2004 年的基础之上又增添了一个：北仑区的大榭街道，次热点区域与 2004 年相比明显增多，均集中在宁波市东北部的北仑、江北等地区。2014 年宁波市港口物流企业分布的热点区域与次热点区域数量急速下降，热点区域仅有 5 个，且集中在北仑区的戚家山街道、新碶街道、霞浦街道、大碶街道、小港街道。由此可见，2014 年宁波市郊区成为港口物流企业分布的热点区域，中心城区成为次热点区域和温点区域，这与前文全局空间自相关和集聚强度指数先升后降的发展趋势一致。

（4）分行业空间分布及增长格局

本研究根据港口物流企业主要服务功能，结合港口物流企业的定义和分类方法，将宁波市港口物流企业分为运输型港口物流企业和非运输型港口物流企业两大类。不同类型的港口物流企业的主要职能不同，影响区位选择的因素也存在一定差异，导致其空间分布及增长格局不同，见图 5－3、图 5－4。

在研究期间内，位于北仑区的非运输型港口物流企业数量最多，集聚效应不断增强。2004 年位于北仑区的非运输型港口物流企业所占比例为 26.07%，到 2009 年、2014 年这个比例分别变为 45.83%、41.06%，除象山、余姚两个地区以外，海曙、江北、鄞州等地非运输型港口物流企业所占比例均减少。象山、余姚非运输型港口物流企业所占比例最高分别为 1.13%、2.53%，所占比例很小，不能对集聚效应产生影响。所以，可以说宁波市非运输型港口物流企业形成了以北仑区为中心的集聚发展布局。

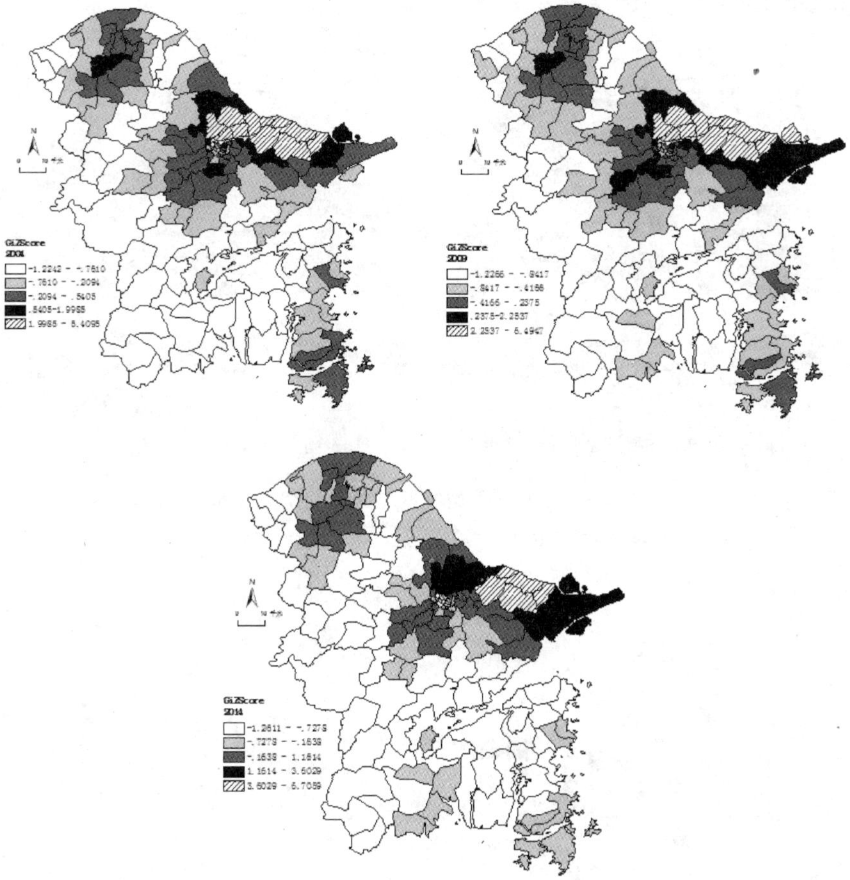

图5－2　2004年、2009年、2014年宁波分街道港口物流企业热点演化

与非运输型港口物流企业一样，运输型港口物流企业也表现出以北仑区为中心的集聚发展趋势，但集聚态势并没有十分明显。2004年，运输型港口物流企业最大的地区是江北区，2009年、2014年变为北仑区，所占比例分别为22.56%、20.64%、27.36%。与不同类型港口物流企业空间分布格局相似，图5－5显示出2005—2009年、2010—2014年不同类型港口物流企业的增长格局。2005—2009年除北仑区以外运输型港口物流企业的增长数量要高于非运输型港口物流企业，2010—2014年北仑运输型港口物流企业增长数量高于非运输型港口物流企业，这也表明运输型港口物流企业也表现出以北仑区为中心的集聚发展趋势。

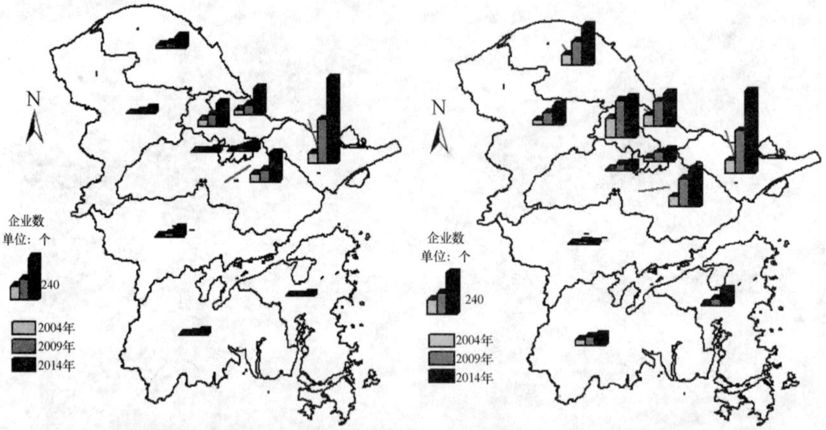

a不同年份非运输型企业空间分布　　b不同年份运输型企业空间分布

图5－3　不同类型港口物流企业空间分布

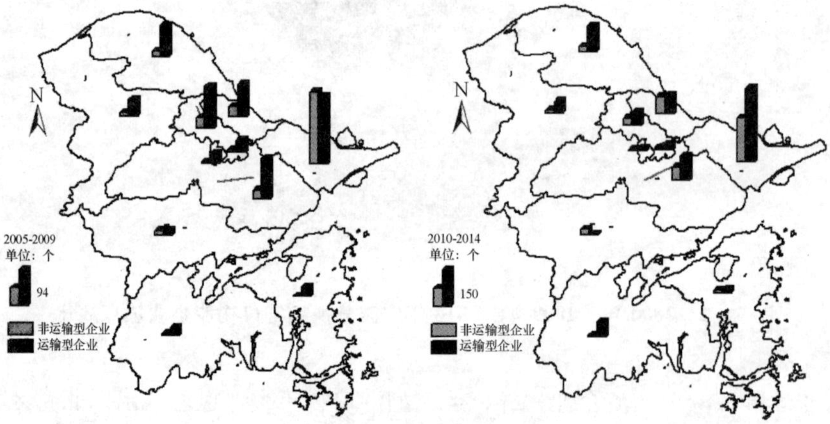

图5－4　不同类型港口物流企业增长格局

二　宁波港口物流业发展的影响因素分析

1．要素分析

影响港口物流企业区位决策的因素有很多，曹卫东在城市港口物流企业区位分布的空间格局及其演化中提出，物流设施建设、传统物流市场分布、区位地租、交通便利性等都是城市港口物流企业分布的主要因素；梁双波等则认为港口功能演化、城市规划及发展政策、区域综合交通网络布局、城市商务办公发展环境等多种因素的综合作用决定了上海大都市区港口物流企业的空间分布。基于以往的研究，本文将影响宁波市港口物流企业分布的因素归为区位通达性、集聚要素、政府政策，具体解释变量及定义见表5－3。

表5－3　　解释变量指标选取及说明

要素	解释变量	定义与解释	预期
区位通达度	PORT	是否与沿海码头接壤	+
	AIRP	到宁波栎社机场的距离	-
	RAIL	到宁波火车南站的距离	-
	STATION	到宁波客运中心的距离	+
	CENT	到市中心的距离	-
	EXPR	是否有高速公路经过	+
	HUB	是否有货运枢纽中心	+
集聚要素	FIRM	是否有宁波50强的制造企业	+
	PRICE	工业用途土地租金	-
政府政策	LPARK	有无物流园区	+
	LAND	是否有政府规划的物流仓储用地	+

区位通达度是进行物流运输的基础，是吸引港口物流企业分布的主要因素，预期区位通达度好的地区能够吸引更多的港口物流企业。是否有高速公路通过是区位通达度的重要指标之一，有高速公路经过的街道的对外关联度高，用EXPR表示，有高速公路经过的街道赋值为1，否则赋值为0；机场、火车站、客运中心以及港口是进行货物运输的重要节点，本文选取各街道、城镇的中心点到宁波栎社机场的距离（ARIP）、宁波火车南站的距离（RAIL）、客运中心的距离（STATION）、宁波港的距离（PORT）等变量验证其对港口物流企业区位选择的影响作用。此外，货运枢纽是城市物流运输网络的重要组成部分，货物的发放、中转换装、

到达、运输工具的改变等都是在货运中心中进行，鉴于货运枢纽的重要作用，本文引入 HUB 变量，有货物枢纽中心的街道赋值为 1，否则为 0。

作为生产性服务业之一的物流业与制造业的关系密切，港口物流企业的服务对象主要是制造企业，可以说港口物流企业的发展离不开制造企业的支持和驱动。所以，本研究选取了 FIRM 变量，检验制造企业分布对宁波市港口物流企业区位选择的影响，如果街道或乡镇内存在宁波市制造业 50 强的企业赋值为 1，否则为零，期望其回归系数为正数。对于港口物流企业，用地成本是其经营成本的重要组成部分。在利润最大、成本最小的动机驱动之下，工业用地价格水平的高低是港口物流企业考虑区位选择的重要因素。本文用 PRICE 表示这一因素，根据宁波地区工业用地价格行情划分，将宁波市土地价格划分为 9 个等级，九级土地最便宜，赋值为 1；八级土地次之，赋值为 2，以此类推，一级土地最贵，赋值为 9。

结合作为研究区域的宁波市的特点，本节从两个方面考虑政府政策对港口物流企业空间分布的影响。一是物流园区的建设对港口物流企业区位选择的影响作用。物流园区的集约、信息交易、多式联运、配送加工、集中仓储、停车场、辅助等功能对宁波市港口物流企业有很强的吸引作用。引入变量有无物流园区 LPARK，具有物流园区赋值为 1，否则赋值为 0；第二，考虑物流仓储用地对宁波港口物流企业区位选择的影响，引入政府规划的物流仓储用地 LAND，根据宁波市政府城市规划情况对其进行赋值，有政府规划的物流仓储用地的地区赋值为 1，否则为 0。

2. 实证结果

本研究选择 2014 年各街道港口物流企业数量为被解释变量，选取表 5 - 3 中各因素为被解释变量，有效的样本数量为 155 个。首先对解释变量的相关性进行验证，发现到机场的距离、到宁波火车南站的距离、到宁波客运中心的距离、工业用途土地租金、到市中心的距离；有无政府规定的物流仓储用地以及是否有货运枢纽中心之间存在很强的相关性，为了消除多重共线性的问题，将上述变量单独引进模型进行验证。表 5 - 3、表 5 - 4 分别列出了全部港口物流企业、运输型港口物流企业、非运输型港口物流企业的负二项回归模型的结果，alpha 系数均显著不为零，证明本研究选用负二项回归模型估计的合理性。

表 5 –4　　　　全部港口物流企业的回归模型估计结果

变量	全部企业						
	模型 1	模型 2	模型 3	模型 4	模型 5	模型 6	模型 7
HUB	0. 7755*						
AIRP		–0. 4179***					
RAIL			–0. 5281***				
STATION				–0. 4854***			
PRICE					0. 2685***		
CENT						–0. 8316***	
LAND							1. 2205***
EXPR	0. 0091	0. 0038	–0. 04496	–0. 0527	0. 0795	0. 03160	0. 0196
LPARK	1. 0689*	1. 1714*	1. 0780*	1. 0844*	1. 1700**	1. 0001*	0. 7517
PORT	0. 9250***	1. 4253***	1. 4707***	1. 4653***	1. 5832***	1. 4606***	0. 7066**
FIRM	0. 6872***	0. 8030***	0. 7516***	0. 7401***	0. 5730**	0. 6481***	0. 5005**
– cons	2. 3562***	2. 8153***	2. 9629***	2. 9024***	1. 0193***	2. 8226***	2. 3576***
alpha	1. 3150	1. 2343	1. 1542	1. 1823	1. 0948	1. 2054	1. 2596
LL	–571. 8606	–566. 85184	–561. 8029	–563. 6170	–557. 0168	–565. 0605	–568. 6870
LR	51. 59	61. 61	71. 71	68. 08	81. 28	65. 19	57. 97

表 5 –4 是对全部样本进行负二项回归分析的结果，除 EXPR 以外所有的解释变量都是高度显著的，各解释变量系数符号也与研究假设的预期相符。高速公路对宁波港口物流企业区位选择没有显著影响的原因可能是因为高速公路是全封闭性质，其本身是否通过某一地区，对该地区的发展并没有实际的意义，也不会对港口物流企业区位选择产生显著影响。区位通达度是影响港口物流企业区位选择的主要因素，AIRP、RAIL、STATION、CENT 的回归系数均为负，说明到机场的距离、到宁波火车南站的距离、到宁波客运中心的距离、到市中心的距离越近，通达度越高，企业布局的概率越大。区位通达度中的 PORT 的回归系数最高，即沿海码头对宁波市港口物流企业的吸引作用最强，这表明对宁波市来说港口构成物流链上的重要部分，港口的建设为物流的发展创造有利条件。

集聚要素的相关变量都通过了显著性检验，工业用途土地租金的回归系数为正，表明租金越高的地区吸引的港口物流企业越多，这与预期相反，似乎不符合企业追求成本最低的准则。但是也说明区位通达度对港口物流企业的吸引作用远高于其他因素，因为一般距离市中心、火车站、客运中心的距离越近，通达性越好的地区，租金越高，这也是 PRICE 与 AIRP、RAIL、CENT 等变量之间具有较高共线性的原因；制造业是港口物流企业的主要服务对象，我国物流业务总量的70%以上是由制造业创造的，所以区域内是否有宁波市制造业 50 强企业对港口物流企业区位选择有正向的影响，回归系数在 7 个模型当中都大于 0.5。

模型的结果也表明了政府政策对宁波市港口物流企业的空间分布有显著的影响。LPARK、LAND 的系数显著且为正，表明物流园区通过税收、人才引进、信息共享等优惠政策，为港口物流企业的发展提供良好的专业服务和基础设施。

表 5－5　不同港口物流企业的回顾模型估计结果

变量	运输型企业	非运输型企业
HUB	[0.8097*]	[0.6380]
AIRP	-0.3923***	-0.4882***
RAIL	[-0.4902***]	[-0.6300***]
STATION	[-0.4416***]	[-0.6087***]
PRICE	[0.2544***]	[0.2489***]
CENT	[-0.7964***]	[-0.9499***]
LAND	[1.3861***]	[0.9388*]
EXPR	0.0539	-0.1947
LPARK	1.3038***	0.9260
PORT	1.1516***	1.9647***
FIRM	0.8885***	0.5801**
- cons	2.4314***	1.7003***
alpha	1.4040	1.4851
LL	-512.5205	-386.8823
LR	48.68	62.24

表 5－5 表示影响不同类型的港口物流企业区位选择的因素的回归结果。因为变量到机场的距离、到宁波火车南站的距离、到宁波客运中心的

距离、工业用途土地租金、到市中心的距离；有无政府规定的物流仓储用地以及是否有货运枢纽中心之间存在很强的相关性，这些变量不能归纳到同一个回归方程中，所以表 5 - 5 仅列出了包含 AIRP 这一个变量的完整的估计结果，其余 6 个变量仅列出回归系数及其显著性程度，用［］表示。从表 5 - 5 的结果可以看出，运输型港口物流企业和非运输型港口物流企业在区位选择上存在一些明显差异。

对于两类港口物流企业来说，代表区位通达度的 AIRP、RAIL、STATION、CENT 都显著，并且回归系数为负，说明区位通达度对所有类型的港口物流企业都具有强烈的吸引作用，进一步分析可以发现，区位通达度对非运输型港口物流企业的分布影响作用要高于运输型港口物流企业。非运输型港口物流企业主要包括仓储型港口物流企业和提供综合服务的港口物流企业，其中提供综合服务的港口物流企业主要依托港口、火车站、客运中心等交通枢纽为其他港口物流企业提供信息平台、配套服务等；而仓储型港口物流企业主要依托大型交易市场，对区位通达度的要求也很高。HUB、LPARK 对非运输型港口物流企业的影响作用不显著，对运输型港口物流企业的作用显著，主要原因是 HUB、LPARK 是货物的主要集散地，对提供运输、配送等活动的运输型港口物流企业的需求量大，对其分布产生吸引作用。有无宁波制造业 50 强企业、有无政府规划的物流仓储用地对两种类型的港口物流企业的影响作用显著，并且对运输型港口物流企业的影响高于非运输型港口物流企业。

综上所述，本节利用宁波市工商局注册登记信息，以宁波市街道行政区域为分析单元，分析了宁波市全部港口物流企业及运输型港口物流企业、非运输型港口物流企业的空间分布特征，采用负二项回归模型探讨了影响其区位选择的因素，主要得到以下结论：

第一，随着港口物流企业数量的迅速增加，宁波市港口物流企业的区位分布表现出“两心一轴”的空间分布格局，中部地区以北仑区尤其是新碶街道和霞浦街道为集聚中心，北部地区以阳明街道为小的集聚中心，总体来说，宁波市港口物流企业集中在中部北仑、鄞州、江东地区。宁波市非运输型港口物流企业已形成了以靠近港口的北仑区为中心的集聚发展布局，运输型港口物流企业的集聚中心正逐渐显现。

第二，空间演化方面，宁波市出现高值集聚和低值集聚现象，热点区主要集中在宁波东部沿海地区，冷点区主要集中在宁波市南部地区。虽然宁波市港口物流企业空间分布的热点区域数量减少，但是热点区域更加集中。2004 年热点区域集中在北仑、江北、镇海三个区域，2014 年热点区域则都在靠近港口北仑地区，北仑区成为宁波市港口物流企业发展的中心地区。

第三，驱动机理方面，区位通达度显著影响宁波市港口物流企业的空间分布。到港口、机场、火车站、市中心的距离越近，吸引的物流企业数量越多，通达性对港口物流企业的吸引作用超过了较低工业用地土地租金对港口物流企业的吸引作用，研究还发现，有无宁波市 50 强制造业企业、有无物流园区、有无政府规划的物流仓储用地等对港口物流企业的区位选择产生一定影响。对不同类型的港口物流企业，同一因素的影响程度存在差异。通达性对非运输型港口物流企业的影响要高于运输型港口物流企业，有无物流园区以及有无货运中心对非运输型港口物流企业没有显著的影响。

第二节　宁波港综合竞争力比较研究

一　港口综合竞争力相关理论及研究现状

1. 港口综合竞争力的内涵

当港口作为竞争主体时，其竞争力的概念具有两层意义：一是港口的经济性，即港口的企业性质，以实现经济利益最大化为目的；二是港口的社会性，即港口是港口城市乃至周边地区对外贸易的窗口，货物、交通运输工具、信息、资金、人才等资源通过港口的交流得到增值和合理的配置。概括地说，港口的竞争力是指港口对各种生产要素和稀缺性资源的吸引能力。港口这两方面的竞争力是相辅相成、相互影响的，港口对资源的吸引能力决定港口的业务经营能力，同时港口的业务经营能力也影响着港口对资源的吸引能力。

2. 港口综合竞争力的特征

一是明显的战略性，这一优势不是指港口企业现有的规模以及盈利能力，而是指港口企业具备的高瞻远瞩的能力以及部署战略规划的能力，这方面的竞争优势关注的是未来的发展空间。

二是应变力，港口的综合竞争力在一定程度上由港口提供服务的能力来体现，但是客户对服务的要求并不是一成不变的，所以固化的、僵化的服务提供模式会抑制港口的发展，港口企业应该时刻与市场相联系，随客户需求的变化而不断完善提供的服务模式，随业务的增加而不断提高服务水平，这也同样可以使港口积累起颇有竞争力的规模。

三是不可替代性，它是港口企业以特有的方式逐步积累起来的、内化于港口企业的能力。它与企业相伴而生，是竞争对手难以替代的竞争优势，比如香港的国际金融中心地位及自由港政策。

四是具有动态性，港口企业不可能永远具有竞争力，也不可能在综合竞争力排名中一直高居榜首，因为事物都是处于不断运动和发展变化中的，港口企业只有不断地顺应港口经济的变化规律，才能使自己立于不败之地。

因此，港口企业在提高综合竞争力方面必须明确：①虽然港口目前的经营状况是衡量竞争力的一个重要方面，但需要明确即使是非常乐观的盈利状况也会受到周围各种因素的影响，比如经济环境的变化以及竞争对手的增多等，因此需要用长远的眼光看待综合竞争力，它不是一朝一夕就能实现的目标，也不是急功近利就能解决的问题，需要港口企业有计划地实施。②港口企业需要在竞争的市场环境中找出自己的强项和弱项，取人之长补己之短，并把优势做到强势。

3. 港口综合竞争力影响因素

决定港口竞争力的因素有很多，本文从港口的基础设施，外部条件，通航能力，发展能力以及财务水平五个方面来衡量港口的综合竞争力水平。

一是港口的基础设施，目前的基础设施分为硬件和软件两个方面。其中硬件建设包括码头泊位（泊位、万吨级泊位以及岸线长度等）、堆场、仓场、装卸设备，这些指标反映了港口的规模。软件建设主要包括自动化系统的程度和与相关部门信息化平台的建设。现代港口的作业必须要依赖自动化系统才能完成，一个完善的自动化系统能提高港口物流作业效率、降低作业成本，是港口获得竞争优势的重要支撑。另外，信息平台的建设也是影响现代港口竞争力的重要因素之一。如果没有信息的高效、快捷、方便的传输，港口的作业将无法进行。同时，港口的物流作业不仅仅涉及港口本身，还需要许多相关部门提供相应服务，因此信息平台的建设对于港口的竞争力来说也是至关重要的。

二是外部条件。外部条件包括地理区位因素和腹地经济环境。港口竞争的主要对象是腹地货源和中转货源，如果一个港口地处经济发达地区，临近铁路、公路、水路、航空等交通要道，其直接腹地和间接腹地幅员辽阔并且经济发达，港口将会有较大的货运量，业务量也会有较大幅度的提升，在竞争中必然处于优势地位；如果是毗邻国际航线的港口，则其优势地位很大程度上体现在与其他港口争夺中转货源的竞争力上。相反，如果一个港口的辐射面很窄，并且腹地的经济状况一般，纵然该港口具有先进的现代化的设备，这样的港口也很难与其他占尽地利的港口竞争。

三是港口通航能力。包括港口吞吐量，港口外贸吞吐量以及集装箱吞吐量，是反映港口生产经营活动成果的重要数量指标。港口吞吐量的流向构成、数量构成和物理分类构成是港口在国际、地区间水上交通链中的地位、作用和影响的最直接体现，也是衡量国家、地区、城市建设和发展的量化参考依据。

四是港口发展能力，包括港口自身的发展能力以及腹地经济的发展能力。港口自身的发展能力包括港口吞吐量，外贸吞吐量以及集装箱吞吐量的增长率；腹地经济的发展能力包括港口城市 GDP 和外商直接投资的发展能力。

五是财务水平能力，财务水平是港口综合竞争力水平中的一项重要因素，财务往往从侧面反映出港口是否在正常运转以及正常发展。本文主要从财务的营运能力、盈利能力、偿债能力以及发展能力来评价港口的发展情况。

4. 港口综合竞争力的研究现状

（1）国外港口综合竞争力研究现状

英国地理学家伯德 Bird（1971）提出的“港口通用模型”，即 Anyport 模型，堪称是对港口发展最早的研究。对于港口竞争力的研究，在经济发展的过程中也在不断完善。Mayer（1957）首先提出了对港口间陆向腹地竞争的研究，之后，威根德（Weigend）对港口间海向腹地竞争进行了探讨。英国经济学家 Hoare（1978）则指出港口之间的腹地是相互重叠的，对腹地的竞争实际上是对其交叉腹地的竞争，而不是过去所提出的直接腹地。然而，Malchow、Kanafani（2001）指出了海向腹地和陆向腹地之间的距离应该是影响港口竞争力的重要因素之一。Foster（1978）通过调研指出，航线数量、航班密度、服务质量、服务便利程度和港口拥挤程度、港口费率等因素对船方选择停靠港口的影响程度远远高于港船之间的距离因素。Van de Voorde、Winkelmans（2002）则认为航线是港口竞争力的重要影响因素。Fleming（1997）提出以各种服务方式和现代化设施来满足船舶公司的要求，可维持其竞争优势。Haynes（1997）等通过对香港港及高雄港的研究发现，其之所以能保持较高的吞吐量在于它的高效，从而提出效率也是影响港口竞争力的因素，与之观点相类似，Jose（2001）也指出港口效率是影响港口竞争力的重要因素。伴随着客户对个性化服务的要求，Robison（2002）认为向客户提供保持持续价值而非利益价值链的竞争也是非常重要的。对于港口物流竞争力的研究方法，也在不断完善中，Jasmine S.（2001）在 *Ameasurement and Comparison of Cost Competitiveness of Contaian Ports in Southeast Asia* 一文中鉴于集装箱码头运营商面对一系列的与集装箱码头鱼贯的又很难被量化的成本，运用库诺特模型对新加坡、巴生港和丹绒不碌集装箱码头运营商成本竞争角度进行分析，得出巴生港和丹绒不碌有可能通过降低他们码头设施的总成本来缩小与新加坡港的差距。GI-TAE YEO，DONG-WOOK SONG（2006）在 Jasmine 的基础上利用模糊层次分析法对釜山、香港、高雄、马尼拉、巴生港、上海、新加坡、丹绒不碌、东京 9 个亚洲集装箱港口的竞争力实证分析，得到各大港口的综合排名，并对各港口提出其发展竞争力的不同方法。

国外专家对于港口竞争力的影响研究相对较早，一开始对于港口竞争力的影响因素只局限于港口的腹地研究，之后逐渐延伸到航线数量，港口效率等因素，同时也运用不同的方式对世界港口进行综合排名。

（2）国内港口竞争力研究现状

国内一些学者和研究机构应用因子分析法，基于不同的指标，对港口竞争力或其他行业竞争力的评价进行了一些尝试性的研究。

苏奇（2007）选取了包括基础环境建设和软环境建设在内的两大类共十个二级指标以及若干三级指标的指标体系应用因子分析法对上海港的竞争力进行了分析。

中国国际海运网和大连海事大学世界经济研究所（2006）同样应用因子分析法对中国沿海主要港口进行了竞争力评价，并于 2006 年 8 月推出了中国第一份港口综合竞争力指数排行榜。他们的研究选取了包括集装箱泊位总数、港口吞吐量、新增吞吐量等在内的 30 个指标作为指标库。他们的研究两个较大的问题是，考虑腹地时仅将港口所在城市考虑在内；

而报告所涉及数据仅为2006年上半年，可能会有诸如粮食、煤炭等运输季节性变化较大而带来的数据失真。

在王常达（2006）对港口竞争力的基于因子分析方法的分析中，其选取的指标加入了发展因素的影响，用货物吞吐量与上一年的差值来表示发展速度。并在文末指出了静态分析的一些不足，提出了进行时序分析的希望。

国内专家对港口竞争力的研究中一般都采用比较客观的因子分析法来分析竞争力的影响因素，从而得出各个港口在竞争力的影响因素上的优势和劣势，以便发挥各个港口的优势和改进能弥补的缺陷。

二　港口综合竞争力评价指标体系及分析方法

1. 港口综合竞争力评价指标原则

（1）科学性原则

评价指标体系要能科学地反映所评价对象的基本状况和运行规律。指标的确定要建立在科学的基础上，应该具有高度代表性和综合性。

（2）全面性原则

港口的竞争力受港口位置和自然状况、港口内部和外部环境，资源条件，港口经济腹地和港口腹地综合发展水平等很多因素影响。因此对于港口的综合竞争力评价必须要结合各部分指标分析。

（3）可操作原则

评价指标不是越多越好，评价指标体系的设计应尽量避免形成庞大的指标群或层次复杂的指标树。指标值要易于采集与确定，计算公式合理，评价过程简单，利于掌握和操作。

（4）可比性原则

指标的选取要综合各港口情况，能够对各港口横向或纵向的比较。

2. 港口综合竞争力指标体系的构建

港口竞争力的影响因素很多，本节在构建指标体系时选取了港口的财务水平，基础设施，通航能力，外部条件以及发展水平五方面来反映。

（1）港口财务水平指标

港口的财务竞争力是综合竞争力的重要组成部分，本节主要从盈利能力，营运能力，偿债能力以及发展能力四个方面对各港口进行财务评价。具体如表5-6所示。

表 5－6 财务水平评价指标体系

指　　标	指标说明
每股收益（元）	净利润与股份总数的比率
总资产收益率	净利润与平均资产总额的比率
净资产收益率	净利润与平均股东权益的比率
流动资产周转率	销售收入与平均流动资产比率
应收账款周转率	销售收入与平均应收账款比率
资产负债率	负债总额与资产总额的比率
流动比率	流动资产与流动负债的比率
营业收入增长率	本年营业收入增长率与上年营业收入总额比率
总资产增长率	本年总资产增长额同年初资产总额的比率

（2）港口基础设施指标

港口基础设施是影响港口竞争力的重要硬件因素。虽然基础设施的建设特别是硬件设施建设已经不是港口竞争力的决定性因素，但仍然在很大程度上影响着港口的发展前景，它们为港口的持续、快速发展奠定了基础。

在 2013 年一年中，天津港固定资产投资为 184 亿，位居第一；宁波港固定资产投资额为 147.04 亿，排名第二；大连港固定资产投资额为 145.1 亿，暂列第三；其他营口港固定资产投资为 20 亿；唐山港固定资产投资为 82.3 亿；日照港固定资产投资为 23.1 亿；南京港固定资产投资为 12.25 亿；厦门港固定资产投资额为 18.2 亿等。由此发现，基础设施建设在港口发展中占据很重要的位置。

本节在评价港口基础设施指标时选取了港口泊位数、万吨港口泊位数、货物年通过能力、集装箱年通过能力、泊位长度 5 个指标，具体如表 5－7所示。

表 5－7 港口基础设施评价指标体系

指　　标	指标说明
港口泊位数	港口泊位总数
万吨港口泊位数	万吨级泊位总数

续表

指　　标	指标说明
货物年通过能力	货物年通过最大能力
集装箱年通过能力	集装箱年通过最大能力
泊位长度	码头岸线总长

（3）港口通航能力

国内外学者和专家大多数认为航道通过能力就是单位和特定时间段内，能通过航道某区域（或某一地点）的船舶数量或船舶载重吨的最大能力。本节在评价港口通航能力时选取了5个指标，具体如表5－8所示。

表5－8　　港口通航能力评价指标体系

指　　标	指标说明
货物吞吐量（万吨）	港口年货物吞吐总量
集装箱吞吐量（万标准箱）	港口集装箱年吞吐总量
外贸吞吐量（万吨）	港口年外贸吞吐总量
航班条线	港口航线同条数
航班密度/月	港口月均航班数

（4）港口外部条件

港口的发展，离不开其港口城市的发展，也离不开港口周边城市经济的发展。本节选取6个指标反映港口的外部环境，具体如表5－9所示。

表5－9　　港口外部条件指标评价

指　　标	指标评价
港口城市GDP（亿元）	港口所在城市GDP
港口城市外贸进出口（亿美元）	港口所在城市外贸进出口总额
港口城市人口数（万人）	港口所在城市人口总数
固定资产投资（亿元）	港口所在城市固定资产投资总额
第二产业GDP比重	第二产业与港口所在城市GDP比率
第三产业GDP比重	第三产业与港口所在城市GDP比率

（5）港口发展能力

港口发展能力是指港口在近三年来发展的平均水平，包括通航能力和外部条件，来预测其未来的发展情况，具体如表5-10所示。

表5-10 港口发展能力评价指标体系

指 标	指标评价
货物吞吐量增长率	2010—2013年货物吞吐量均值
集装箱吞吐量增长率	2010—2013年集装箱吞吐量均值
外贸吞吐量增长率	2010—2013年外贸吞吐量均值
港口城市GDP增长率	2010—2013年港口城市GDP均值
外商直接投资增长率	2010—2013年外商直接投资均值

3. 港口综合竞争力评价方法

现阶段研究港口综合竞争力评价方法有层次分析法、聚类分析法、熵权系数法和数据包络分析（DEA）法、因子分析法，主要有以下三种：

（1）聚类分析法

聚类分析法是一个很理想的多变量统计方法，分为迭代聚类法和分层聚类法两种。吕亚娟（2013）结合样本的若干个观测指标，找到若干统计量，这些统计量能够很好地度量样本及指标之间相似程度，以这若干的统计量为根据把相似程度较大的样本分到一类中，以此类推，直到把所有的样本聚合完毕，所有的样本都有相应的类别。这一方法通常应用在市场研究领域。

（2）熵权系数法

熵权系数法的特点是通过定量与定性相结合的方法将正在进行的实际发生的指标数据与相应的理论评价指标进行比较，建立一种比较理想的，比较理论的评价模型。

（3）因子分析法

金玉国（2010）认为因子分析法将标准化处理后的指标数据通过SPSS软件进行降维处理，简化数据，但又包含大量的原始数据的信息，以方差贡献率作为权重，计算总得分，使其更具客观性。

上述几种方法各有千秋，也有各自存在的缺陷。层次分析法还是依赖于主观的赋值，结果在一定的程度上不是很客观。而熵权系数法中有进行专家打分法这样的一种方法，尽管这样的方法综合了个人的主观色彩，但是在数据处理过程中还是带有一定的主观主义色彩，可能会造成一定的误差。DEA 数据包络法它改进了上述两种带有主观主义色彩的方法，结果相对比较客观。但是它的研究对象只能针对某一项指标，对于像综合竞争力这样的整合指标体系，显然会不够全面。

因子分析法与上述 4 个方法相比，第一，避免了权重的确定有主观因素存在的可能性，它的权重是由各个因子的方差贡献率来确定的，这种方法使评价结果更加真实客观，其次通过因子分析法可以解决财务评价传统指标中指标设置过多，相互间存在相关性的弊端，能够清晰地揭示综合竞争力的主次影响因素，对港口综合竞争力的发展研究具有重要意义。

4. 因子分析法模型及基本步骤

因子分析法是从研究变量内部相关的依赖关系出发，把一些具有错综复杂关系的变量归结为少数几个综合因子的一种多变量统计分析方法。它用数学模型表示为 $X = AF + e$，其中 X 表示为我们需要研究是变量；F 表示为研究变量后提取的公共因子；A 为因子载荷矩阵；e 为特殊因子，表示原有变量不能被公共因子解释的部分。因子分析法主要分为 5 步：

（1）对数据进行标准化处理

由于选取的指标的表现形式有一定的差异，比如说有正指标，逆指标和适中指标。因此，在某些方面它们并没有可比性，需要对各个指标进行标准化处理，本文对逆指标的处理公式是 $f = -x$，对适中指标的处理公式是 $f = -|x-u|$，对所有指标的标准化公式是 $Z = (X-x)/S$，其中 x 表示平均值，S 表示标准差。

（2）进行因子分析的前提检验

进行因子分析的前提检验是为了判断该样本是否适合做因子分析。本节选取的方法是 KMO 及 Barlett 检验。当 KMO 取值在 0 ~ 1，约接近 1 说明相关性越强，当 KMO 取值大于 0.5 时，就表明可以做因子分析。

（3）提取主因子

提取主因子的方法一般是特征值大于 1 或接近 1 的，同时因子的总体方差率大于 85%，在这样的情况下，遗失的数据会比较少，结果会相对客观与准确。

（4）主因子命名

提取因子后，还要对提取的因子进行命名，在实际操作中，一般是根据因子的载荷矩阵来得到因子变量与原有变量之间的关系，如果没有实际意义的情况下，可以对因子载荷矩阵进行旋转。

（5）计算因子得分和综合得分

因子得分情况是将公共因子系数与每个原有变量进行相乘，可以得到提取的公共因子的得分。而综合得分是将每个因子得分与各公因子方差率占所提取公因子的累计方差贡献率相乘作为综合得分。

三 宁波港综合竞争力评价实证研究

1. 港口财务水平因子分析

本节的财务数据来源是同花顺数据库和东方财富通数据库，选取的行业是港口行业，在东方财富通数据库中有一类行业是港口水运，共计29家，其中港口上市公司16家，本文剔除一家数据异常的，共选取15家，分别是宁波港（601018），连云港（601008），锦州港（600190），大连港（601880），日照港（600017），营口港（600317），天津港（600717），唐山港（601000），盐田港（000088），珠海港（000507），南京港（002040），上港集团（600018），厦门港务（000905），重庆港九（600279），北部湾港（000582），皖江物流（600575），具体数据如表5－11所示。

表5－11 港口上市公司财务指标原始数据

指标	每股收益（元）	总资产收益率	净资产收益率	流动资产周转率（次）	应收账款周转率	经营净现金流量/流动负债	资产负债率	流动比率	营业收入增长率	总资产增长率（%）
宁波港	0.22	7.51	9.64	1.81	9.99	0.39	25.60	0.54	25.17	10.41
连云港	0.16	2.72	4.71	1.55	13.24	0.13	47.19	0.43	0.76	18.38
锦州港	0.10	1.70	3.25	1.24	16.44	0.16	53.46	0.39	23.84	19.94
大连港	0.14	2.51	4.50	1.33	12.13	0.28	47.38	0.55	27.17	0.84
日照港	0.24	5.53	7.77	1.99	9.88	0.37	35.52	0.48	4.64	10.87
营口港	0.18	3.51	5.43	2.14	10.70	0.71	37.41	0.59	6.24	2.51
天津港	0.64	5.48	8.43	2.43	9.95	0.23	42.08	0.55	27.60	13.93
唐山港	0.43	7.95	14.31	1.88	30.58	0.37	46.42	0.46	19.87	13.20

续表

指标	每股收益（元）	总资产收益率	净资产收益率	流动资产周转率（次）	应收账款周转率	经营净现金流量/流动负债	资产负债率	流动比率	营业收入增长率	总资产增长率（%）
盐田港	0.21	7.91	8.58	0.30	12.93	0.84	11.64	-0.19	-5.76	8.50
珠海港	0.13	2.39	4.22	1.56	9.46	0.06	43.30	0.78	57.20	15.65
南京港	0.09	2.34	3.52	1.95	13.91	0.30	38.96	0.48	-3.81	3.29
上港集团	0.25	7.53	11.12	1.54	12.97	0.44	37.19	0.49	10.58	4.25
重庆港九	0.21	2.38	3.27	1.58	10.46	0.07	45.31	0.44	11.84	4.04
北部湾港	0.57	7.40	14.28	3.73	39.26	0.37	61.90	0.43	35.98	20.33
皖江物流	-0.20	-4.68	-22.09	1.90	13.56	-0.07	70.21	0.55	-10.85	20.40

资料来源：东方财富网。

由于上述数据涉及非正向指标，所以需要对非正向指标数据进行正向化处理，此外，由于各原始数据的量纲不同，数据方面的差异也很大，不具备可比性，直接进行计算的话不利于最终结果的可靠性和有效性。为了得到总体评价结果，需要对各评价指标进行无量纲化处理。

$$X_{ij} = (X_{ij} - EX_j) / \sqrt{DX_j}, \text{其中} EX_j = \frac{1}{n}\sum_{i=1}^{n} X_{ij}; DX_j = \frac{1}{N-1}\sum_{i=1}^{n}(X_{ij} - EX_j)^2 \quad n = 1,2,3,\cdots,15, j = 1,2,3,\cdots,10$$

X_{ij}是标准化后的指标值，X_j 是标准化前的指标值，EX_j 是第 j 个变量的平均值，DX_j 是第 j 个变量的方差。n 表示上市公司，j 表示指标。标准化处理后的数据如表 5-12 所示。

（1）财务指标 KMO 和 Bartlett 检验

KMO 检验比较观测到的变量的相关系数和偏相关系数的大小，用于检验指标是否适合进行因子分析。一般而言，KMO 值大于 0.5 意味着因子分析可以进行。在对上述数据处理时，我们剔除了数据较极端的盐田港和厦门港务。由于港口上市公司较少，因此通过 SPSS 进行 KMO 检验，检测出 KMO 为 0.463，认为可以勉强进行因子分析。KMO 和 Bartlett 检验结果如表 5-13 所示。

表 5－12　　港口上市公司财务指标预处理后数据

指标	每股收益（元）	总资产收益率	净资产收益率	流动资产周转率（次）	应收账款周转率	经营净现金流量/流动负债	资产负债率	流动比率	营业收入增长率	总资产增长率（%）
宁波港	－0. 0405692	0. 9825982	0. 5004412	0. 0191001	－0. 5959799	0. 321626	0. 6674776	0. 3766717	0. 5409065	－0. 0996094
连云港	－0. 3035785	－0. 4154575	－0. 0806224	－0. 3394185	－0. 2119593	－0. 7664107	－0. 3750297	－0. 1783059	－0. 8054756	1. 0441775
锦州港	－0. 6323402	－0. 7143454	－0. 2529351	－0. 7713118	0. 1668823	－0. 608973	－0. 5200401	－0. 3560756	0. 4675377	1. 2681391
大连港	－0. 4350832	－0. 4777664	－0. 1054071	－0. 6475783	－0. 3427847	－0. 1141191	－0. 3799879	0. 4308913	0. 6512356	－1. 472676
日照港	0. 0514841	0. 4052674	0. 2805261	0. 2688226	－0. 6090002	0. 241651	0. 0308922	0. 0803103	－0. 591805	－0. 0331814
营口港	－0. 1998542	－0. 186667	0. 0043537	0. 4768863	－0. 5120134	1. 6845506	－0. 0520689	0. 5962509	－0. 503174	－1. 2322485
天津港	2. 0635054	0. 3906637	0. 3584209	0. 8757518	－0. 5998513	－0. 3451114	－0. 2249938	0. 4308913	0. 6749563	0. 4051243
唐山港	1. 0279062	1. 1101367	1. 0523925	0. 1103351	1. 8374331	0. 2641222	－0. 3546107	－0. 0359067	0. 2487184	0. 3014076
盐田港	－0. 0570073	1. 1004009	0. 3753374	－2. 06324	－0. 2479089	2. 2040391	3. 4019486	－3. 2096533	－1. 1651483	－0. 3737674
珠海港	－0. 463521	－0. 5128151	－0. 1392402	－0. 321351	－0. 6575645	－1. 045067	－0. 2640553	1. 5524309	2. 3078262	0. 6519698
南京港	－0. 6740929	－0. 5274188	－0. 221069	0. 2101781	－0. 1323802	－0. 0270259	－0. 1138427	0. 0501492	－1. 0579452	－1. 1203825
上港集团	0. 1185515	0. 9874661	0. 6755077	－0. 3465764	－0. 2434191	0. 5389403	－0. 0427051	0. 1390052	－0. 2641277	－0. 9832939
重庆港九	－0. 0570073	－0. 5167094	－0. 2513615	－0. 2971843	－0. 5398263	－0. 9857488	－0. 3237283	－0. 1061858	－0. 1946204	－1. 0139541
北部湾港	1. 6969361	0. 9514437	1. 048065	2. 6750424	2. 8623754	0. 2405344	－0. 668848	－0. 1963449	1. 137235	1. 324108
皖江物流	－2. 0953295	－2. 576797	－3. 2444092	0. 1505439	－0. 1740031	－1. 6030077	－0. 7804079	0. 4258715	－1. 4461196	1. 334187

资料来源：整理所得。

表 5 - 13　　**KMO 和 Bartlett 的检验**

取样足够多的 Kaiser-Meyer-Olkin 度量		0.463
Bartlett 的球形度检验	近似卡方	106.581
	df	45
	Sig.	0.000

（2）提取主因子

采用主成分分析法，提取特征值大于 1 或接近 1 的特征值结合累计方差贡献率和碎石图作为公因子提取的方法，如表 5 - 14 所示。

表 5 - 14　　**解释的总方差**

成分	初始特征值			提取平方和载入			旋转平方和载入		
	合计	方差的%	累积%	合计	方差的%	累积%	合计	方差的%	累积%
1	3.679	36.793	36.793	3.679	36.793	36.793	3.135	31.351	31.351
2	3.124	31.236	68.029	3.124	31.236	68.029	2.755	27.549	58.900
3	1.336	13.355	81.385	1.336	13.355	81.385	1.711	17.107	76.007
4	0.841	8.408	89.793	0.841	8.408	89.793	1.379	13.786	89.793
5	0.369	3.693	93.485						
6	0.305	3.050	96.536						
7	0.190	1.897	98.433						
8	0.088	0.881	99.314						
9	0.053	0.535	99.849						
10	0.015	0.151	100.000						

由表 5 - 14 所知，第一个公共因子特征根为 3.679，解释了 10 个原始变量总方差的 36.793%；第二个公共因子特征根为 3.124，解释了 10 个原始变量总方差的 31.236%；第三个公共因子特征根为 1.336，解释了 10 个原始变量总方差的 13.355%；第四个公共因子特征根为 0.841，解释了 10 个原始变量总方差的 8.408%。前四个因子累计贡献率达到 89.793%。

公共因子（主成分）的贡献率即各公共因子所包含的信息所占总信息的百分比。用方差作为变量所包含的信息，则每个公共因子提供方差占方差的百分比即该公共因子的贡献率。因子贡献率越高说明解释的贡献率越大。

（3）因子旋转

采用方差最大旋转法得到4个旋转的因子载荷矩阵，分析各指标在因子上的载荷大小，经过再次旋转后的因子载荷矩阵如表5-15所示。

表5-15　旋转成分矩阵

	成分			
	1	2	3	4
每股收益（元）	0.670	0.623	-0.025	0.000
总资产收益率	0.938	0.214	-0.096	0.060
净资产收益率	0.855	0.369	-0.238	0.076
流动资产周转率（次）	-0.045	0.829	0.135	-0.437
应收账款周转率	0.293	0.619	0.581	-0.172
经营净现金流量/流动负债	0.833	-0.318	-0.029	-0.242
资产负债率	0.640	-0.659	0.132	0.242
流动比率	-0.580	0.552	-0.542	-0.079
营业收入增长率	0.075	0.687	-0.367	0.542
总资产增长率（%）	-0.295	0.414	0.683	0.439

通过采用正交方差最大法旋转得到旋转成分矩阵，第一个因子在每股收益、总资产收益率、净资产收益率的载荷值较大，超过82%，所以选每股收益、总资产收益率、净资产收益率作为第一个主因子F1的解释。第二个因子在经营净现金/流动负债、资产负债率、流动比率的载荷较大，超过65%，所以选经营净现金/流动负债、资产负债率、流动比率作为第二个主因子F2的解释。第三个因子在流动资产周转率、应收账款周转率的载荷相对较大，所以选流动资产周转率、应收账款周转率作为第三主因子F3的解释。第四个因子在营业收入增长率和总资产增长率的载荷较大，所以选营业收入增长率和总资产增长率作为第四主因子F4的解释。

（4）因子得分和港口财务水平排名

表 5-16　　成分得分系数矩阵

	成分			
	1	2	3	4
每股收益（元）	0.241	-0.029	0.119	0.012
总资产收益率	0.274	0.062	-0.021	-0.026
净资产收益率	0.315	-0.040	-0.061	-0.055
流动资产周转率（次）	-0.064	-0.104	0.536	-0.221
应收账款周转率	-0.031	0.168	0.471	0.159
经营净现金流量/流动负债	0.057	0.184	0.140	-0.298
资产负债率	0.092	0.277	-0.240	0.158
流动比率	0.050	-0.420	-0.060	-0.217
营业收入增长率	0.380	-0.286	-0.432	0.358
资产总计相对年初增长率（%）	-0.005	0.148	-0.013	0.732

根据得分系数与各原始变量标准值相乘，计算公式如下：

$$Fi1 = 0.241Xi1 + 0.274Xi2 + 0.315Xi3 - 0.064Xi4 - 0.031Xi5 + 0.057Xi6 + 0.092Xi7 + 0.05Xi8 + 0.38Xi9 - 0.005Xi10$$

$$Fi2 = -0.029Xi1 + 0.062Xi2 - 0.040Xi3 - 0.104Xi4 + 0.168Xi5 + 0.184Xi6 + 0.277Xi7 - 0.420Xi8 - 0.286Xi9 + 0.148Xi10$$

$$Fi3 = 0.119Xi1 + -0.021Xi2 - 0.061Xi3 + 0.536Xi4 + 0.471Xi5 + 0.140Xi6 - 0.24Xi7 - 0.060Xi8 - 0.432Xi9 - 0.013Xi10$$

$$Fi4 = 0.012Xi1 - 0.026Xi2 - 0.055Xi3 - 0.221Xi4 + 0.159Xi5 - 0.298Xi6 + 0.158Xi7 - 0.217Xi8 + 0.358Xi9 + 0.732Xi10$$

$i = 1, 2, 3, \cdots, 15$

从主成分的特征值与贡献率计算港口财务能力综合评价公式：

$$Y1 = (Y1 \times 31.351\% + Y2 \times 27.549\% + Y3 \times 17.107\% + Y4 \times 13.786\%) / 89.793\%$$

根据得分情况，进行各港口得分排名，如表 5-17：

表 5-17　　　　港口上市公司财务水平得分排名

指标	F1	F2	F3	F4	Y1	Y1 排名
宁波港	0.738661	-0.14389	-0.69613	-0.10396	0.064876	5
连云港	-0.58209	0.200684	0.023735	0.737112	-0.02374	7
锦州港	-0.31258	0.040264	-0.53752	1.49446	0.030382	6
大连港	0.016932	-0.71395	-0.75751	-0.86338	-0.49001	14
日照港	0.00943	0.06507	0.115574	-0.50225	-0.03184	9
营口港	-0.17734	-0.13611	0.439335	-1.90709	-0.3127	10
天津港	0.91508	-0.68142	0.086905	0.218278	0.160135	4
唐山港	0.893345	0.233362	0.972932	0.376284	0.626278	3
盐田港	0.384426	3.2017	-1.08347	0.253843	0.94892	2
珠海港	0.611062	-1.56997	-1.69871	1.21785	-0.40522	13
南京港	-0.79172	0.030411	0.486075	-1.26988	-0.36914	11
上港集团	0.479397	-0.01554	-0.14422	-1.03548	-0.02403	8
重庆港九	-0.35915	-0.40038	-0.35107	-0.53997	-0.39788	12
北部湾港	1.109353	-0.01709	2.598962	1.043652	1.037015	1
皖江物流	-2.93481	-0.09314	0.545107	0.880534	-0.81304	15

根据财务水平得分情况，北部湾港得分排名第一；其次分别是盐田港，唐山港，天津港，宁波港，锦州港，连云港，上港集团，日照港，营口港，南京港，重庆港九，珠海港，大连港，皖江物流。

2. 港口基础设施因子分析

由于资料搜集的有限性，在选取基础设施因子时，本节选取了 13 家港口上市公司的指标，剔除了 3 家资料不齐全的上市公司。13 家港口上市公司基础设施汇总如表 5-18 所示。

表 5-18　　　　港口基础设施指标数据

	港口泊位数（个）	万吨泊位数（个）	货物年通过能力（万吨）	集装箱年通过能力（万 TEU）	泊位长度（米）
宁波港	613	146	20469	1197	48247
连云港	56	35	4200	274	12845
锦州港	23	21	6119	4994	84

续表

	港口泊位数（个）	万吨泊位数（个）	货物年通过能力（万吨）	集装箱年通过能力（万 TEU）	泊位长度（米）
大连港	212	96	27861	420	38149
营口港	76	50	14733	193	16363
天津港	160	103	19739	1125	35756
唐山港	77	70	34605	90	20359
珠海港	148	127	15103	181	17047
南京港	337	59	22023	222	35172
上港集团	1191	251	34286	2004	123990
厦门港务	146	65	6118	1029	25596
北部湾港	241	66	12611	355	30872
皖江物流	131	4	9500	222	195

资料来源：中国港口年鉴。

（1）港口基础设施 KMO 指标检验

通过 SPSS 软件对上述基础设施指标进行 KMO 和 Bartlett 检验，得到 KMO 值 0.773 > 0.5，适合进行因子分析。KMO 和 Bartlett 检验结果如表 5 – 19 所示。

表 5 – 19　KMO 和 Bartlett 的检验

取样足够多的 Kaiser-Meyer-Olkin 度量		0.773
Bartlett 的球形度检验	近似卡方	46.783
	df	10
	Sig.	0.000

（2）提取主因子

采用主成分分析法，提取特征值大于 1 或接近 1 的特征值结合累计方差贡献率和碎石图作为公因子提取的方法，如表 5 – 20 所示。

表 5－20 解释的总方差

成分	初始特征值			提取平方和载入			旋转平方和载入		
	合计	方差的%	累积%	合计	方差的%	累积%	合计	方差的%	累积%
1	3.324	66.476	66.476	3.324	66.476	66.476	3.324	66.476	66.476
2	1.094	21.878	88.355	1.094	21.878	88.355	1.094	21.879	88.355
3	0.421	8.420	96.775						
4	0.123	2.450	99.225						
5	0.039	0.775	100.000						

因子分析要求所选择的公共因子的特征应该大于 1 或者接近 1，并且提取的因子解释的方差应该占到总方差的 85% 以上。从表 5－20 可知，特征值大于 1 的有两个，两个特征值的总方差为 88.355%，因此提取了两个公因子。

（3）因子旋转

采用方差最大旋转法得到 2 个旋转的因子载荷矩阵，分析各指标在因子上的载荷大小，经过再次旋转后的因子载荷矩阵，如表 5－21 所示。

表 5－21 旋转成分矩阵

	成分	
	1	2
港口泊位数（个）	0.942	0.149
万吨泊位数（个）	0.951	0.036
货物年通过能力（万吨）	0.762	－0.357
集装箱年通过能力（万 TEU）	0.044	0.969
泊位长度（米）	0.974	0.063

从旋转后的载荷矩阵中可以看出，旋转后的因子载荷矩阵中的因子系数比较明显的向两极分化，公共因子代表的变量差信息明显。

通过表 5－21 可以看出第一主因子在港口泊位数，万吨泊位数，泊位长度上有较大载荷，可以定义为第一因子。第二因子在货物年通过能力和集装箱年通过能力上有较大载荷，可以定义为第二因子。

（4）因子得分和港口基础设施指标排名

根据 SPSS 运行结果，成分得分系数矩阵，如表 5－22 所示。

表 5－22　　成分得分系数矩阵

	成分	
	1	2
港口泊位数（个）	0.283	0.135
万吨泊位数（个）	0.286	0.032
货物年通过能力（万吨）	0.230	－0.328
集装箱年通过能力（万 TEU）	0.011	0.886
泊位长度（米）	0.293	0.055

根据得分系数与各原始变量标准值相乘，计算公式如下：

$$Fi5 = 0.283Xi1 + 0.286Xi2 + 0.230Xi3 + 0.011Xi4 - 0.293Xi5$$

$$Fi6 = 0.135Xi1 + 0.032Xi2 - 0.328Xi3 + 0.886Xi4 + 0.055Xi5$$

$$i = 1, 2, 3, \cdots, 5$$

从主成分的特征值与贡献率计算港口财务能力综合评价公式：

$$Y2 = (F1 \times 66.476\% + F2 \times 21.879\%) / 88.355\%$$

通过该表达式和各指标变量的标准化后的数值可以计算出各港口在基础设施方面的得分情况。根据各港口主成分得分情况和主成分权重可以计算各港口基础设施得分及排名，如表 5－23 所示。

表 5－23　　港口上市公司基础设施排名

指标	F5	F6	Y2	Y2 排名
宁波港	0.816389	0.278666	0.683235	2
连云港	－0.87754	－0.16101	－0.70011	12
锦州港	－1.00477	2.848309	－0.05065	5
大连港	0.302775	－0.68343	0.058565	4
营口港	－0.52376	－0.53049	－0.52543	11
天津港	0.088664	0.019621	0.071567	3
唐山港	0.049849	－1.21899	－0.26435	9
珠海港	－0.10219	－0.4808	－0.19594	7

续表

指标	F5	F6	Y2	Y2 排名
南京港	0.08816	-0.59718	-0.08155	6
上港集团	2.822733	0.797744	2.321293	1
厦门港务	-0.49526	0.350945	-0.28572	10
北部湾港	-0.21678	-0.25214	-0.22554	8
皖江物流	-0.94827	-0.37125	-0.80538	13

通过分析得知，基础设施方面排名前三的分别是上港集团、宁波港、天津港，其他港口在基础设施方面得分从高到低依次是：大连港、锦州港、南京港、珠海港、北部港湾、唐山港、厦门港务、营口港、连云港、皖江物流。

3. 港口通航能力因子分析

在选取通航能力指标时，剔除了资料不齐全的港口上市公司，采用了13家港口上市公司的数据，具体如表5-24所示。

表5-24　　港口通航能力指标数据

	货物吞吐量（万吨）	集装箱吞吐量（万TEU）	外贸吞吐量（万吨）	航班条线	航班密度/月
宁波港	80973.8	1735	38415.7	235	1400
连云港	20200	548.8	10593	61	250
锦州港	8533	95.9	851	85	300
大连港	40746	1001.5	11767	108	300
日照港	30937	203	18946	82	180
营口港	32013	530.1	6222	253	300
天津港	50100	1301	26700	120	500
唐山港	44620	72.8	21582	24	189
南京港	21100	267	2204	63	643
上港集团	77574.6	3361.7	37700	300	2700
厦门港务	19100	800.8	9375	167	1016
北部湾港	18674	100.3	11548	65	150
皖江物流	93113	28.77	190	82	160

资料来源：中国港口年鉴。

（1）港口通航能力 KMO 指标检验

通过 SPSS 软件对上述基础设施指标进行 KMO 和 Bartlett 检验，得到 KMO 值 0.792 > 0.5，Bartlett 球形检验统计计量的 Sig 值小于 0.05，就可以认为各变量之间存在显著的相关性。适合进行因子分析。KMO 和 Bartlett 检验结果如表 5 - 25 所示。

表 5 - 25　　KMO 和 Bartlett 的检验

取样足够多的 Kaiser-Meyer-Olkin 度量		0.792
Bartlett 的球形度检验	近似卡方	40.588
	df	10
	Sig.	0.000

（2）提取主因子

采用主成分分析法，提取特征值大于 1 或接近 1 的特征值结合累计方差贡献率和碎石图作为公因子提取的方法，如表 5 - 26 所示。

表 5 - 26　　解释的总方差

成分	初始特征值			提取平方和载入			旋转平方和载入		
	合计	方差的%	累积%	合计	方差的%	累积%	合计	方差的%	累积%
1	3.584	71.684	71.684	3.584	71.684	71.684	2.857	57.144	57.144
2	0.693	13.864	85.549	0.693	13.864	85.549	1.420	28.404	85.549
3	0.456	9.119	94.667						
4	0.207	4.144	98.812						
5	0.059	1.188	100.000						

因子分析要求所选择的公共因子的特征应该大于 1 或者接近 1，并且提取的因子解释的方差应该占到总方差的 85% 以上。从表 5 - 26 可知，特征值大于 1 的只有 1 个，1 个特征值的总方差只有 57.144%，说明仅仅提取这大于 1 的 1 个公因子所包含的信息还不够，损失的信息比较多。因此需要提取两个因子，总方差达到 85.549%。

（3）因子旋转

采用方差最大旋转法得到 2 个旋转的因子载荷矩阵，分析各指标在因子上的载荷大小，经过再次旋转后的因子载荷矩阵，如表 5-27 所示。

表 5-27　旋转成分矩阵

	成分	
	1	2
货物吞吐量（万吨）	0.209	0.943
集装箱吞吐量（万 TEU）	0.905	0.354
外贸吞吐量（万吨）	0.631	0.555
航班条线	0.873	0.167
航班密度/月	0.913	0.264

从旋转后的载荷矩阵中可以看出，旋转后的因子载荷矩阵中的因子系数两极化不是很明显，但是基本可以得出结论。

通过表 5-27 可以看出第一主因子在航班条线，航班密度/月有较大载负，可以定义为第一因子。第二因子在货物吞吐量和集装箱吞吐量以及外贸吞吐量上有较大载荷，可以定义为第二因子。

（4）因子得分和港口通航能力指标排名

根据 SPSS 运行结果，成分得分系数矩阵，如表 5-28 所示。

表 5-28　成分得分系数矩阵

	成分	
	1	2
货物吞吐量（万吨）	-0.357	0.979
集装箱吞吐量（万 TEU）	0.339	-0.050
外贸吞吐量（万吨）	0.081	0.319
航班条线	0.415	-0.249
航班密度/月	0.389	-0.158

根据得分系数与各原始变量标准值相乘，计算公式如下：

$Fi7 = -0.357Xi1 + 0.339Xi2 + 0.081Xi3 + 0.415Xi4 + 0.389Xi5$

$Fi8 = 0.979Xi1 - 0.050Xi2 + 0.319Xi3 - 0.249Xi4 - 0.158Xi5$

$i = 1, 2, 3, \cdots, 5$

从主成分的特征值与贡献率计算港口财务能力综合评价公式：

Y3 = （F1 ×71.684% + F2 ×13.864%）/85.549%

通过该表达式和各指标变量的标准化后的数值可以计算出各港口在通航能力方面的得分情况。根据各港口主成分得分情况和主成分权重可以计算各港口通航能力得分及排名，如表 5 – 29 所示。

表 5 – 29　　港口上市公司通航能力排名

指标	F7	F8	Y3	Y3 排名
宁波港	0.910588944	1.477479305	1.094957621	2
连云港	–0.345555255	–0.594437069	–0.426688721	10
锦州港	–0.273277308	–1.314353876	–0.616769747	13
大连港	–0.191941367	0.006977883	–0.125453968	6
日照港	–0.495176986	–0.02632095	–0.338315111	7
营口港	0.419745266	–0.841732872	0.000900919	5
天津港	0.051108979	0.621444649	0.239631042	3
唐山港	–0.981636775	0.707190156	–0.419429727	9
南京港	–0.292066632	–0.845723831	–0.474225621	11
上港集团	2.54556496	0.780355999	1.952602778	1
厦门港务	0.673709206	–1.151026784	0.06761493	4
北部湾港	–0.515126489	–0.592120327	–0.538794556	12
皖江物流	–1.505936542	1.772267717	–0.416029837	8

通过分析得知，通航能力方面排名前三的分别是上港集团、宁波港、天津港，其他港口在通航能力方面得分从高到低依次是：厦门港务、营口港、大连港、日照港、皖江物流、唐山港、连云港、南京港、北部湾港、锦州港。

4. 港口外部条件因子分析

由于在 2013 年中国港口年鉴中，没有对盐田港和深赤湾 A 两个港口的系统分析，因此在对中国港口上市公司分析时，剔除了这两个港口，15 家港口上市公司外部条件数据汇总如表 5 – 30 所示。

表 5－30　　港口外部条件指标数据

	港口城市 GDP（亿元）	港口城市外贸进出口（亿美元）	港口城市人口数（万人）	固定资产投资（亿元）	第二产业 GDP 比重	第三产业 GDP 比重
宁波港	7128.87	1021.29	580.15	3422.95	52.49	43.64
连云港	603.02	66.41	98.21	1350.12	45.22	40.26
锦州港	1344.93	35.05	305.9	952.14	48.83	36.14
大连港	7650.79	688.22	591.4	6511.1	50.87	42.89
日照港	1500.16	330.39	285.05	916.5	52.3	39
营口港	1513.11	66.91	232.5	1291.19	52.72	40.04
天津港	14370.16	1285.68	1003.97	10121.2	50.6	48.1
唐山港	6121.21	126.7	747.4	3633.61	58.7	32.1
珠海港	1662.38	541.69	108.57	960.89	51.07	46.33
南京港	8011.78	557.57	643.09	5093.78	43.07	54.38
上港集团	21602.16	4413.98	1432.34	5647.79	37.16	62.24
厦门港务	3018.16	840.84	196.78	1337.26	47.54	51.6
重庆港九	12656.69	687.04	3358.42	11205	43.54	41.04
北部湾港	4817.43	149.49	1302.88	4246.04	50.55	41.53
皖江物流	2099.53	46.24	384.54	2040.65	66.12	27.75

资料来源：各省市统计年鉴。

（1）港口外部条件 KMO 指标检验

通过 SPSS 软件对上述外部条件指标进行 KMO 和 Bartlett 检验，得到 KMO 值 0.565 >0.5，Bartlett 球形检验统计计量的 Sig 值小于 0.05，就可以认为各变量之间存在显著的相关性。适合进行因子分析。KMO 和 Bartlett 检验结果如表 5－31 所示。

表 5－31　　KMO 和 Bartlett 的检验

取样足够多的 Kaiser-Meyer-Olkin 度量		0.565
Bartlett 的球形度检验	近似卡方	83.054
	df	15
	Sig.	0.000

（2）提取主因子

采用主成分分析法，提取特征值大于 1 或接近 1 的特征值结合累计方差贡献率和碎石图作为公因子提取的方法，如表 5－32 所示。

表 5－32　　解释的总方差

成分	初始特征值			提取平方和载入			旋转平方和载入		
	合计	方差的%	累积%	合计	方差的%	累积%	合计	方差的%	累积%
1	3. 743	62. 380	62. 380	3. 743	62. 380	62. 380	2. 800	46. 662	46. 662
2	1. 396	23. 274	85. 653	1. 396	23. 274	85. 653	2. 339	38. 991	85. 653
3	0. 540	9. 006	94. 659						
4	0. 234	3. 901	98. 561						
5	0. 074	1. 240	99. 801						
6	0. 012	0. 199	100. 000						

因子分析要求所选择的公共因子的特征应该大于 1 或者接近 1，并且提取的因子解释的方差应该占到总方差的 85% 以上。从表 5－32 可知，特征值大于 1 的有两个，两个特征值的总方差为 85. 653%。

（3）因子旋转

采用方差最大旋转法得到 2 个旋转的因子载荷矩阵，分析各指标在因子上的载荷大小，经过再次旋转后的因子载荷矩阵，如表 5－33 所示。

表 5－33　　旋转成分矩阵

	成分	
	1	2
港口城市 GDP（亿元）	0. 644	0. 699
港口城市外贸进出口（亿美元）	0. 858	0. 262
港口城市人口数（万人）	0. 103	0. 931
固定资产投资（亿元）	0. 180	0. 936
第二产业 GDP 比重	－0. 830	－0. 191
第三产业 GDP 比重	0. 958	0. 055

从旋转后的载荷矩阵中可以看出，旋转后的因子载荷矩阵中的因子系数两极化较为明显，公共因子代表的变量差信息明显。

通过表5－33可以看出第一主因子在港口城市GDP，港口城市外贸进出口和第三产业GDP比重有较大载负，可以定义为第一因子。第二因子在港口城市人口数和固定资产投资以及第二产业GDP比重上有较大载荷，可以定义为第二因子。

（4）因子得分和港口通航能力指标排名

根据SPSS运行结果，成分得分系数矩阵，如表5－34所示。

表5－34　　成分得分系数矩阵

	成分	
	1	2
港口城市GDP（亿元）	0.134	0.233
港口城市外贸进出口（亿美元）	0.326	－0.048
港口城市人口数（万人）	－0.159	0.476
固定资产投资（亿元）	－0.125	0.462
第二产业GDP比重	－0.329	0.081
第三产业GDP比重	0.417	－0.181

根据得分系数与各原始变量标准值相乘，计算公式如下：

$Fi9 = 0.134Xi1 + 0.326Xi2 - 0.159Xi3 - 0.125Xi4 - 0.329Xi5 + 0.417Xi6$

$Fi10 = 0.233Xi1 - 0.048Xi2 + 0.476Xi3 + 0.462Xi4 + 0.081Xi5 - 0.181Xi6$

$i = 1, 2, 3, \cdots, 6$

从主成分的特征值与贡献率计算港口财务能力综合评价公式：

$Y4 = (F1 \times 62.380\% + F2 \times 23.274\%) / 85.653\%$

通过该表达式和各指标变量的标准化后的数值可以计算出各港口在外部条件方面的得分情况。根据各港口主成分得分情况和主成分权重可以计算各港口外部条件得分及排名，如下表5－35所示。

表5-35　　港口上市公司外部条件排名

指标	F9	F10	Y4	Y4 排名
宁波港	0.065041873	-0.128239483	-0.022943759	6
连云港	-0.004921426	-0.921076329	-0.421973903	10
锦州港	-0.396368423	-0.697991045	-0.533673219	13
大连港	-0.098981495	0.340517509	0.101087453	5
日照港	-0.330522765	-0.740612031	-0.517203798	12
营口港	-0.383346321	-0.723122939	-0.538019597	14
天津港	0.278788685	1.203341566	0.699664094	3
唐山港	-1.122525585	0.31309411	-0.469002095	11
珠海港	0.181138342	-1.00688882	-0.359675956	9
南京港	0.846843984	-0.141442767	0.396955612	4
上港集团	2.79734855	0.511814703	1.756926729	1
厦门港务	0.695346818	-1.016742587	-0.084031347	8
重庆港九	-0.426332693	2.727557421	1.009382687	2
北部湾港	-0.423737682	0.370433538	-0.062214676	7
皖江物流	-1.677771862	-0.090642845	-0.955278225	15

通过分析得知，外部条件方面排名前三的分别是上港集团、重庆港九、天津港，其他港口在外部条件方面得分从高到低依次是：南京港、大连港、宁波港、北部湾港、厦门港务、珠海港、连云港、唐山港、日照港、锦州港、营口港、皖江物流。

5. 港口发展能力因子分析

根据2011—2013年中国统计年鉴数据所得港口上市公司发展能力指标，如表5-36所示。

表5-36　　港口发展能力指标数据

	货物吞吐量增长率（%）	集装箱吞吐量增长率（%）	外贸吞吐量增长率（%）	港口城市GDP增长率（%）	外商直接投资增长率（%）
宁波港	8.5	9.7	11.5	11.43	33.18
连云港	14.9	11.9	12.1	14.41	-1.91

续表

	货物吞吐量增长率（%）	集装箱吞吐量增长率（%）	外贸吞吐量增长率（%）	港口城市GDP增长率（%）	外商直接投资增长率（%）
锦州港	12.2	8.4	9.1	13.96	35.9
大连港	9.1	24	2.9	14.12	10.69
日照港	11	24.3	11.6	13.59	15.21
营口港	12.4	16.8	9.2	14.83	15.95
天津港	6.7	9	5.9	18.97	15.83
珠海港	18.6	8.3	7.3	11.27	10.28
南京港	10.3	17.4	39.3	16.27	15.59
上港集团	6	5	7.7	8	14.77
厦门港务	11.2	11.2	9.6	13.78	3.35
重庆港九	12.2	21.4	2.8	17.07	5.67
北部湾港	16.5	21.6	17.3	16.67	-7.16
皖江物流	11.6	27.6	14.8	24.88	27.23

（1）港口发展能力 KMO 指标检验

通过 SPSS 软件对上述发展能力指标进行 KMO 和 Bartlett 检验，得到 KMO 值 0.509 > 0.5。适合进行因子分析。KMO 和 Bartlett 检验结果如表 5-37 所示。

表 5-37 KMO 和 Bartlett 的检验

取样足够多的 Kaiser-Meyer-Olkin 度量		0.509
Bartlett 的球形度检验	近似卡方	8.520
	df	10
	Sig.	0.578

（2）提取主因子

采用主成分分析法，提取特征值大于 1 或接近 1 的特征值结合累计方差贡献率和碎石图作为公因子提取的方法，如表 5-38 所示。

表 5-38 解释的总方差

成分	初始特征值			提取平方和载入			旋转平方和载入		
	合计	方差的%	累积%	合计	方差的%	累积%	合计	方差的%	累积%
1	1.797	35.938	35.938	1.797	35.938	35.938	1.624	32.484	32.484
2	1.365	27.295	63.233	1.365	27.295	63.233	1.445	28.895	61.379
3	0.917	18.334	81.568	0.917	18.334	81.568	1.009	20.189	81.568
4	0.582	11.645	93.212						
5	0.339	6.788	100.000						

因子分析要求所选择的公共因子的特征应该大于1或者接近1，并且提取的因子解释的方差应该占到总方差的85%以上。从表5-38可知，特征值大于1的有3个，3个特征值的总方差为81.568%。

（3）因子旋转

采用方差最大旋转法得到3个旋转的因子载荷矩阵，分析各指标在因子上的载荷大小，经过再次旋转后的因子载荷矩阵如表5-39所示。

表 5-39 旋转成分矩阵

	成分		
	1	2	3
货物吞吐量增长率（%）	0.453	-0.693	0.121
集装箱吞吐量增长率（%）	0.841	0.205	-0.273
外贸吞吐量增长率（%）	0.388	0.228	0.886
港口城市 GDP 增长率	0.777	0.430	-0.203
外商直接投资增长率	-0.361	0.778	0.033

从旋转后的载荷矩阵中可以看出，旋转后的因子载荷矩阵中的因子系数两极化并不是很明显，但是基本可以得出结论。

通过表5-39可以看出第一主因子在集装箱吞吐量增长率和港口城市GDP增长率上有较大载负，可以定义为第一因子。第二因子在外商直接投资增长率上有较大载负，可以定义为第二因子。第三因子在货物吞吐量和外贸吞吐量上有较大载负荷，可以定义为第三因子。

（4）因子得分和港口发展能力指标排名

根据 SPSS 运行结果，成分得分系数矩阵，如表 5－40 所示。

表 5－40　　成分得分系数矩阵

	成分		
	1	2	3
货物吞吐量增长率（%）	－0.029	0.574	0.094
集装箱吞吐量增长率（%）	0.561	0.050	－0.112
外贸吞吐量增长率（%）	－0.089	0.001	1.001
港口城市 GDP 增长率	0.568	－0.108	－0.017
外商直接投资增长率	0.038	－0.597	0.091

根据得分系数与各原始变量标准值相乘，计算公式如下：

$Fi11=-0.029Xi1+0.561Xi2-0.089Xi3+0.568Xi4+0.038Xi5$

$Fi12=0.574Xi1+0.050Xi2+0.001Xi3-0.108Xi4-0.597Xi5$

$Fi13=0.094Xi1-0.112Xi2+1.001Xi3-0.017Xi4+0.091Xi5$

$i=1, 2, 3, \cdots, 6$

从主成分的特征值与贡献率计算港口财务能力综合评价公式：

$Y5=(F1\times35.938\%+F2\times27.295\%+F3\times18.334\%)/81.568\%$

通过该表达式和各指标变量的标准化后的数值可以计算出各港口在发展能力方面的得分情况。根据各港口主成分得分情况和主成分权重可以计算各港口发展能力的得分及排名，如表 5－41 所示。

表 5－41　　港口上市公司发展能力排名

指标	F11	F12	F13	Y5	Y5 排名
宁波港	－0.864089399	－1.381223639	0.164744307	－0.792633315	13
连云港	－0.434545952	1.319222804	0.097341236	0.318364732	4
锦州港	－0.598708949	－0.98473799	0.025968149	－0.580842914	12
大连港	0.631740871	－0.159862067	－1.176287144	－0.096187293	10
日照港	0.491052254	－0.050564006	－0.122936122	0.147218726	6
营口港	0.107273258	0.057286864	－0.238032626	0.004098762	8
天津港	0.181933397	－1.041328493	－0.660179701	－0.459832659	11
珠海港	－1.107645862	1.391952348	－0.178611371	0.0077691	7

续表

指标	F11	F12	F13	Y5	Y5 排名
南京港	0.079035613	-0.300812853	3.04515578	0.678624651	3
上港集团	-1.717421801	-0.831347732	-0.376464934	-1.071633153	14
厦门港务	-0.507333754	0.466105657	-0.229089127	-0.093629697	9
重庆港九	0.815690694	0.496199115	-1.114125809	0.224861269	5
北部湾港	0.554921038	1.844561501	0.523336207	1.003951234	1
皖江物流	2.368098591	-0.825451508	0.239181156	0.709870558	2

通过分析得知，发展能力方面排名前三的分别是北部湾港、皖江物流、南京港，其他港口在发展能力方面得分从高到低依次是：连云港、重庆港九、日照港、珠海港、营口港、厦门港务、大连港、天津港、锦州港、宁波港、上港集团。

6. 港口综合能力因子分析

通过1—6 的分析，我们剔除了数据不全的港口上市公司，可以得到这10 家港口上市公司 Y1—Y13 的值，如表5－42 所示。

表5－42　　Y1—Y13 数据汇总

指标	F1	F2	F3	F4	F5	F6	F7	F8	F9	F10	F11	F12	F13
宁波港	0.74	-0.14	-0.70	-0.10	0.82	0.28	0.91	1.48	0.07	-0.13	-0.86	-1.38	0.16
连云港	-0.58	0.20	0.02	0.74	-0.88	-0.16	-0.35	-0.59	0.00	-0.92	-0.43	1.32	0.10
锦州港	-0.31	0.04	-0.54	1.49	-1.00	2.85	-0.27	-1.31	-0.40	-0.70	-0.60	-0.98	0.03
大连港	0.02	-0.71	-0.76	-0.86	0.30	-0.68	-0.19	0.01	-0.10	0.34	0.63	-0.16	-1.18
营口港	-0.18	-0.14	0.44	-1.91	-0.52	-0.53	0.42	-0.84	-0.38	-0.72	0.11	0.06	-0.24
天津港	0.92	-0.68	0.09	0.22	0.09	0.02	0.05	0.62	0.28	1.20	0.18	-1.04	-0.66
南京港	-0.79	0.03	0.49	-1.27	0.09	-0.60	-0.29	-0.85	0.85	-0.14	0.08	-0.30	3.05
上港集团	0.48	-0.02	-0.14	-1.04	2.82	0.80	2.55	0.78	2.80	0.51	-1.72	-0.83	-0.38
北部湾港	1.11	-0.02	2.60	1.04	-0.22	-0.25	-0.52	-0.59	-0.42	0.37	0.55	1.84	0.52
皖江物流	-2.93	-0.09	0.55	0.88	-0.95	-0.37	-1.51	1.77	-1.68	-0.09	2.37	-0.83	0.24

（1）确定主成分和方差贡献率

经上表数据代入 SPSS 分析，得到解释的总方差表，如表5－43 所示。

表 5-43　　解释的总方差

成分	初始特征值			提取平方和载入			旋转平方和载入		
	合计	方差的%	累积%	合计	方差的%	累积%	合计	方差的%	累积%
1	4.485	34.500	34.500	4.485	34.500	34.500	4.130	31.771	31.771
2	2.581	19.851	54.351	2.581	19.851	54.351	2.067	15.899	47.670
3	2.025	15.574	69.925	2.025	15.574	69.925	1.949	14.993	62.663
4	1.521	11.699	81.624	1.521	11.699	81.624	1.874	14.415	77.078
5	1.093	8.410	90.034	1.093	8.410	90.034	1.684	12.956	90.034
6	0.702	5.399	95.432						
7	0.297	2.281	97.714						
8	0.252	1.938	99.652						
9	0.045	0.348	100.000						
10	0.000	0.000	100.000						
11	0.000	0.000	100.000						
12	0.000	0.000	100.000						
13	0.000	0.000	100.000						

由表 5-43 可知，第一个主因子的特征根为 4.485 >1，解释了 13 个原始变量总方差的 34.5%；第二个主因子的特征根为 2.581 >1，解释了 13 个原始变量总方差的 19.851%；第三个主因子的特征根为 2.025 >1，解释了 13 个原始变量总方差的 11.699%；第四个主因子的特征根为 1.093 >1，解释了 13 个原始变量总方差的 8.41%；四个主因子总方差为 90.034%。

（2）因子得分和港口综合能力排名

通过 SPSS 分析可以计算出各港口经营能力得分情况，根据各港口主成分得分情况和主成分权重可以计算各港口经营能力总得分及排名。主成分因子得分情况如表 5-44 所示。

表 5-44　　主成分因子得分

指标	主成分 1	主成分 2	主成分 3	主成分 4	主成分 5
宁波港	0.632396	-0.85913	0.148103	0.830497	0.294028
连云港	-0.3187	0.290101	0.183458	-0.93692	0.197328

续表

指标	主成分1	主成分2	主成分3	主成分4	主成分5
锦州港	-0.23661	-0.91527	-0.1004	-0.93801	2.168894
大连港	-0.252	-0.49107	-0.97813	-0.14696	-0.91536
营口港	-0.10769	-0.26238	-0.14231	-1.14649	-1.42785
天津港	0.159678	0.087076	-0.87217	0.857834	0.335972
南京港	0.204912	0.1111	1.76306	0.019202	-1.45368
上港集团	2.398646	-0.43992	0.454451	0.951863	-0.0281
北部湾港	-0.0871	2.553232	-0.18952	0.042616	0.56226
皖江物流	-2.12966	-0.60664	0.985088	1.867512	0.079359

由表5-44再通过计算，得出港口经营能力综合得分和名次，如表5-45所示。

表5-45　综合能力得分和各港口综合能力排名

指标	综合得分	排名
宁波港	0.271388	3
连云港	-0.15229	7
锦州港	-0.09991	6
大连港	-0.49378	9
营口港	-0.49706	10
天津港	0.112175	5
南京港	0.179411	4
上港集团	0.992778	1
北部湾港	0.47631	2
皖江物流	-0.38417	8

从表5-45可以看出，综合能力排第一的是上港集团，其他港口综合能力排名从高到低依次为：北部湾港、宁波港、南京港、天津港、锦州港、连云港、皖江物流、大连港和营口港。

7. 宁波港的实证结果分析

从财务水平来看，提取四个因子，第一个因子提取的指标是每股收益、总资产收益率、净资产收益率，暂且把它命名为盈利因子，第二个因子提取的指标是经营净现金/流动负债、资产负债率、流动比率，暂且把它命名为偿债因子，第三个因子提取的指标为流动资产周转率、应收账款周转率，暂且把它命名为营运因子，第四个因子提取的指标是营业收入增长率和总资产增长率，暂且把它命名为发展因子。在中国港口上市公司中，宁波港总体排名第四，分别在盈利因子上排名第四，在偿债指标上排名第十一，在营运能力上排名第十二，在发展能力上排名第九。因此，作为宁波港这样的国际性大港，盈利水平还是相当不错的，由于有强大的营业收入和净利润支撑着。在偿债能力上，宁波港作为一个国际性大港其指标水平确实不理想的，很大程度上在利用其国际性大港的财务杠杆作用。而营运能力在港口行业的比较性意义不大，由于其港口行业具有资本密集型的特点，发展能力指标对于一些规模较小的港口来说有比较的价值，而对于一些已经形成规模的成熟性港口来说排名不怎么理想。在这里有必要提及排名更靠前的北部湾港、唐山港和天津港。北部湾港由于2012年北部湾地区三港合并导致其资产重组，剔除一部分不良资产后，其指标表现良好。唐山港作为典型的后起之秀，从1998年起步，到2001年吞吐量超过1000万吨，到2008年同连云港同年突破1亿吨，再到2010年突破2亿大关，其发展速度之快可谓世界之最。因此在财务指标上的表现很强劲。天津港是属于强港之列，无论是总资产规模还是营业收入或是净利润都是处于前三甲的状态，它的盈利能力排名比较高是它在近三年中加大资产投入，而产出的经济价值远远超过了其投入的价值，想要与上港集团和宁波港一同成就中国港口上市公司三足鼎立之势。

作为长三角中的三国鼎立之势，宁波港与上港集团和大连港在财务指标的水平上还真是不相上下，排名分别为第五，第八，第七，原因是宁波港在盈利能力上排名靠前一点占据了优势，而上港集团作为中国最大的港口，在发展能力的排名上只能在末尾的位置了。

从基础设施来看，提取两个因子，第一因子的指标是：港口泊位数，万吨泊位数，泊位长度。第二因子的指标是货物年通过能力和集装箱年通过能力。在中国港口上市公司中，宁波港的总体排名第二，上海港排名第一。自从宁波港与舟山港合并之后，宁波—舟山港的基础设施远远高于宁波港，宁波港在泊位升级改造，增加海岸线长度上的工程比较多，同时宁波港逐渐向国际性大港进军，逐步扩展科技项目，开工冷链项目，建设

41 万吨级航道等。

宁波港与上海港和连云港相比，宁波港在港口泊位数，万吨泊位数以及泊位长度上远远不及上海港，在货物通航能力以及集装箱通航能力上也略逊一筹。与连云港相比，基础设施这方面，宁波港还是占绝对优势，但是近年来，连云港港口战略地位持续提升，组合大港功能不断增强。连云港也在不断进行固定资产投资，完成“一体两翼”的组合大港的目标。

从通航能力来看，提取两个因子，第一因子的指标是：航班条线，航班密度/月。第二因子的指标是货物吞吐量和集装箱吞吐量以及外贸吞吐量。在中国港口上市公司中，宁波港排名第二，上海港排名第一。2013年，宁波—舟山港在吞吐量上，完成货物吞吐量 80978. 3 万吨，跃居全球海港第一，完成集装箱吞吐量 1735 万 TEU，居世界第六、全国第三。宁波港共有集装箱航线 235 条，其中远洋干线 117 条，占航线总数的 50%，近洋支线 66 条、内支线 20 条、内贸线 32 条，航线数量及分布基本保持稳定。

宁波港与上海港和连云港相比，宁波港在航班条线和航班密度上不及上海港。上海港外贸口岸地位非常稳固，外贸货物中转比例在不断提高。近年来，美洲航线持续增长，美国航线同比增长 5. 5%，加拿大航线同比增长 3. 4%；亚洲方面，新加坡航线完成情况好于其他国家港口，同比增长 5. 3%，韩国航线同比增长 2. 7%，日本航线同比增长 0. 6%，香港航线同比下降 13%。与连云港相比，目前宁波港的吞吐量和航班条数等都略好于连云港，但连云港战略地位上升，被列为中韩陆海联运试点口岸和日韩货物进出中亚最佳推荐港口以及与新加坡港务国际、新奥燃气等企业成立合资公司，与哈国铁路、巴西淡水河谷、国机重工等十多家企业签署合作协议后，连云港被提升到中转站的地位，其连接中亚和美洲的地位使其成为国际上的焦点。

从发展水平看，提取三个因子，第一个因子提取的指标是集装箱吞吐量增长率和港口城市 GDP 增长率，暂且把它命名为第一因子；第二个因子提取的指标是货物吞吐量增长率，暂且把它命名为第二因子；第三个因子提取的指标是外商直接投资增长率和外贸吞吐量增长率，暂且把它命名为第三因子。在中国港口上市公司中，宁波港总体排名第十三，分别在第一因子排名第十二，在第二因子排名第十四，在第三因子排名第四。从上述排名得知，宁波港在外商直接投资增长率和外贸吞吐量增长率表现还是相当不错的，宁波港在2011—2014年外商直接投资平均增长率为33.18%，遥遥领先于其他港口，这跟宁波港的自身条件和宁波用好、用足国家鼓励外商投资政策和优惠是离不开的。宁波港自然条件得天独厚，内外辐射便捷，向外直接面向东亚及整个环太平洋地区，加上又处于长江三角洲地带，宁波港的外资环境不断改善吸引了丰富的资金来源渠道，先进的技术和管理经验等外商直接投资。但对于宁波港这样的国际大港而言，这样的排名并不理想，特别是第一因子和第二因子，即集装箱吞吐量增长率、港口城市GDP增长率和货物吞吐量增长率。如今，宁波—舟山港一体化在进一步推进中，宁波—舟山港的吞吐量长期位居全国各大港口第一位。不过，从效益和增长率来看，宁波港相比上海港仍有较大差距。在发展能力这方面，北部港湾遥遥领先，近年来，北部湾港口建设突飞猛进，2013年，北部湾港完成货物吞吐量1.87亿吨（规模以上），位居全国沿海规模以上港口第十五位，同比增长7.09%；集装箱首次突破100万标箱，达到100.33万标箱，同比增长21.86%。

从发展能力看，连云港较上港集团和宁波港而言，排名较靠前，宁波港跟上港集团不相上下，排名第十三、第十四，原因是连云港在货物吞吐量增长率上较突出。也正因为是国际大港，其发展空间更难突破。

从外部条件看，提取两个因子，第一个因子提取的指标是港口城市GDP，港口城市外贸进出口和第三产业GDP比重，暂且把它命名为第一因子；第二个因子提取的指标是港口城市人口数和固定资产投资以及第二产业GDP比重。宁波港总体排名第六，第一因子排名第六，第二因子排名第八。从上述排名得知，宁波港在外部条件方面表现平平，这主要受限于宁波的发展，宁波作为二线城市，在港口城市GDP、港口城市人口数、第二产业GDP比重和第三产业GDP比重这几方面较其他一线城市排名较靠后。但是，宁波基于优越的自然条件和自身的实力，在港口城市外贸进出口指标上表现突出，仅次于上港集团和天津港。

就外部条件而言，上港集团、宁波港、连云港排名层次明显，上港集团排名第一，宁波港排名第六，连云港次之，排名第十。上港集团的港口城市——上海，是中国第一大城市，且为中央四个直辖市之一，位于我国大陆海岸线中部的长江口，拥有中国最大的工业基地、最大的外贸港口，有超过2000万人口居住和生活在上海的地区，因此，上港集团在外部条件方面有着得天独厚的优势。而宁波港的港口城市——宁波，在历史上就是我国对外交通贸易的重要港口，是丝绸之路、陶瓷之路的起泊地。但处于二线城市，相对于上海等一线城市还有一定的差距，但是宁波正以国际化的高度和视野加快建设现代化国际港口城市，对宁波优化外部条件有良好作用。以港兴市，以市促港，在城市与港口互动发展中创造更优越的外部环境。

根据上述因素进行的综合竞争力分析结果是宁波—舟山港排名第三。从大多数国内专家对我国港口综合竞争力的排名研究来看，本节对宁波港的排名顺序与国内专家的分析基本一致。

近几年宁波—舟山港在集装箱吞吐量发展迅速，连续 11 年排名全球集装箱港口第五位的釜山港，在 2014 年被身后大步追赶的宁波—舟山港拉下马，首次滑落至第六名。宁波—舟山港近年快速发展态势明显，步步紧逼排在前面的釜山港。据中港网数据，两港差距从 2012 年的 87 万标箱缩小到 2013 年的 32 万标箱，2014 年，宁波—舟山港一举超过釜山港 70 余万标箱，首次坐上世界第五的位置。值得注意的是，宁波—舟山港不仅在 2013 年是前十大集装箱港口中增速最快的港口，2014 年 11. 8% 的增幅，仍然保持了增速最快这一纪录。2014 年，全球十大集装箱港口吞吐量排序依次为：上海港、新加坡港、深圳港、香港港、宁波—舟山港、釜山港、青岛港、广州港、迪拜港、天津港。

2014 年中国港口前十大集装箱吞吐量排名的城市为：上海、深圳、宁波—舟山、青岛、广州、天津、海口、湛江、大连、厦门。

2014 年中国港口货物吞吐量排名前十大港口最新排名顺序依次为：宁波—舟山港、上海、天津、唐山、广州、苏州、青岛、日照、秦皇岛、烟台。

2014 年中国港口前十大外贸吞吐量排名的城市为：宁波—舟山港、上海、青岛、天津、唐山、日照、深圳、苏州、广州、连云港。

可见，宁波大港的地位和优势已经显现，为未来的发展奠定了良好的基础。随着宁波“港口经济圈”战略的实施，扬长补短，使宁波港口综合竞争力将得到进一步提升。我们相信在“港口经济圈”战略的引领下，构建起跨区域、大容量、高效率的经济要素交流网络，实现港口辐射半径最大化、港口功能最大化、港口经济最大化，使宁波成为我国集聚配置国际贸易、港航、物流资源的战略高地，成为“一带一路”、长江经济带上的重要节点城市。

四　宁波港综合竞争力的问题

1. 宁波港盈利能力在下降

宁波港在综合排名中排第 5，在第一因子盈利能力中排第 4。表面上看盈利能力在财务能力中拖后腿，但是作为国际性大港，盈利能力应该会表现得非常强劲，从宁波港 2012—2014 年的报表上看，盈利能力表现的并不是很强势。从盈利指标上看，净资产收益率，毛利率等指标数值成直线下降的趋势，从盈利质量上看，由于其现金流的原因，指标表现也比较平淡。

2. 基础设施相对落后

在国际性大港的行列中，宁波港的基础设施相对比较落后。具体表现为：（1）宁波港作为天然海港,平均水深为 20 米，有很多 30 米以上的岸线资源尚未开发，未发挥其天然资源，基础设施还不能完全跟上船舶大型化的现状。（2）港口能力处于严重紧张状态,各类专业性码头泊位吞吐量缺口不断扩大。宁波港在 2014 年国内货物吞吐量和集装箱吞吐量分别排在第 1 位和第 3 位，说明其增长速度之外，其港口泊位数以及万吨级泊位数的建设未赶上其吐吞量的增长，势必会影响其效率。（3）随着其港口吞吐量和集装箱吞吐量的增长,宁波的港口交通运输压力增大，导致经常性的交通拥堵。宁波港的集疏运能力比例中公路占到 70% 以上，铁路和内河不到 30%，成为其集疏运的短板。

3. 远洋航线数量偏少和密度偏低

作为航运中心的上海港，凭借洋山深水港区吸引大型班轮公司挂靠，到目前为止，已开辟了 300 多条与世界主要集装箱港口相连的国际直达班轮航线，航班每月密度 2700 班以上，而宁波港是 200 多条航线，航班每月密度 1400 班以上，在货物吞吐量和集装箱吞吐量规模接近的情况下，宁波港在远洋航线和密度上显得略逊一筹。

4. 扩大腹地难度系数大

宁波—舟山港和上海港均是国际型大港，在同一区域范围内，存在两个实力雄厚的大港，其对货源的竞争可想而知。上海港历来对长三角地区的货源具有较强的控制力，目前，长江中下游区域范围基本都属于上海港的辐射范围，初步形成了一条强大的物流链，保证了洋山港区的货源供给。而宁波—舟山港的货源基本上来自浙江省内及江苏、福建部分地区，地域相对狭小，对腹地的吸引力不及上海港。

提高宁波—舟山港的竞争力是一个系统工程，需要从宏观和微观层面进行改善，处理好与上海港的关系，实现合作共赢。以先进的软硬件环境为依托，强化其对港口周边物流活动的辐射能力，突出港口集货、存货、配货特长，以临港产业为基础，以信息技术为支撑，以优化港口资源整合为目标，发展具有涵盖物流产业链所有环节特点的港口综合服务体系。

第六章 港口物流与宁波港口经济圈的协同发展现状分析

第一节 宁波港口物流与腹地经济协同发展现状研究

一 宁波港口物流发展现状

宁波市位于我国沿海中部——长三角经济带，处于长江经济带与东部经济带交汇处，拥有良好的海洋经济发展条件。

首先，宁波港是我国四大深水港之一，是国家重要的矿石、原油、液体化工产品的中转基地，华东地区主要的煤炭、粮食等散杂货中转和储运基地，拥有着得天独厚的航海资源和独特的区位和资源优势，占据了重要地理位置，拥有优良作业条件的中转港口。2016 年宁波港货物吞吐量突破 9 亿吨，集装箱吞吐量突破 2000 万标箱，而浙江省的进出口贸易有 75% 左右依靠宁波港完成，故宁波港口物流的发展对浙江省的临港产业发展具有重要促进作用。

其次，宁波港具有良好的集疏运体系，宁波港与甬台温高速、杭甬高速、甬金高速、329 国道、骆霞线、通途路、沿海中线、省道、萧甬铁路、浙赣铁路、沪杭铁路、甬江、奉化江、余姚江，镇海炼化专用运输管道、液化天然气管道等运输方式连接紧密。宁波港的集疏运体系发展良好。

最后，宁波港口经济圈——浙江省，其港口物流业发展迅速，依托于宁波港的优势，在政府的引导下，浙江省正在积极打造高端国际物流园区，包括宁波保税物流园区、空港物流园区、宁海物流中心、杭州湾新区物流园区、梅山保税港区物流园区、镇海港区大宗商品交易物流基地、北仑港区集装箱海铁联运中心、大榭国际集装箱物流中心等已经吸引了大批的国内外物流企业、采购商等入住浙江，依托港口、保税区，目前，仅在宁波市注册物流及相关企业超过4000家，实际从事物流相关业务的企业超过5000家，其中A级物流企业达29家。依托宁波港的港口优势，国际货运代理业务成为浙江省物流业发展的一大特色。港口物流快速发展，同时与港口物流发展配套的服务体系的智能化建设，信息化水平进一步提高，提高了港口物流的运作效率。

二　宁波港口经济圈发展现状

根据对宁波港的相关研究，本节主要是为宁波港的直接腹地——浙江省进行研究。

1. 宁波港腹地的主要经济指标

浙江是中国对外开放的门户之一，在经济和地理位置上占据重要地位。同时是中国省内经济发展差异程度最小的省份之一，主要城市的人均生产总值均高于全国平均水平，其中杭州、宁波经济实力长期居全国前20位。2014年，浙江省地区生产总值37568亿元，比上年增长7.6%。其中第一产业增加值1779.3亿元，第二产业增加值19152.7亿元，第三产业增加值19221.5亿元，分别增长1.4%、7.1%、8.7%，全省经济增速平稳。

表6-1　　宁波港腹地的经济发展状况

	2008年	2009年	2010年	2011年	2012年	2013年	2014年
地区生产总值（亿元）	21487	22832	27227	32000	34606	37568	40154
工业总增加产值（亿元）	10359.8	10457	10397	10878	10875	11701	12543
地方财政收入（亿元）	3730.1	4122	4895	5925	6408	6908	7522
社会消费品零售额（万元）	7441.7	8622	10163	11931	13546	15138	16905
进出口总额（万美元）	2111.5	1877	2535	3094	3122.4	3358	3551.5
固定资产投资（亿元）	9299.8	10742	12488	14290	17096	20194	23555
实际外商投资（万美元）	100.7	99	110	116.7	130.7	141.6	158

2. 宁波港腹地的产业结构

目前，浙江省正在发展以结构调整、增长转型为主要特征的工业化阶段，面临着促进经济发展从量的扩张到质的转变，产业结构处于高变动和大调整之中。2014 年，浙江省人均 GDP 为 32658，比上年增长 9.7%，与其他省份相比，浙江省的人均 GDP 明显较高。三次产业比重为 4.4：47.7：47.9，第三产业比重首次超出第二产业。与其他沿海发达省份的产业结构进行比较后发现，浙江省第一产业低于其他省份，第二产业和第三产业相对较高，其中第三产业低于全国平均水平。但是与发达国家相比（发达国家第三产业的比重一般在 50% 以上），还有一定的差距。

表 6－2　　宁波港腹地的产业结构状况

地区	2014 年人均 GDP（元）	三次产业结构（%）		
		第一产业	第二产业	第三产业
全国	20167	9.2	42.6	48.2
浙江	32658	4.4	47.7	47.9
广东	25685	4.7	46.2	49.1
江苏	27173	5.6	47.7	46.7
山东	20864	8.1	48.4	43.5

由此可以看出，随着信息技术的发展，浙江省第三产业比重不断增加，标志着浙江省产业结构进入以服务业为重心的时代。浙江省产业结构升级取得明显效果。

三　宁波港口物流和腹地经济协同发展机理

港口腹地，也叫港口吸引范围，是指港口的旅客和货物集散所及的地区范围。港口腹地范围的大小受自然条件、社会经济、贸易关系等综合因素的影响，并伴随经济贸易与交通运输的联系及发展而发生变化，通常是指根据港口集疏运场站或运输路线与方式的吸引、影响及服务地区范围，按最小运输成本原则划分的以港口为运输辐射中心的经济区域。

港口的经济腹地可划分为海向腹地和陆向腹地，海向腹地是通过船舶海运方式为港口提供进出口货物的其他国家或地区；陆向腹地则为通常所提的腹地，一般是通过公路、水路或铁路等集疏运方式为港口提供进出口货物的地域范围。本文所论及的腹地仅指陆向腹地。

根据腹地区域与港口联系的紧密程度划分，港口陆向腹地又可分为直接腹地和交叉腹地（又叫重叠腹地或混合腹地）。前者通常指某港口专有的腹地，该区域内的水运货物经由本港口进出口为最经济合理；后者则指两个或两个以上的港口共同拥有的经济腹地，也即多个港口吸引范围交叉重叠的地域。近年来，随着我国外向型经济的高速发展、交通基础设施的加快建设以及运输方式的多元化，港口的交叉腹地范围已逐渐扩大，港口与腹地之间存在着相互依存、相互促进的关系。港口在不断满足腹地货物运输需求的同时，也带动了腹地对外经济贸易的发展；而腹地是港口生存与发展的前提，为港口的业务增长提供了有力的支持与保障，尤其是对港口货源的拓展起着举足轻重的作用。因此，港口的发展不仅仅得益于其得天独厚的自然条件，而且离不开腹地的经济发展及其货源拓展。

1. 港口物流对腹地经济发展的影响

港口物流对腹地经济的带动作用主要体现在三个方面：一是产业集聚方面，港口物流的发展为国际贸易的发展奠定了基础，国际贸易的发展需要配套的产业，如金融、保险、信息等产业为其做支撑，这些行业的发展将刺激港口所在城市的投资力度，吸引着与港口物流相关的产业向港口腹地城市集聚，从而促进港口所在城市的全面发展。二主要体现在扩展港口腹地的作用，港口物流的发展，多式联运的实现以及信息技术的支撑使得港口辐射的范围进一步扩张。随着港口的发展，越来越多的生产要素与资源集聚到港口所在城市，会对产业集聚产生抑制作用，而港口物流会疏导生产要素与资源的分布，使得港口的辐射范围扩大，带动周边城市的经济发展。同时，以港口为中心的综合运输网络能够加强港口物流覆盖区与其他港口或国家间的经济交流，从而吸引外资。三是关于港口发展所需要的技术转移效应，港口物流的相关企业大部分使用了信息科技，这导致了进行技术创新后对提高港口物流运作效率有很大帮助。

港口物流依托于全球运输网络节点——港口在全球物流网络中开展各种活动，其功能和效应在不断地完善，提高了生产要素的配置效率和产品转移效率，通过劳动力、资本等要素的集聚，带动相关产业的发展；通过港口物流的技术转移效应降低物流成本提高腹地经济水平。港口物流的各个环节涉及区域经济的方方面面，对腹地经济的发展具有极强的带动作用。其模型如图所示：

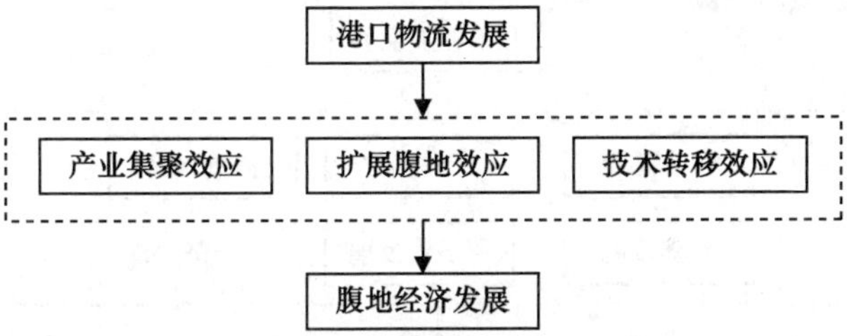

图6-1 港口物流对腹地经济的影响

2. 腹地经济对港口物流发展的影响

腹地的经济总量、产业结构、消费水平、国内外贸易发展情况等影响着港口物流的需求。经济发展是驱动港口物流的主要动力，相关研究表明，当腹地经济发展速度与港口物流发展速度成正比的情况下，经济总量的增加会产生对港口物流的需求，驱动港口物流的发展。随着腹地经济的发展，其产业结构也在逐步调整，这对港口物流需求产生影响，当经济增长方式是粗放型时，则需要港口物流发展高流通量以及低价值的流通特点；当经济增长方式由粗放型转向集约型时，则需要港口物流发展具有较高信息化水平的流通特点。同时区域消费水平的高低主要通过对产品和劳务的数量以及质量来影响港口物流需求，随着消费结构的变化，港口物流的服务结构也会受到影响。消费水平的提高直接导致国内外经济往来的频繁，贸易交往的不断深化，对物资流动提出更高要求，推动着港口物流的发展。

港口的发展需要腹地给予先进的配套设施，以及相关服务产业的支持。港口的正常运作需要腹地具有配套基础设施和相关产业以及劳动人员，是港口物流发展的基础，同时港口物流的发展需要金融、保险等相关服务业做支撑，保证货物的安全等。腹地发展对港口物流发展的影响如图6-2所示：

3. 港口物流和腹地经济耦合协同发展机理

港口物流是指港口利用自身的口岸优势，依托港口的基础设施与软环境，对港口所在城市以及腹地范围物流活动具有一定的辐射带动能力，突出港口集货、转运、配货等基本功能，以优化港口及腹地资源为最终目标，发展涵盖物流产业链所有环节特点的港口综合服务体系。而港口腹地是在地理环境、交通、市场等条件的共同作用下形成的，任何一个港口的

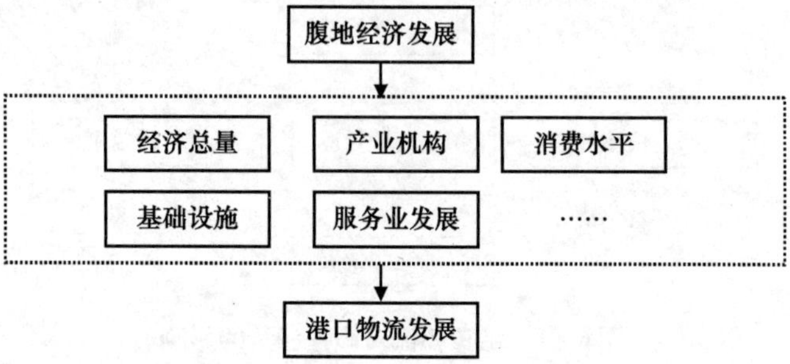

图6-2　腹地发展对港口物流发展的影响

发展建设必须以腹地范围的开拓和腹地经济的发展为后盾，腹地的大小、经济等状况对港口来说，具有重要影响，腹地是港口物流赖以生存的基础。腹地经济与港口物流的耦合可视为腹地经济与港口物流两大系统通过耦合元素产生相互影响的互动过程。如图所示，港口物流由物流供给和物流需求两大子系统组成，两者在内部存在供需间的耦合，同时这两大子系统又通过腹地经济系统内所包含的经济规模、产业结构、消费水平及结构、对外开放程度等耦合因素而产生耦合效应。

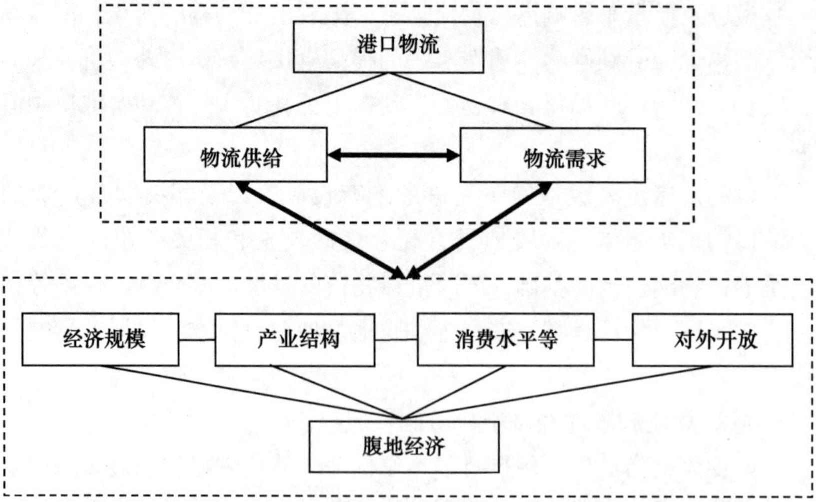

图6-3　港口物流与腹地经济的耦合关系

两者的协同关系具体体现在：

第一，腹地经济发展决定港口物流需求。首先，腹地经济发展的总体规模直接影响港口物流需求水平，经济发展规模越大，对原材料、成品、半成品、废弃物等的流通要求也越高，对物流涉及的采购、运输、配送、库存等活动的需求量也越大。其次，区域产业结构的差异会造成物流需求结构的不同。以工业、农业为主的区域和以第三产业为主的区域，会因为物流对象的不同而对物流产生不同的需求特性，并随着发展阶段的不同而出现新的变化。再次，区域居民消费水平及消费结构决定国内货物流通数量，尤其是在如今全民网购的时代，个体消费对物流需求的影响不容小觑。最后，区域对外开放程度提高，能够扩大国际物流需求，增加物流服务外包数量。

第二，港口物流需求反映腹地经济水平。物流需求源于经济活动，物流产业的需求强度是地区经济发展规模的间接体现，物流产业的需求变化是产业结构调整的阶段性结果，物流服务质量和效率的提高促成消费结构的升级，而物流需求的空间性扩大有利于对外经济发展程度的提高。

第三，港口物流供给助推腹地经济发展。一方面，现代物流产业作为区域经济的组成部分，随着供给的增加直接带来经济的增长和经济规模的扩大；另一方面，随着物流供给的增加，提高了第三产业的发展比例，这对于优化产业结构，促进相关服务业的发展都有积极的推进作用。另外，物流供给的增加也有利于加速商贸流通、优化社会消费结构、提高对外开放水平。

物流供给依托的大量基础设施需要地方政府的建设投入，腹地经济整体实力越强，政府可支配资源越多，物流基础设施建设就越有保证。

四　宁波港口物流和腹地经济综合评价指标体系

科学量化港口物流与腹地经济的发展水平是进行宁波港港口物流与腹地经济耦合协调发展研究的前提，因此需要构建能够综合反映浙江省港口物流、腹地经济的评价指标体系。结合浙江省港口物流和腹地经济发展现状，通过对国内外相关文献的阅读和整理，建立浙江省港口物流和腹地经济发展的综合评价指标体系。如表 6－3 所示。

表 6-3 浙江省港口物流和腹地经济综合评价指标体系

复合系统目标层	子系统层面	准则层面	指标层面
港口物流和腹地经济耦合协同度	港口物流指标	投入指标	x_{11} 生产用码头泊位数（个）
			x_{12} 港口物流基础设施建设投资（亿元）
		产出指标	x_{13} 货物吞吐量（亿 t）
			x_{14} 集装箱吞吐量（亿标箱）
			x_{15} 港口货运量（万 t）
			x_{16} 港口货运周转量（亿 t·km）
	腹地经济指标	总量指标	x_{21} 地区生产总值（亿元）
			x_{22} 工业总增加产值（亿元）
			x_{23} 地方财政收入（亿元）
		结构指标	x_{24} 第二产业占 GDP 比重（%）
			x_{25} 第三产业占 GDP 比重（%）
		贸易指标	x_{26} 社会消费品零售总额（万元）
			x_{27} 进出口总额（万美元）
		投资指标	x_{28} 固定资产投资（亿元）
			x_{29} 实际外商直接投资（万美元）

五 宁波港口物流和腹地经济协同性实证研究

1. 宁波港腹地经济发展状况

本节通过对浙江省 2008—2014 年统计年鉴数据搜集得到反映宁波港口腹地经济发展水平的指标数据，计算得到浙江省 67 个县域（市辖区）2007—2013 年腹地经济发展综合得分（由于县域信息化水平的限制，浙江省 67 个县域发展参差不齐，在对浙江省港口腹地计算经济发展总得分时，庆元县数据缺失，所以其经济发展水平按照最小值计算）。

表 6-4 宁波港腹地经济发展综合得分

县域名称	2007 年	2009 年	2011 年	2013 年	县域名称	2007 年	2009 年	2011 年	2013 年
杭州市区	0.9829	0.9947	0.9992	0.9997	嵊州市	0.0212	0.0209	0.0223	0.0221
富阳市	0.0533	0.0536	0.057	0.0523	新昌县	0.022	0.0234	0.0237	0.0252
临安市	0.0243	0.0261	0.0278	0.0294	金华市区	0.0552	0.0565	0.0572	0.0597

续表

县域名称	2007年	2009年	2011年	2013年	县域名称	2007年	2009年	2011年	2013年
建德市	0.0215	0.02	0.0176	0.0176	兰溪市	0.0172	0.0168	0.0176	0.0198
桐庐县	0.0172	0.0173	0.0209	0.022	东阳市	0.0272	0.0262	0.0292	0.0366
淳安县	0.0079	0.0083	0.0093	0.01	义乌市	0.0824	0.0768	0.0671	0.0698
宁波市区	0.7388	0.7924	0.8214	0.8031	永康市	0.0361	0.0353	0.0339	0.0379
余姚市	0.0889	0.0788	0.0752	0.0676	武义县	0.0146	0.0137	0.0134	0.0144
慈溪市	0.1059	0.0993	0.0972	0.1061	浦江县	0.0127	0.0123	0.0122	0.0115
奉化市	0.0299	0.028	0.0285	0.0311	磐安县	0.0035	0.0034	0.0032	0.0035
象山县	0.0302	0.0311	0.0302	0.0307	衢州市区	0.0334	0.0346	0.0385	0.0399
宁海县	0.0373	0.0361	0.0362	0.0372	江山市	0.0103	0.0096	0.0099	0.0108
温州市区	0.2138	0.1944	0.1705	0.165	常山县	0.0038	0.0039	0.0041	0.0039
瑞安市	0.0552	0.0546	0.051	0.0493	开化县	0.0034	0.0031	0.0024	0.0034
乐清市	0.064	0.0635	0.0609	0.065	龙游县	0.0059	0.0065	0.0061	0.0066
洞头县	0.002	0.0024	0.003	0.0025	舟山市区	0.061	0.0682	0.0788	0.0724
永嘉县	0.0238	0.024	0.0223	0.0228	岱山县	0.0043	0.008	0.0102	0.009
平阳县	0.0165	0.0174	0.0195	0.0191	嵊泗县	0.0025	0.0026	0.0018	0.0014
苍南县	0.0217	0.022	0.0204	0.0218	台州市区	0.1308	0.1231	0.123	0.126
文成县	0.0014	0.0017	0.0025	0.0021	温岭市	0.0579	0.0508	0.0489	0.0493
泰顺县	0.0012	0.0017	0.0023	0.0019	临海市	0.0357	0.0344	0.0346	0.0356
嘉兴市区	0.0937	0.0961	0.0997	0.0998	玉环县	0.0418	0.039	0.0335	0.037
平湖市	0.0433	0.0465	0.047	0.0533	三门县	0.0097	0.0106	0.0102	0.0103
海宁市	0.0502	0.0517	0.0529	0.0596	天台县	0.0117	0.0115	0.0107	0.0114
桐乡市	0.0481	0.0473	0.0496	0.0512	仙居县	0.009	0.008	0.0076	0.008
嘉善县	0.0307	0.0349	0.0346	0.0335	丽水市区	0.0249	0.0236	0.0256	0.0266
海盐县	0.0204	0.0214	0.0223	0.0286	龙泉市	0.0025	0.0021	0.0027	0.0029
湖州市区	0.0747	0.0715	0.0679	0.067	青田县	0.0118	0.0104	0.0097	0.0108
德清县	0.0283	0.0293	0.0317	0.0341	云和县	0.0013	0.0013	0.0009	0.0014
长兴县	0.0378	0.0355	0.0396	0.0423	缙云县	0.0086	0.0077	0.0078	0.0077
安吉县	0.0133	0.0181	0.02	0.0253	遂昌县	0.0047	0.0042	0.0034	0.0034
绍兴市区	0.2286	0.2211	0.2136	0.2105	松阳县	0.0016	0.0016	0.0013	0.0012
诸暨市	0.0603	0.0587	0.0593	0.0634	景宁自治县	0.0007	0.0007	0.0038	0.0036

注：由于庆元县信息发展水平限制，其数据缺失，故在对庆元县综合发展水平按最小值计算，在表格中不予体现。

从表6-4中可以看出：宁波港腹地——浙江省的省会杭州市辖区的经济发展水平明显高于其他市县，且差距明显，浙江省所有的市辖区的经济发展水平明显高于其他县域，浙江省整体经济发展水平随时间的变化保持上升趋势，但是松阳县、遂昌县、缙云县、玉环县、温岭市、浦江县、武义县等经济发展水平相对有所下降。

为了更直接地反映浙江省港口腹地经济发展趋势，采用图示的方法对宁波港腹地经济的发展水平进行反映，由于浙江省有 67 个县域（市辖区），所以折线图不能清晰地反映浙江省港口腹地经济的发展程度与趋势，所以选择使用 ArcGIS 软件，对浙江省 2007 年、2009 年、2011 年和 2013 年腹地经济综合发展状况进行图示。

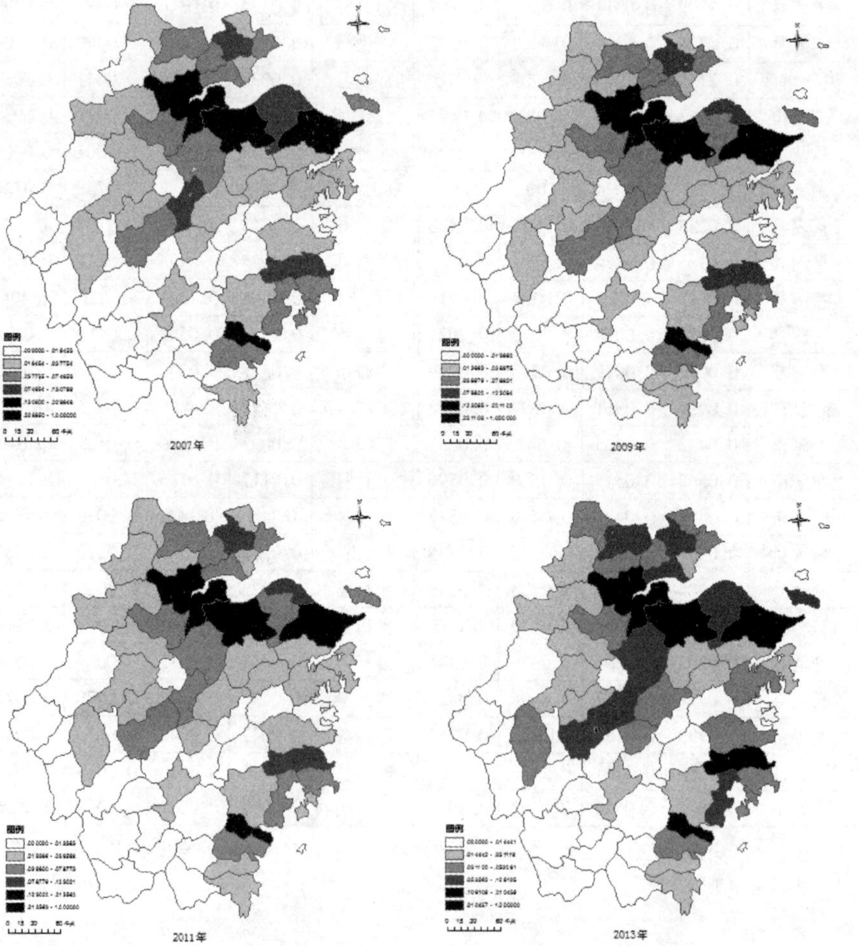

图 6－4 宁波港腹地经济综合发展得分分布情况
（2007 年、2009 年、2011 年、2013 年）

2. 宁波港口物流发展状况

通过对浙江省2008—2014年统计年鉴数据搜集得到反映宁波港港口物流和腹地经济发展水平的指标数据，通过熵值法计算得到宁波港2007—2013年港口物流和腹地经济综合发展得分，计算出宁波港口物流发展的综合评价结果。如表6－5所示。

表6－5　　宁波港港口物流发展综合得分

	2007年	2008年	2009年	2010年	2011年	2012年	2013年
宁波	0.97760	0.96900	0.99520	0.99860	0.99940	0.99920	0.99970
浙江省	0.64400	0.68300	0.78800	0.88200	0.93900	0.97800	1.08600

3. 宁波港口物流和腹地经济的耦合度

在计算宁波港港口物流和腹地经济发展水平的基础上，通过耦合度模型和公式对宁波港2007—2013年港口物流发展水平和经济发展水平的面板数据进行计算，得到宁波港港口物流和腹地经济耦合度，如表6－6所示。

表6－6　　宁波港港口物流和腹地经济耦合度（2007—2013年）

	2007年	2008年	2009年	2010年	2011年	2012年	2013年
宁波	0.49433	0.49290	0.49664	0.49679	0.49759	0.49668	0.49701
浙江省	0.49860	0.49888	0.49880	0.49833	0.49789	0.49982	0.49677

4. 宁波港口物流和腹地经济耦合协同结果

本节通过对宁波港2007—2013年反映港口物流和腹地经济发展水平指标的数据统计，通过熵值法计算，得到港口物流和腹地经济两子系统对整个复合系统的权重分别是0.462和0.538。在宁波港港口物流和腹地经济耦合度的基础上，通过耦合协同度模型计算得到宁波港港口物流和腹地经济耦合协同度如表6－7所示。

表6－7　　宁波港港口物流和腹地经济耦合协同度（2007—2013年）

	2007年	2008年	2009年	2010年	2011年	2012年	2013年
宁波	0.64841	0.64078	0.66347	0.66493	0.67056	0.66435	0.66656
浙江省	0.59076	0.60584	0.65150	0.69399	0.72001	0.70947	0.78345

5. 宁波港港口物流和腹地经济耦合协同结果分析

港口物流和腹地经济的耦合协调发展在不同的阶段有不同的发展模式，具体体现在两者耦合协调度、港口物流发展水平以及腹地经济发展水平上。本文借鉴相关文献，以及上述对耦合协调模型研究的基础上，对耦合协调度等级进行划分，共分 4 个一级等级，12 个二级等级阶段，如表6－8 所示。

表6－8　耦合协调度等级划分

类型	D	x_1和x_2关系	耦合协调类型
初级耦合协调阶段	0～0.2999	$x_1>x_2$	初级协调，腹地经济滞后型
		$x_1=x_2$	初级协调，双重滞后型
		$x_1<x_2$	初级协调，港口物流滞后型
中级耦合协调阶段	0.3～0.4999	$x_1>x_2$	中级协调，腹地经济滞后型
		$x_1=x_2$	中级协调，双重滞后型
		$x_1<x_2$	中级协调，港口物流滞后型
良好耦合协调阶段	0.5～0.7999	$x_1>x_2$	良好协调，腹地经济滞后型
		$x_1=x_2$	良好协调，双重滞后型
		$x_1<x_2$	良好协调，港口物流滞后型
优质耦合协调阶段	0.8～1.0	$x_1>x_2$	优质协调，腹地经济滞后型
		$x_1=x_2$	优质协调，双重滞后型
		$x_1<x_2$	优质协调，港口物流滞后型

当 D=0 时，港口物流和腹地经济耦合协调度极小，港口物流子系统和腹地经济子系统之间或系统内部要素之间处于无关状态，港口物流和腹地经济间将向无序发展。

当 D=（0，0.2999］时，港口物流和腹地经济的发展水平处于较低水平的耦合协调阶段，此时港口物流和腹地经济的发展水平都比较低。当港口物流的发展水平低于腹地经济的发展水平时，需要加大对腹地经济的发展力度，促使港口物流和腹地经济耦合协调发展；反之，需要加大对港口物流的发展力度，促使港口物流和腹地经济耦合协调发展；当港口物流和腹地经济的发展水平相同时，需要同时加大对港口物流和腹地经济的发展力度，促使港口物流和腹地经济耦合协调发展。

当 D = ［0.3，0.4999］时，该阶段港口物流和腹地经济发展处于中级耦合协调阶段，区域经济和港口物流都得到了一定的改善，逐渐进入磨合阶段。需要政府针对浙江省港口物流和腹地经济的发展水平对投资力度以及政策支持做出调整。

当 D = ［0.5，0.7999］时，该阶段港口物流和腹地经济发展处于良好的耦合发展阶段，港口物流和腹地经济间的耦合发展模式正由传统发展模式向现代发展模式转变，港口物流和腹地经济的发展都进入一个良性发展阶段，港口物流和腹地经济间的耦合协调逐渐进入健康快速的发展阶段。

当 D = ［0.8，1.0）时，该阶段港口物流和腹地经济处于高水平的优质耦合阶段，港口物流和腹地经济间的复合系统处于良性循环阶段。港口物流发展水平和腹地经济发展水平在质和量两方面都有很大的发展，二者相得益彰，相互促进。

当 D = 1 时，港口物流和腹地经济间的耦合协调度最大，两个子系统间或者是内部要素之间达到极度耦合协调，港口物流和腹地经济组成的复合系统趋于新的有序结构。

结合宁波港港口物流和腹地经济发展水平，以及两者耦合协调度的结果，分析可以得到宁波港港口物流和腹地经济耦合协调类型，如表 6－9 所示。

表 6－9　宁波港港口物流和腹地经济耦合协调类型（2007—2013）

	2007 年	2008 年	2009 年	2010 年	2011 年	2012 年	2013 年
宁波市	良好协调，腹地经济滞后型	良好协调，腹地经济滞后型	良好协调，腹地经济滞后型	良好协调，腹地经济滞后型	良好协调，腹地经济滞后型	良好协调，腹地经济滞后型	良好协调，腹地经济滞后型
浙江省	良好协调，港口物流滞后型	良好协调，港口物流滞后型	良好协调，港口物流滞后型	良好协调，港口物流滞后型	良好协调，港口物流滞后型	良好协调，港口物流滞后型	良好协调，港口物流滞后型

从表 6－9 中可以看出：2007—2013 年，宁波的港口物流和腹地经济耦合协调类型一直保持在良好协调，腹地经济发展滞后型，表明宁波港港口物流的发展水平相对比较高，而经济的发展对宁波市整体的发展有一定

的滞后性。2007—2013 年浙江省港口物流和腹地经济的耦合协调度一直保持在 0.5 以上，处于良好耦合阶段，而浙江省的港口物流发展水平与经济发展水平相比偏低，耦合协调类型为良好协调，港口物流滞后型，虽然浙江省港口物流和腹地经济耦合协调类型在研究年限内没有发生变化，但结合表 6－7 可以看出，浙江省港口物流和腹地经济发展的耦合度由 2007 年的 0.59076 一直保持上升趋势，到 2013 年达到 0.78345，其耦合度保持上升趋势，即浙江省港口物流和腹地经济间的耦合程度在不断加强，已经非常接近优质耦合阶段，保持浙江省港口物流和腹地经济现有的发展增长速度，浙江省有可能在之后的 1—2 年内达到优质耦合阶段，港口物流和腹地经济的耦合协同效果更好。

第二节　宁波无水港建设对区域经济的影响分析

一　无水港的相关理论

1. 无水港的定义

无水港是指具有报关、报验、签发提单等港口服务功能，设置海关、动植物检验检疫等监督机构的内陆物流中心。同时，无水港内部还有货代、船代和船公司的分支机构，以便收货、还箱、签发以当地为起运港或终点港的多式联运提单，也使得内陆的进出口商可以在当地完成订舱、报关、报检等手续，以及将货物交给货代或船公司。无水港除了没有海港所具备的船舶装卸功能，海港的其他功能基本上都具备。与传统内陆场地相比，货物可以在无水港内“一站式”完成签发提单、定船、报关、报检、换单、堆存、提箱、还箱，并实行异地报关、一次查验、一次放行的通关模式，相当于把海港搬到内陆。

2. 无水港的功能

无水港应具备以下几方面的功能：

（1）集装箱存储功能：提供进出口集装箱整箱交接、保管、堆存和中转服务，向港口及船公司提供集疏运及流向保证，为组织腹地内的干支线、长短途运输或水陆联运的衔接配合创造有利条件；

（2）货物集散、仓储及分拨等功能：对进出口的国际集装箱提供拆装箱、理货、拼箱、货物仓储、保税、加工、重新包装、标签、分类及分拨配送等综合物流服务；

（3）集装箱箱管点功能：也称还箱点，经船公司箱管中心认可，作为船公司及其代理人调度、交接、保管和堆存集装箱的场所，并负责集装箱清洗、消毒、熏蒸和维修等服务；

（4）货运代理功能：在国内及国际市场承揽运输业务，受货主及船公司委托代办接货、发运、签发 B/L、租赁及管理集装箱、代办报关及发展多式联运业务；

（5）内陆口岸功能：设置海关、动植物检疫、商检、卫检等监管机构为客户提供通关服务；

（6）快运列车服务：组织快运列车服务等，为货主提供门到门服务；

（7）管理信息系统及 EDI 功能：对集装箱、车辆等进行动态跟踪管理，对运输单证进行接收、传递和处理，此外还与港口、海关、检验检疫等部门联网，及时获得各类信息或为客户提供有关信息服务；

（8）其他服务功能：例如设立维修车间，对无水港内的车辆、装卸机械等进行检查、清洗、维修；为客户结汇、办理保险提供方便。

3. 无水港分类

基于无水港与沿海港口距离的远近，可将无水港分为近距离无水港、中距离无水港和远距离无水港。

（1）近距离无水港。近距离无水港与母港之间的运输方式更多表现为公路运输形式。由于港口造成港城及周边地区的公路运输紧张，运力的增长不及货流量的增长，大多数港口都受到港口空间制约和疏运能力紧缺的困扰。所以，在港口城市的边缘或市郊的位置，可以建立近距离无水港。建立近距离无水港后，虽然公路运输经营者会因此失去一部分原有的市场份额和利润，但是他们仍然能够通过减少拥挤而赢得更多的时间，获得更多的利润。近距离无水港发挥的主要作用为堆场功能，提供低附加值的服务，成为港口卫星终端。

（2）中距离无水港。中距离无水港与母港之间的运输方式有铁路运输和公路运输等。陆地运输在 500 公里左右的距离，铁路与公路运输竞争最为激烈。中距离无水港对周围的适箱（包括内贸、外贸）货物进行集聚，为当地企业提供远距离贸易的直接通道。中距离无水港主要是因为港口能力和容量的限制，无法提供进一步扩展的空间，因此在距离港口较近的位置设置无水港，缓解港口操作能力、堆存和仓储能力的限制。

（3）远距离无水港。远距离无水港与母港之间的运输方式以铁路运输为主，所处位置的陆地运输在800公里以上，它可以减少通往港口的公路运输路线，减少港口进出口及周围的拥挤，并可以在长距离运输中减少由货损货差及意外事故等造成的外部影响，提高内陆运输质量，加快内陆运输的效率。它对周围的适箱（主要是外贸）货物进行集聚，为当地企业提供外贸的直接进出口通道，促进无水港当地经济的创新发展，达到无水港当地与港口城市双赢的目的。

4. 无水港发展模式

随着港口的不断发展，港口之间的竞争越来越激烈，拓展港口陆地经济腹地，争取腹地的货物资源已经成为沿海港口管理者普遍关心的问题；同时内陆地区为了提高对外贸易水平，带动区域整体发展水平，需要有一个低成本、高通关效率的出海口。在这两种需求的拉动下，无水港在腹地区域取得了迅速的发展。在不同港口建立无水港的具体实践中，形成了三种无水港发展模式：

（1）沿海港口为争取货源主动与内陆地区合建无水港

为了进一步拓展港口的经济腹地，争取更多的内陆地区的货源就提升了海港的竞争力，沿海港口开始与内陆地区合作建立无水港，宁波港采用的这种无水港发展模式。为了拓展港口的辐射能力，争取腹地资源，宁波港先后在萧山、富阳、柯桥、绍兴、新昌、金华、义乌、衢州、上饶、鹰潭10个内陆腹地城市建设了无水港。无水港的建设，可完善港口与内陆地区的运输通道，实现内陆地区与国际航运的贯通。

（2）内陆地区为发展本地经济建立无水港

随着对外贸易水平的不断发展，内陆城市亟须建立通往外部的贸易出口，进一步促进本地经济的发展，西安为了发展本地经济，采取了这种无水港发展模式。作为西北物流中心城市的西安，深处内陆地区，远离港口制约着西安的发展，为了把港口的优势扩展到内地，西安主动在其区域建立国际陆港，实现企业在本地的报关报检，减少了外贸进出来企业交易成本。

（3）沿海港口为了港口发展需要建立无水港

伴随着港口的不断发展，争取足够多的货源成为港口发展的关键，沿海港口为了港口发展需要主动在内陆地区发展无水港，无水港在对内陆地区的企业进出口提供了很多便利也促使内陆地方政府支持无水港的发展，大连无水港采取的是这种模式发展无水港。大连港为了港口发展需要，主动在哈尔滨、长春、沈阳等大连港口腹地建立无水港，无水港的建立将使大连的货源辐射腹地扩大至整个东北三省，进一步扩大了大连港的陆地腹地范围。

二 宁波港无水港发展状况

1. 宁波港腹地无水港发展现状

随着港口之间竞争的不断加剧，拓展港口腹地，争取港口腹地资源，成了每个沿海港口的必然选择。从 2002 年，在浙江金华成立浙江金华甬金国际集装箱有限公司（即金华无水港）以来，宁波港不断在内陆腹地城市建立无水港，来扩展宁波港的货物来源。截至 2016 年年底，宁波港已在萧山、富阳、柯桥、绍兴、新昌、金华、义乌、衢州、上饶、鹰潭等 13 个内陆腹地城市建设了“无水港”，并逐步完善了无水港功能，开展了提还箱业务，建成了以各个无水港为节点的“多点放箱、集中管理”的提还箱业务网络。宁波港已经建成并运营的无水港分布如表 6－10 所示，可以看出宁波港的无水港建设主要集中在浙江省内，其次为江西省。为了促进无水港业务在湖北省的拓展，宁波港国际集装箱有限公司在襄阳成立了分公司。

表 6－10　宁波港腹地无水港分布情况

名　称	所属城市	地址
杭州萧山国际物流中心（萧山无水港）	杭州市萧山区	杭州市萧山区通惠北路 969 号
富阳口岸国际物流中心（富阳无水港）	杭州市富阳市	浙江杭州春江街道民主路
绍兴市国际物流中心（袍江无水港）	浙江省绍兴市	绍兴市袍江工业区三江路
绍兴新昌国际物流中心（新昌无水港）	绍兴市新昌县	新昌县七星街道新昌大道西路 456 号
中国轻纺城物流中心（柯桥无水港）	绍兴市柯桥区	绍兴市柯桥镜水路 1906 号

续表

名　称	所属城市	地址
衢州国际物流中心（衢州无水港）	浙江省衢州市	衢江经济开发区百灵北路1号
义乌国际物流中心（义乌无水港）	金华市义乌市	义乌市机场路588号
浙江金华甬金国际集装箱有限公司（金华无水港）	浙江省金华市	浙江金东经济开发区法华北街389号
鹰潭国际物流中心（鹰潭无水港）	江西省鹰潭市	江西省鹰潭贵溪市铜产业经济循环基地拆解加工区
上饶国际物流中心（上饶无水港）	江西省上饶市	江西省上饶市新火车站片区货场路北侧
宁波港国际集装箱有限公司襄阳分公司（襄阳无水港）	湖北省襄阳市	湖北省襄阳市长征路襄阳货场口岸

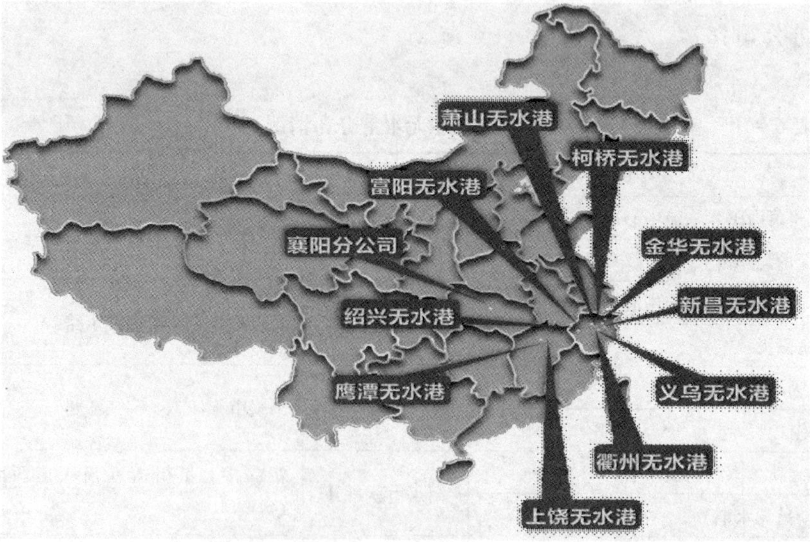

图6-5　宁波港主要“无水港”项目分布图

2014 年，宁波港全年完成“无水港”业务量累计达 55.6 万标准箱，同比增长 16.7%。无水港提还箱业务量从 2008 年的 2121 标箱增长到 2014 年的 219711 标箱（如图 6－6 所示），六年间业务量提升近 103 倍，无水港在宁波港腹地城市得到了快速的发展。随着无水港功能的不断完善，与港口、铁路部门、货代等合作的持续增强，宁波港腹地无水港发展将极大地促进港口腹地城市的对外贸易发展水平。

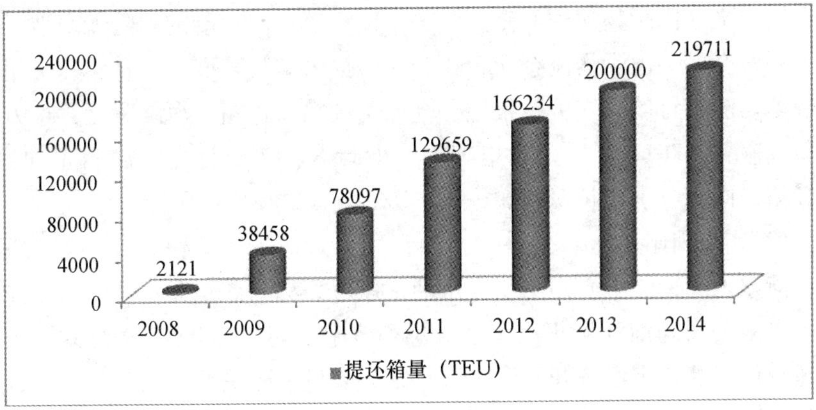

图 6－6　宁波市 2008—2014 年无水港提还箱量情况

2. 宁波港腹地四个典型无水港的介绍

（1）杭州萧山国际物流中心

杭州萧山国际物流中心即萧山无水港（以下简称萧山无水港）成立于 2002 年，总投资 4.5 亿元，占地 90 余亩。杭州萧山国际物流中心位于萧山国家经济技术开发区内、沪杭甬高速公路萧山出口处，交通便利，地理位置优越，距上海 220 公里、宁波 140 公里，离杭州萧山国际机场 10 公里，距萧山火车站 4 公里。其中拥有集装箱堆场 20000 余平方米，仓储 23600 平方米，海关、检验检疫、口岸等职能部门协同各相关物流企业集中现场办公，为企业进出口货物的报关、报检、查验、熏蒸消毒、订舱等提供“一站式”服务，发挥无水港作为港口在腹地城市的港口功能延伸作用。

（2）义乌国际物流中心

义乌国际物流中心创建于 2002 年 9 月，位于机场路北侧，距中国小商品城出口 4 公里，杭金衢高速公路出口 4 公里，金甬高速公路出口 5 公里，民航机场 3 公里，中心占地 450 亩，总投资 2.5 亿元，按“陆路口岸”功能设计，分办公区、集装箱堆场区（包括海关查验、检验检疫区）、仓储区、商务服务区，是一个功能齐全的国际物流公共平台。中心拥有集装箱堆场 17700 平方米，平面箱位 876TEU，标准仓库 54000 余平方米，采用当今具有国际先进技术水平的集装箱正面吊、堆高机、叉车等机械设备，配备了先进的月台高度调节板、监控监视系统、计算机货物管理系统。义乌国际物流中心是具海关、国检等口岸功能的内陆无水港，集聚了外贸企业、国际物流企业 260 余家。提供集装箱堆场、仓储和公用型保税等功能和订舱、报关、报检、仓储、提箱、拼箱、海陆联运等全方位一条龙服务。2013 年，完成集装箱作业量 83.17 万标箱，施封量 49.92 万标箱，同比分别增长 50.86% 和 3.2%。

（3）衢州国际物流中心

衢州国际物流中心即衢州无水港，以下简称为衢州无水港，由宁波港集团有限公司与浙江衢州汽车运输集团有限公司于 2009 年 9 月共同出资组建，位于衢州市经济开发区距火车站 3 公里，距民航机场 3.5 公里，距杭（金）衢高速公路互通口 3.5 公里，距市区 10 分钟路程，320 国道穿过工业园中心区域。项目总投资 1.2 亿元人民币，占地面积 127000 平方米，现有两座标准仓库 6000 平方米，其中一座为海关监管仓库，查验仓库 440 平方米，熏蒸房 117 平方米，办公室综合用房 4000 平方米，停车场、集装箱作业堆场 32300 平方米，衢州国际物流中心提供集装箱堆场、仓储和公用型保税等功能和订舱、报关、报检、仓储、提箱、拼箱、海陆联运等全方位一条龙服务，为衢州市进出口业务企业提供了便利，节约了时间，节省了交易成本与运输成本，有利于衢州市进出口企业的发展。

（4）上饶国际物流中心

上饶国际物流中心即上饶无水港，以下简称上饶无水港，由宁波港和上饶市城市建设投资开发集团有限公司合资组建，位于上饶市城东新区新火车站北侧，总投资 1.37 亿元，占地 248.64 亩，无水港项目完成后，将达到年集装箱处理能力 10 万标准箱、普通货物处理能力 500 万吨规模。该无水港将以充分发挥成本较低和服务优质的优势为切入点，依托便捷的公路、铁路运输，实现仓储、分拨、配送、拆（拼）箱、订舱、报关、报检等功能，努力打造中西部地区枢纽型的国际内陆港口。同时，在宁波与上饶两地政府及口岸有关单位的支持参与下，将宁波港口口岸功能内移，依托“属地申报，口岸验放”的便捷通关模式，简化通关手续，为客户节省物流成本。

三　宁波港无水港运作模式

宁波港在内陆地区建设无水港，扩大宁波港自身辐射能力的同时也给内陆的企业提供了诸多便利。无水港在内陆企业进出口中发挥着重要作用，下面从出口和进口两个方面具体分析无水港对内陆进出口企业的影响。

1. 内陆企业利用宁波港无水港出口模式

内陆企业在出口货物时，首先从无水港提一个匹配的集装箱，用集卡短驳到内陆企业的仓库。货物装好后运到无水港，在无水港对集装箱货物进行报关、报检等，并在无水港进行订舱，同时也可以在无水港进行拼箱、堆存和中转。集装箱的相关信息通过 EDI 信息管理系统传到港口，这样集装箱在港口时就不需要进行查验，实现“一次报关、一次查验、一次放行”，这样不仅可以缩短企业的出口时间，同时也减少了二次查验时拆箱与装箱时产生的费用。最后，集装箱货物在无水港完成报关、报检后，通过公路运输或者海铁联运把集装箱货物运到港口，等待装船。

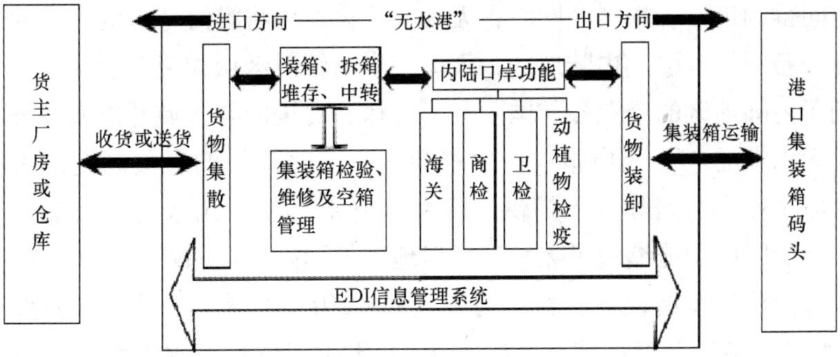

图 6－7　无水港运作模式

2. 内陆企业利用宁波港无水港进口模式

内陆企业在进口货物时，首先在港口不进行报关、报检，监管的集装箱货物通过公路运输或者海铁联运运到无水港。集装箱相关信息通过 EDI

信息管理系统传到无水港所在海关、检验检疫部门，等集装箱运到无水港时，在无水港进行报关、报检等，最后把集装箱货物通过集卡运输到内陆进口企业，卸箱后把空箱放到无水港，等下次出口时可以从无水港直接提箱。无水港在内陆企业进出口过程中，不仅是一个物流的集散中心，也充当着内陆口岸的功能，这样为企业提供极大的便利。

四　宁波港无水港建设对区域经济的影响

自2002年宁波港在金华建设无水港以来，其在内陆地区不断与当地政府或企业合资建设无水港，这些无水港的建设促进了内陆地区经济的发展，也给宁波港提供充足的货源。本部分从无水港建设对内陆地区开放型经济发展、对内陆区域企业成本的影响、对浙江省海洋经济的发展、对宁波港与内陆区域经济联动发展及对宁波市构建港口经济圈的影响等方面入手，分析了宁波港无水港建设对区域经济的影响。

1. 无水港建设加快了内陆区域开放型经济的发展

内陆地区相比于沿海地区来说，外向型经济发展相对滞后，很重要的一个影响因素是内陆地区远离国际市场，对国际物流、国际贸易等的认知和实践有限。宁波港在内陆地区建设无水港，一是促进内陆地区物流业的发展。无水港连接了宁波港和无水港所在的内陆地区，形成相互衔接，辐射范围广阔的点、线、面相结合的物流网络，使得内陆地区物流企业的发展空间得到进一步拓展。同时，无水港建设可以将沿海地区的先进的物流管理经验和技术引入内陆地区，推动无水港辐射区域物流业的发展。二是有利于内陆地区的企业参与国际分工合作，促进内陆区域开放型经济的发展。无水港的“一次申报、一次查验、一次放行”的通关制度，为内陆地区的企业参与国际分工提供了良好的外部环境，无水港的内陆口岸功能、物流园区功能缩短了无水港辐射地区与国际市场的距离，为内陆地区开放型经济的发展提供了新活力。例如：2015年前7个月，宁波港内陆“无水港”箱量发展迅速，突破了40万TEU，依托无水港大通关模式及宁波港的相关的优惠政策，极大地促进了浙江省内陆地区及周边内陆省份外向型经济的发展。

2. 无水港建设降低了内陆区域企业的流通成本

宁波港与内地建设的无水港之间实行大通关协作机制，可以大幅度降低企业通关成本。协作机制可显著提高验关效率，降低流通成本。这包括，口岸的海关与检验检疫工作及其他配套服务工作实行集中办公，可减少通关环节，简化通关手续；实现口岸申报电子化，实施无纸化通关，提高验关效率；同时，港口的海关等查验单位与内陆海关等查验单位实行两地海关查验自动化，海陆运进出口货物由货主在当地海关一次性完成进出有利于促进海陆经济联动发展，简化通关和报验手续，进出口岸的货物由海关实行全程运输监管。经初步测算，上饶无水港建成后，能为企业带来至少提前7天结汇，提前30天退税，降低运输成本20%—30%，降低企业资金占用量30%，避免二次检验、二次装运所带来的损耗，降低破损率，缓解企业运输制约瓶颈等利益。

3. 无水港建设促进浙江省海洋经济的发展

21世纪是海洋的世纪，浙江省海洋经济已上升为国家战略。目前，我国90%的对外贸易运输量通过海上运输来完成，港口货物吞吐量与集装箱吞吐量均居世界第一位。2016年，宁波舟山港货更是一跃成为世界第一大港。宁波港在内陆地区建设无水港，既为宁波港提供了充足的货源，又为宁波港的发展提供了新的动力。同时，在内陆地区建设无水港，可有效缓解宁波港港口拥堵与城市交通压力过大的问题。更为重要的是，无水港作为宁波港和内陆地区在供应链、物流链和贸易链上的重要节点，通过无水港建设，可以使港口和内陆地区紧密联系在一起，使海洋经济和内陆经济的发展相互促进，推进无水港辐射区域的经济尽快融入海洋经济，促进浙江省海洋经济的发展。

4. 无水港建设促进了宁波港与内陆区域经济联动发展

无水港建设不仅构建了宁波港与内陆区域经济联动发展的有效机制，也从运营、功能等方面促进宁波港与内陆无水港辐射区域的经济联动发展。宁波港将装箱、拆箱、中转、保管及检验检疫、海关等功能向内陆地区的无水港延伸，内陆地区的无水港逐步发展成为在内陆地区比较有影响力的区域物流中心，为内陆地区的公路长短途运输或者海铁联运等多式联运的衔接提供有利的条件。同时，宁波港和内陆地区的无水港之间应加强在海关、检验检疫和铁路等部门之间的合作，实现“港口后移、就地办单、海铁联运、无缝对接”的进出口货物集疏运方式。

宁波港和内陆地区在海关上应加强合作，真正实现多关如一关，完善电子通关体系的建设，使单证流、货运物流、信息流和资金流在宁波港和内陆地区无水港之间高效流转，实现宁波港与内陆区域经济联动发展。

5. 无水港建设有利于宁波打造港口经济圈

宁波港在内陆地区不断建设无水港，通过无水港的建设，提高宁波港的港口经济辐射能力，进一步带动内陆地区的发展。在国家“一带一路”的战略背景下，宁波市根据自身港口优势提出打造港口经济圈，让宁波港为其所能辐射到的区域服务。构建宁波港口经济圈，在宁波港辐射区域建设无水港是一大支点，通过无水港的建设，让宁波港的港口优势向腹地区域后移，腹地区域的企业在无水港可以办理以往必须在港口才能办理的一些手续，不仅能为腹地企业带来便利，同时也节省了成本。在宁波港辐射区域建设无水港，通过无水港“点”的建设，带动丝绸之路经济带和海上丝绸之路线与面的发展。以点带线，以点促线，以线促面，全面打造宁波港口经济圈，使宁波成为国家“一带一路”建设的战略支点城市。无水港的建设将发挥宁波在丝绸之路经济带的港口优势，促进丝绸之路经济带的内陆地区经济的发展。通过在内陆地区建设无水港，利用宁波的港口优势，将丝绸之路经济带与海上丝绸之路连接起来，促进区域经济的发展。

五　面临问题

1. 无水港建设缺乏统一规划，存在重复建设

宁波港在内陆无水港建设方面缺少统一的考虑和规划，使无水港建设大多数局限于本地行政区划内，从而导致了一些不必要的重复建设。如在金华市内就有金华无水港和义乌无水港，在绍兴市内则有柯桥无水港、袍江无水港和新昌无水港。究其原因，一是地方政府为了促进本地物流产业发展，为本地进出口企业提供更多的便利，纷纷与宁波港进行合作，在本区域建立无水港，使其成为区域物流中心；二是宁波港建设无水港原动力是为了扩展宁波港的货源，在进行无水港建设方面较多考虑货源较多的区域，为了能为货源较多的区域提供更好的服务，会为相距不远的两地分别建设无水港，从宁波港在绍兴市柯桥无水港和绍兴袍江无水港建设中可以看出。

2. 无水港布局不合理，省外无水港发展缓慢

宁波港虽然在省内发展了萧山、义乌、绍兴、金华、衢州、慈溪等无水港，但在省外的无水港布点少、链条短，仅有在邻省江西的鹰潭、上饶合作的无水港，湖北的襄阳成立分公司开展无水港业务。这与天津港先后

在北京朝阳、新疆乌鲁木齐、河北石家庄、河南郑州等地建立21个内陆无水港，把腹地范围扩大辐射到14个省市区相比，差距明显。宁波港的直接经济腹地是浙江省内，货源大多来自省内，来自浙江省外的集装箱货源有待提高。宁波港应在浙江省外布局无水港，这一方面可以拓展宁波港的货源，为宁波港作为东方大港提供重要的支撑；另一方面也为内陆地区的进出口企业节约成本，提供了便利。

3. 铁路未能满足现实需要，海铁联运发展水平有待提高

目前我国的铁路运输体系相对独立，与港口集装箱运输在体制上、技术上存在较大差异，二者难以有效衔接。以义乌无水港为例，铁路集装箱的运达地为义乌铁路西站，而该市主要出口箱源地为国际物流中心仓库，两地相距15公里左右，需要再次短驳，致使集疏运效率降低而成本增加。宁波港虽然已经建成等级公路、水路、铁路多种运输方式并存的集装箱集疏运网络，形成水水中转、江海联运、海铁联运等多式联运共同发展的格局。但目前港口集装箱集疏运过分依赖公路运输，铁路、水路所占比例极小，绝大部分集装箱还是依靠公路运输。由于目前宁波港发展的无水港大多集中在省内，省外只有上饶和鹰潭两个。因此，必须发挥铁路长距离运输的优势作用，优化集疏运网络体系，加大对省外运输节点及线路的开发利用，使丝绸之路经济带沿线布局的无水港可以与亚欧大陆桥和宁波港有效连接，使海铁联运的优势充分发挥。

4. 无水港建设投资主体单一，投融资渠道亟须优化

从目前宁波港所合作建设的各个无水港来看，其建设发展水平参差不齐。由于内陆地区经济发展水平不一，有些无水港规模较小，有的仅体现为某个集装箱场站或保税物流企业。无水港是一项资本密集型建设，需要大规模投资，但是目前无水港建设投资方较少，投资主体单一，主要是宁波港和内陆地方政府。服务于无水港和港口之间的铁路、航运、货代等企业参与度较低，不利于无水港的长期发展。无水港在规划建设中，应融合铁路、航运、货代、地方政府等各方面的力量，凝聚起来为无水港服务。在对无水港的投资建设上，应优化投融资渠道，吸引铁路、航运、货代等企业的资本参与力度，同时也应吸引民营资本或者境外资本参与到宁波港无水港的建设中。各方共谋，合力打造具有完善的基础设施和高信息化水平的无水港。

综上所述，宁波无水港建设还有许多问题需要解决，从宏观上要成为

国家宏观物流战略的重要组成部分；在微观上要提升无水港的作用和层次，要与国际无水港发展趋势相吻合。

第三节　宁波海铁联运发展现状及其辐射效应分析

近年来，宁波市交通部门围绕打造国际强港，主动融入国家“一带一路”和长江经济带战略，加强江海陆联运服务中心的深度研究，加快宁波—华东地区集装箱海铁联运示范通道建设，优化内陆“无水港”布局，服务“港口经济圈”建设，打造现代化港口城市升级版。

一　海铁联运基本含义

1. 海铁联运概念

海铁联运是进出口货物由铁路运到沿海海港直接由船舶运出，或是货物由船舶运输到达沿海海港之后由铁路运出的只需“一次申报、一次查验、一次放行”就可完成整个运输过程的一种先进的综合运输方式。

海铁联运系统涉及众多市场主体和政府职能部门，除市场主体之间发生物质、资金、信息交换外，市场主体与海关、国检等部门也存在着相互的沟通。海铁联运系统服务于国民经济，服从于产业布局和贸易结构；但良好的海铁联运服务会影响到产业布局和贸易结构。

2. 海铁联运环节组成

海铁联运有铁路直通港区和非直通港区两种形式，铁路非直通港区形式由图 6 – 8 中的 1、2、3 环节组成；直通港区形式由 1、4 环节组成。环节 1 表示集卡由发站 CY 运抵工厂或集装箱货运站（CFS）装卸货流程；环节 2 表示重箱由火车从发站 CY 运抵到站 CY 过程；环节 3 表示重箱由集卡从到站 CY 运抵海港 CY 过程；环节 4 表示重箱由火车从发站 CY 直接运抵港区 CY 过程。

3. 海铁联运的铁路运输组织形式

国内港口海铁联运的铁路运输主要采用四种方式：五定班列、技术直达、固定循环车组和货运混编列车形式。五定班列，是国内目前最先进的铁路运输组织形式，对货源量和运输时间有较高要求，实行“五固定、五优先和五不准”原则。技术直达列车，是在技术站编组经过一个及以上编组站不进行改编的列车。固定循环车组，在装卸地之间固定往返运行

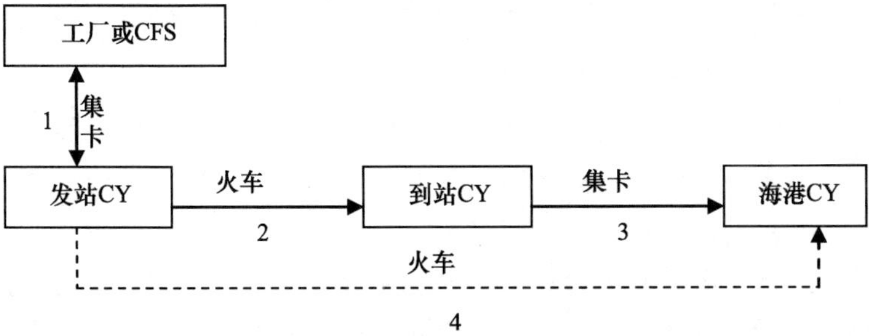

图6-8 海铁联运环节构成

的循环直达车组。货运混编列车，是在技术站（或中间站）编组，在区段内中间站进行摘挂作业（或进行零担装卸作业）的列车。在上述海铁联运的铁路运输组织形式中，根据铁道部货运列车编组规则，编组和运营调度优先权以五定班列最高，依次为技术直达、固定循环车组和货运混编列车。

4. 海铁联运特点

一是港口地位突出。港口位于国际主航道的重要区位，港口码头基础设施完善，集装箱、大宗散货、件杂货、液体化工等货物吞吐能力强，外贸货物比重高，港口管理作业水平较高，在全球港口中具有突出地位。

二是多式联运便捷。港口具备多式联运基础条件，衔接内陆腹地公、铁、水、管道集疏运方式全，通达海向腹地的国际航线和航班密集度高，沿海、沿江、沿路的多式联运发达，集疏运网络在全国沿海港口具有优势地位。

三是海陆腹地广阔。港口和城市对内对外开放程度高，依托港口形成完备的临港产业体系和产业集聚区，港口腹地经济发达，港口与腹地经济的有机融合，并以港口经济为动力，向海陆腹地辐射范围不断扩大。

四是商贸物流便利。港口国际、国内贸易发达，口岸贸易便利化程度较高，大宗商品（战略物资）、高附加值进出口商品区域配置能力较强，现代物流体系完善，物流信息网络健全，是全球港口商贸物流的重要节点。

五是港行服务发达。航运及航运交易、船舶及船员服务、海事法律、人才培训等现代航运服务功能全、质量高，金融产品丰富，服务优质高效，航运金融发达，金融保障在全国沿海城市中处于领先水平。

二 国外海铁联运发展经验借鉴

海铁联运是多式联运的主要形式，我国近期开始格外重视其发展，发达国家的多式联运体系结构和具体政策通过长期的发展，已趋成熟，对我国发展海铁联运具有极大的借鉴意义。

发达国家在集装箱多式联运发展的过程中，均在管理体制上为其提供了制度保障，并通过制定相应的政策法规为其确定发展方向，并且通过采取大量的具体措施为其发展提供了实际支持。这些政策基本体现在两个方面：促进多式联运服务水平的提高，如推动多式联运信息化、简化多式联运流程等；降低多式联运操作者和使用者的成本，如为从事多式联运的货车提供税费减免，通过相关政策进行运输补贴等。

1. 健全多部门联合的监管和推动机制

欧盟多式联运政策的成功制定，在很大程度上得益于欧盟及各成员国的综合交通管理体制。在这种综合交通管理体制下，每种运输方式都是交通总系统中的一个子系统，有助于各种运输方式之间的协调合作，降低全社会的运输总成本，提高多式联运服务水平。欧盟的交通白皮书明确提出要发挥各种运输方式的技术经济优势，鼓励中长距离货运向铁路和沿海运输转移，这些具体要求在综合交通管理体制下得到了较好的执行。

众所周知，铁水联运是作为一个完整的运输服务链提供给使用者的，必须保证每个环节的服务质量，以及不同环节之间的有效衔接。而铁水联运政策往往会涉及多种运输方式、多个利益主体，甚至需要部分既得利益的转移和削减才能成功实施。目前，我国铁水联运的管理由铁路、水路、海关，以及发展和改革委员会、地方政府等主管部门分担，彼此之间存在利益冲突，在基础设施规划方面、运营管理方面缺乏长期有效的协调合作机制，难以及时敏捷地提供多式联运服务。2011 年，虽然交通运输部和铁道部在铁水联运方面加大了合作力度，但仍旧缺乏更加实质性的协调机制，也并没有将海关部门、发改委和地方政府等机构纳入其中，在将来制定铁水联运政策时必定存在制度障碍，不足以满足铁水联运的发展需求。因此，我国亟须成立协调铁水联运各主管部门的综合管理机构，负责完整的铁水联运运输链管理，并加强与多式联运提供者和使用者的沟通；完善基础设施规划，解决铁水联运发展的瓶颈问题；制定铁水联运的价格制度，提供铁水联运税费优惠等。

2. 推动海铁联运信息化建设

在2001年欧盟交通白皮书的中期修订和2011年的最新白皮书中，分别提出“推动先进的IT技术开发来促进铁路的智能货运”和“在2020年之前建立欧盟多式联运的管理和支付信息系统的框架体系”，在2007年的物流运输行动计划中，欧盟也高度重视电子货运和智能交通系统在多式联运方面的应用。由此可见，欧盟十分重视发展多式联运信息化建设。

加强多式联运的信息化建设，通过实时掌握托运货物的具体位置信息，可不断提高各联运部门之间的协调沟通、提高货物中转和业务办理效率。但是，目前我国铁水联运的信息化程度还很低，物流资源信息分散、不透明，信息标准不统一，各联运部门缺少信息共享，无法协同运作。在铁路运输方面，货物实时位置信息还未完全达到公开，货物一旦交付铁路，只能等候取货通知，而且在换装到水路时还需要重新办理大量手续。铁水联运的不同部门都有各自独立的信息系统，部门之间很少进行信息交流和沟通，严重影响了多式联运效率和服务水平。因此，我国亟须推动铁水联运信息化，提供智能货物运输链服务，通过建立铁水联运的全程货物追踪信息系统，掌握货物的全程状态信息；通过建立统一标准的铁水联运信息传输机制，设立铁水联运的公共信息平台，保证各相关业者能够及时掌握所需信息，便于协同运作，实现网上办理票证的传递和通关业务等。这样既降低多式联运的操作成本，又增强多式联运的服务水平。

3. 加快完善海铁联运的标准规范体系

运载单元、联运换装设备的标准化是海铁联运得以开展的前提。欧盟主要国家，都已建立了以集装箱为标准运载单元的外贸运输多式联运体系和以厢式半挂车和高腿箱为标准运载单元的内贸运输多式联运体系，各种运载单元所依据的技术标准统一规范。

而我国目前除集装箱外，尚未制定针对半挂车的标准体系，多式联运站场设计建设规范也亟须完善，近年来，随着国内甩挂运输的逐步开展，甩挂站场建设和甩挂车辆缺乏统一标准的问题日益显现，从而直接造成了各地（特别是跨省）、不同车型之间的适配和协调的困难。因此，我国有必要借鉴欧盟的先进经验，加快制定完善半挂车等基础运载单元的标准体系和多式联运站场建设规范，保障多式联运的顺利开展。

4. 建立海铁联运资助和优惠政策

欧盟颁布的《对于成员国之间联合运输，建立通用准则的指令》要求成员国对联合运输的始末端运输提供税费优惠和资金补贴，而马可波罗计划则更直接地为从公路转移至铁路和水路运输的项目进行资金补助，促进运输方式转移。这些税费优惠政策降低了多式联运使用者的运输成本，促进了铁路和水路运输的使用。

目前，我国在铁水联运方面缺少类似的铁水联运支持政策和对有关改善行动的资助，中长距离的公路运输存在严重的超载超限现象，不同运输方式的运价不能体现其真实成本。我国的铁水联运尚处于快速发展初期，综合管理机构需要不断进行科学研究，建立一揽子的资助和优惠政策。资助可以效仿马可波罗计划，采取直接经济补偿的方式，而资助项目可以包括运输转移、基础设施改善升级和相关的科学研究等；资助金额可以基于铁水联运的社会效益增加值进行确定，出资额应由综合管理机构研究后确定，由实际受益部门分担。而优惠政策应争取惠及铁水联运的提供者和使用者，如降低铁水联运短驳运输的各种税费和准入门槛，给予铁水联运的基础设施改善的土地和贷款优惠，制定更加灵活多样的铁水联运定价机制。完整的铁水联运资助和优惠政策是铁水联运持续发展的最大动力，将有助于增强运输提供者改善服务水平的积极性，提高铁水联运服务质量，降低服务使用者的运输成本，促进中长距离的公路货运向铁水联运转移。

欧盟交通委员会和各成员国政府对多式联运比较重视，较早制定了不同层次和类别的鼓励措施推动其发展，并积累了宝贵的经验。我国的铁水联运虽然得到交通运输部和铁道主管部门的高度重视，但尚处于快速发展初期，缺少协调铁水联运各主管部门的综合管理机构和明确的推动措施，亟须借鉴欧盟多式联运政策，制定符合国情的铁水联运推进办法，为我国铁水联运的发展提供强有力的软环境。

5. 扶持海铁联运经营实体发展

目前，国际集装箱多式联运主要有船公司或船公司委托的代表为主导，与托运人订立多式联运合同，完成国家间集装箱“门—门”运输。此外，一些无船经营人、货代以及铁路、公路运输企业等也在承揽国际间或国内间的集装箱多式联运业务。由于铁路在港口集装箱集疏运上具有运量大、成本低等优势，在运输资源市场化配置比较完善的欧美等地区，为提高集装箱海铁联运效率和效益，采取的方式：一是船公司控制码头、铁路的使用权，直接运作包括“港—铁—门”在内的全程多式联运；二是铁路公司、码头公司等合资成立公司，经营某几个港口和铁路线以及相关腹地区域“港—铁—门”运输，所有全程多式联运经营人服务；三是船公司与铁路公司、码头公司合作经营特定区域的“港—铁—门”运输。

我国可在海铁联运有一定发展基础的相关区域，以国外成功模式为蓝本，组建海铁联运经营实体，并在前期海铁联运业务市场培育阶段，给予一定的优惠扶持政策，促进其发展，为构建完善的海铁联运业务服务体系创造条件。

三　宁波海铁联运发展历程

宁波大力发展海铁联运不仅是拓展港口规模和物流功能的必然举措，也是更好地服务浙江省、长三角乃至中西部腹地经济发展的宏观需要，更是促进宁波融入“一带一路”倡议的有效手段，其发展历程如下。

2009 年，宁波市政府决定推进实施海铁联运发展战略，有力促进了宁波港海铁联运市场的发展，相继开发了宁波至温州、台州、衢州、上饶、鹰潭、南昌、新余、景德镇等地的集装箱海铁联运业务，并开通宁波至上饶、温州、台州的集装箱海铁联运“五定”班列，并开通宁波至上饶、温州、台州的集装箱海铁联运“五定”班列，集装箱海铁联运箱量快速增长，2010 年和 2011 年分别完成 2.8 万标箱和 4.67 万标箱。2011 年 9 月，宁波还被交通运输部、铁道部列入全国首批 6 个海铁联运示范通道之一。

2012 年，宁波港完成集装箱海铁联运量 5.95 万标箱，为 2009 年的 35 倍，年均增长率达 227%。已开通的海铁联运城市由 2009 年的 3 个扩大到 11 个，截至 2012 年年底，正常运行的宁波集装箱海铁联运班列线路有 12 条，其中“五定”班列线路 4 条，直达列车线路 8 条。

2013 年 4 月，宁波市交通运输委与宁波出入境检验检疫局、宁波海事局签署合作备忘录，确定三部门将建立联合合作机制，在发展多式联运方面建立更加紧密的合作关系。

2014 年，宁波港海铁联运“立足省内、深耕江西、开发三北”，其中“开发三北”战略紧贴欧亚大陆丝绸之路经济带重要节点——新疆、陕西西安、甘肃兰州，并取得了突破性进展。截至2014年年底，宁波港海铁联运上饶——宁波班列当年累计发送集装箱突破1万标箱，达到10804标箱，同比增长10.7%；开航班列突破200列，同比增长41%，均创历史同期新高。

2015年4月，宁波海关联手宁波港首次以“批量中转”模式开展海铁联运业务，开启了外贸集装箱经宁波港至西北内陆的“一票制”服务新模式。同年5月，宁波与合肥、上海铁路局就开辟合肥至宁波海铁联运新通道签署了战略合作协议。同年8月，兰溪——宁波海铁联运班列首发，每天一对双向常态化运行，这趟班列的开通为浙中现代物流业发展开辟了公铁海多式联运的新通道。

根据《宁波市海铁联运发展规划》。至2020年，宁波市海铁联运总量达到2500万吨以上，其中集装箱海铁联运达到50万标箱以上。至2030年，宁波市海铁联运总量达到3000万吨以上，其中集装箱海铁联运达到200万标箱，形成“一环线、二枢纽、四支线、四通道”的海铁联运网络总体布局。借力“一带一路”倡议，宁波港口争当节点枢纽的梦想正逐步走向现实[20]。

四　宁波海铁联运发展现状

为加快融入“一带一路”国家战略，宁波正大力发展海铁联运，完善宁波港集疏运方式，扩大港口腹地范围。业内人士称，宁波港海铁联运现已发展的较为成熟，并正步入快车道。

1. 海铁联运规模不断扩大——海铁联运运量稳步增长

近年来，宁波港口货物整体吞吐量一直保持着稳步增长态势。海铁联运业务进展快速，2009年，宁波港海铁联运一年仅1690标箱。2014年全年共完成海铁联运13.5万标箱，增长28.4%，增幅列全国6个示范通道首位，6年不到的时间里，海铁联运箱量步步提升，增长80倍，占港口集装箱吞吐量比例由2009年的0.02%提高到2014年的0.72%，增长36倍。2015年共计完成17万标箱，宁波港已成为海铁联运南方第一大港。2016年，完成集装箱海铁联运量25.04万标箱，同比增长46.9%，2017年是深化实施“十三五”规划以来承上启下之年，计划完成集装箱海铁联运箱量30万标箱，同比增长20%以上。

宁波港口集装箱海铁联运量的快速增长，主要得益于宁波市大力推进

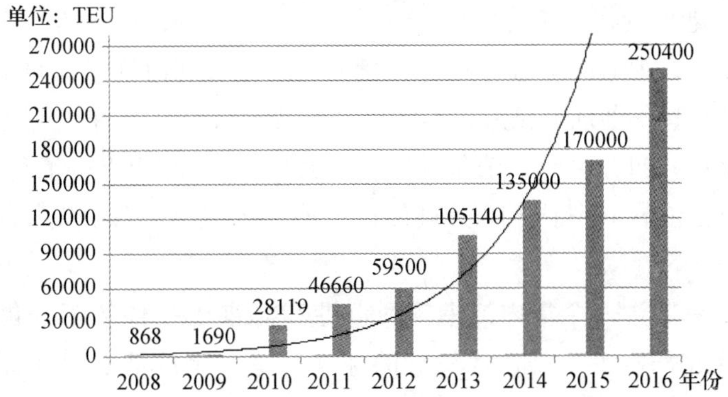

图 6－9　宁波港港口集装箱海铁联运增长趋势图

资料来源：宁波市交通委，2014。

的集装箱海铁联运项目，即使浙江省内腹地以及江西、湖南等内陆腹地区域的进出口箱源采用铁路运输方式与海运衔接，提升进出口企业物流组织模式，降低物流成本。经过近年来的快速发展，已经成功打通了铁路浙赣线沿线区域进出口集装箱经铁路到发港的海铁联运物流大通道。

2. 基础设施建设不断完善

（1）后方铁路通道能力逐步释放

目前宁波枢纽的既有铁路主要由萧甬线、甬温线、白沙支线、北仑支线和镇海支线所组成。其中萧甬线、甬温线和杭甬客专为双线，其他线路均为单线。枢纽内现有车站 11 个，其中洪塘乡编组站为技术作业站，宁波站为客运站，宁波北站和宁波东站为主要货运站，其余各站为一般中间站。

杭甬客专投产，萧甬线能力释放，宁波铁路集疏运能力将得到进一步加强。至 2014 年 11 月底，宁波港又新增一条铁路专用线——铁路分公司镇海站区盐业铁路专用线，该铁路专用线铺设轨道 643 米，设盐 1 道、盐 2 道，为宁波市盐业有限公司配送中心在镇海地区的配套工程。盐业铁路专用线的投用，将有助于该配送中心成为浙江地区最大的盐类产品集散地。2015 年 8 月新铁路宁波货运北站正式开通运营，先进的货场管理和设备设施，使新北站能同时办理国内铁路整车、集装箱、零担和国际整车、集装箱到发业务。特别是首次设计开行的宁波至中亚的国际集装箱班列，畅通了新丝绸之路的又一快速通道。货运北站将成为苏浙沪皖规模最大、设备最完善的一个货站。

（2）港口设施不断完善

近年来，为适应港口货物吞吐量的持续增长和海铁联运量的快速发展，宁波港口不断加大投入，不断提高宁波港口生产能力。截至2016年年底，全市共拥有生产性泊位327个，其中1000吨级以上泊位224个，万吨级以上泊位106个（10万吨级以上泊位27个）。其中集装箱专用泊位26个。

宁波港作为一个集内河港、河口港和海港于一体的多功能、综合性的现代化深水港，是世界少有的深水良港，宁波港航道水深基本超过30米，港域"水深流顺风浪小，不冻不淤陆域大"，30万吨级大轮可自由进出港，40万吨级以上的超级巨轮也可候潮进出，是中国大陆进出10万吨级以上超级大型巨轮最多的港口。此外，宁波港还享有独特的地理位置优势，尤其是北仑港，上可通北下可通南，且可直通内陆地区，如江西、安徽等地，结合宁波港在各内陆地区设立的"无水港"，形成一个很好的海丝铁联运运输网络，通过该网络打通江西、西北等市场，促进陆向腹地向纵深推进。宁波港口天然优势绝非宁波港最大的竞争力。种种迹象表明，历史上曾经辉煌的宁波港，经过努力，已成为联结欧亚大陆丝绸之路经济带与海上丝绸之路的重要节点，打造"一带一路"桥头堡优势明显。

表6-11　2016年宁波市生产性码头泊位拥有情况

2016年	合计	万吨级以上	0.5万—1万吨级	3千—5千吨级	1千—3千吨级	300—（内河）400吨级	1000（300）吨级以下海轮（内河）
沿海码头泊位	319	106	26	37	55		95
内河码头泊位	8					6	2

表6-12　2016年宁波市生产性码头综合通过能力

2016年	散、杂货	集装箱		旅客	汽车	
	（万吨）	（万TEU）	（万吨）	（万人）	（万标辆）	（万吨）
年综合通过能力	33135	1197	9576	2274	260	2510

表6－13　宁波枢纽主要线路技术标准

项目＼线别	萧甬线	甬温线	北仑支线	镇海支线	白沙支线
线路等级	I级	I级	I级	地铁II级	II级
正线数目	双线	双线	单线	单线	单线
限制坡度（‰）	4	6	6	4	4
最小曲线半径（m）	一般1000、困难600	4500	一般1000、困难600	一般800、困难400	一般800、困难400
牵引种类	电力	电力	内燃	内燃	内燃
机车类型	HXD系列	客车动车组、货车HXD系列	DF4	DF4	DF4
牵引定数（t）	4000	3500	3500	3300	3300
到发线有效长（m）	850	850	850	850	850
闭塞类型	自动闭塞	自动闭塞	半自动	半自动	半自动
建筑限界	满足开行双层集装箱列车要求	满足开行双层集装箱列车要求			

3. 运输服务水平不断提高

（1）运营模式

宁波港口经过近四年来的实践，经历了由局管内海铁联运集装箱班列发展为跨局海铁联运集装箱班列，由技术直达海铁联运集装箱班列发展为集装箱海铁联运“五定”班列的过程，目前已经总结形成了依托信息化平台的“无水港＋五定班列”的海铁联运运营模式，并在实践中取得了显著成效。2015年11月，宁波合作铁大大网，未来两年内将通过市场化和信息化的运作，积累客户数据和班列大数据。通过将客户订单集聚到宁波港，经支线船运输到营口或大连港，再经营口或大连港的铁路班列到满洲里口岸，建立一条经俄罗斯到欧洲的铁路专线；同时，通过与欧洲的铁路公司如德国铁路DB的合作，建立在欧洲的铁路中转或卡车中转等灵活模式，发挥海铁联运的成本优势，使宁波特色的“甬新欧”实现“弯道超车”。

并于2012年4月成立了铁水联运营运服务中心，定期召开铁水联运操作协调会，协调解决集装箱铁水联运市场开拓、运输组织、转关、加载等方面的困难和问题，同时在营服中心下设无水港箱管中心，为海铁联运业务做好箱源保障工作。这一系列举措，使宁波港口海铁联运运营模式日趋完善。

（2）市场开拓

近年来，宁波港口在本省市场的基础上，以江西市场为重点，主动加强与地方政府、铁路部门、口岸单位、船公司、货代等合作，充分发挥各物流单位及内陆“无水港”的作用，陆续开发了省外湖北襄阳、成都、西安，省内衢州、金华等内陆地区的海铁联运业务。2014 年海铁联运市场呈现出良好的发展势头，上饶—宁波班列开行天天班，紧盯江西铜业、晶科能源两大客货户，促其货源掉头转向宁波；恢复开通义乌—宁波班列；新辟新疆至宁波海铁联运业务，带动西北方向海铁联运快速提升；启动成都—宁波海铁联运业务，将原走长江水上海港出运，改为通过海铁联运掉头转向宁波港。2015 年 5 月，“宁波港”与“西安港”在西安国际港务区签署合作备忘录，缔结为友好港，这是国家“丝绸之路经济带”与“21 世纪海上丝绸之路”两大战略上的两大港口一次深入对接和融合，共同谱写“一带一路”建设新篇章。

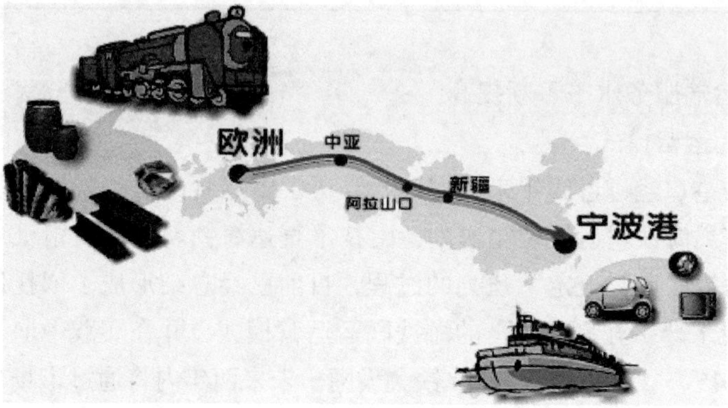

图 6－10 宁波万里甬新欧海铁联运图

（3）信息化建设

海铁联运信息化工作稳步推进，组织信通公司、铁司、北仑港站、集运公司等相关单位，会议商议制定海铁联运转码头纸面单证简化流程，确定通过系统进行处理、审核、流转，进一步推进海铁无纸化工作。2014

年 8 月 28 日，首趟开往中亚五国的集装箱驶出，集装箱里装载的有宁波及周边地区出口中亚五国的商品，已经办理过了出国通关手续，通过该专列，货物在沿途时间比传统海运省去四分之三，更让宁波与丝绸之路沿线地区的联系更加紧密。2015 年 5 月，首个由国内港口自主研发的铁路生产业务系统——宁波港铁路生产业务系统（TBMS）正式投入运行，该系统是宁波港集装箱海铁联运平台的重要组成部分，它与宁波港海铁联运平台各子系统的互联互通，可充分发挥港口铁路在宁波港集装箱海铁联运中连接“一带”和“一路”的枢纽作用和集疏运功能，将大大加快宁波港集装箱海铁联运融入物联网、大数据为代表的“互联网 +”时代的步伐。

4. 班列数量及模式不断丰富

2010 年初，备受关注的沿海快线——甬温班列正式开通，成为宁波港口海铁联运新亮点。该班列具备了定线、定时、定点、定车次、定价这一“五定”的特点。开通前期，该班列一直保持着“高位”的运行态势，每周双向对开六班，每班保持在 20 车以上，主要货源是来自温州重箱，通过宁波本地报关再出口国外。2011 年 1—8 月甬温班列总共完成到发 22674 标准箱，同比 2010 年同期的 12274 标准箱增长 84.7%。

2011 年 6 月 30 日开通上饶至宁波北仑港“五定班列”，标志着上饶至宁波又增加了一条更加安全、便捷、快速的物流通道，使上饶及周边区域至宁波港口集装箱海铁联运物流通道更加快捷高效。同样该班列也具备“五定”的特点，即定点——上饶站、宁波北仑港站分别为班列组织站，途中无车辆拆挂、无编解作业，全列一站直达；定线——沿浙赣线开行；定车次——上饶站至宁波北仑港开行的车次是 81116 次；定时——18：01 从上饶站始发，次日 10：44 抵达宁波港口；定价格——班列运输价格固定。截至 2011 年年底，上饶班列总共完成到达 16218 标准箱。之外，还有一条途经衢州、景德镇、鹰潭、南昌、新余、醴陵、株洲等地浙赣湘沿线的集装箱零星成组海铁联运，截至 2011 年年底，完成到发 16384 标准箱。

2011 年 7 月，正式开通台州南站—宁波北仑港站集装箱海铁联运班列，初期暂定每周一、三、五发运一列，挂载 50TEU，也是定时、定点、定量专列，服务于台州及周边地区的进出口企业，确保覆盖宁波港口各种航线选择，有效满足进出口企业的需求，充分发挥铁路运输安全，环保，运力保障的特点。截至 2011 年年底，台州班列总共完成到发 4224 标准箱。

2012 年宁波相关部门协同中铁集上海分公司、金华海关、金华市政府，共同推进金华—宁波海铁联运相关工作，并得到杭州海关支持，由杭州、宁波两地海关协商确定监管、转关模式，金华铁路货站监管场所建设，10 月 25 日启动了班列开行，是宁波港口首条出口转关模式运行的五定班列。

2014 年宁波开通了直达中亚五国集装箱专列，这条通过欧亚大陆桥的列车，让宁波与丝绸之路的联系更加密切。宁波及周边地区的货物，可以通过海运前往中亚，也可以通过这条通道前往，甚至宁波港的到港货物走这条大通道进入中亚腹地，中亚的货物在这里通过宁波港运往世界各地。截至 2014 年年底，已开通的海铁联运城市达 12 个，覆盖到省内的台州、金华、绍兴、衢州及省外的南昌、上饶、鹰潭、景德镇、萍乡、新余、西安、襄阳等地，正常运行的海铁联运班列线路有 12 条，其中“五定”班列线路 4 条，直达列车线路 8 条[23]。

2015 年 5 月，宁波与合肥、上海铁路局就开辟合肥至宁波海铁联运新通道签署了战略合作协议。截至目前，宁波已开通的海铁联运城市达 20 个，正常运行班列路线 17 条，建成“无水港” 12 个，包括浙赣铁路沿线的金华、衢州、上饶、鹰潭、新余、宜春、萍乡及湖北襄阳，四川成都、西安等地，有力带动了中西部地区经济发展。2016 年，已开通的海铁联运城市内陆无水港达 13 家，新增 3 个办事处，新增 2 条班列，实际从事海铁联运业务各类企业已超过 200 家。

作为古代海上丝绸之路的始发站之一，如今的宁波港依托“千里浙赣线、万里甬新欧”干线，双线发力海铁联运，内联全国甚至欧亚大陆，外达世界 100 多个国家地区 600 多个港口，正力争成为“一带一路”海铁联运桥头堡。

五　宁波海铁联运地方政府政策扶持

宁波海铁联运的快速发展得益于政府的大力支持，政府的支持主要表现在以下两个方面：

1. 政策扶持不断完善

近几年来，宁波政府非常重视海铁联运。据了解，从 2009 年开始，宁波市政府已连续三次出台海铁联运扶持政策，每年安排 1000 万元用于扶持海铁联运发展。2009—2013 年，已累计补助海铁联运资金 4390 万元。2014 年，宁波不仅制定全国首个地方性的海铁联运发展规划，还开

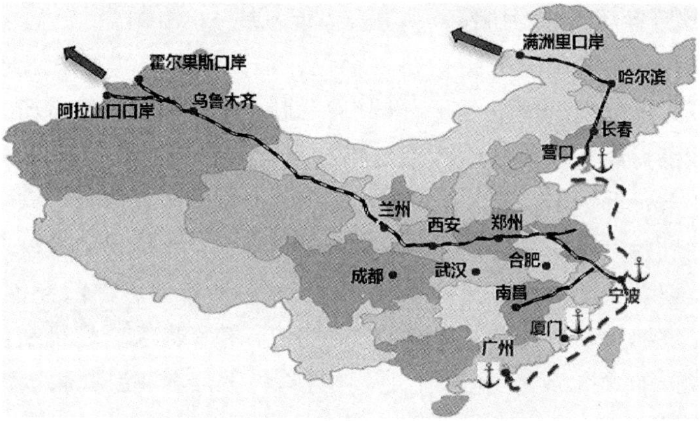

图 6－11　宁波海铁联运国际通道示意图

展了集装箱海铁联运扶持政策评估和研究。2015 年 3 月，宁波政府出台集装箱海铁联运连续三年扶持政策。2015 年 3 月宁波市出台的《关于进一步加快宁波市海铁联运发展财政扶持政策的实施办法》，该《办法》对从事宁波市集装箱海铁联运的实际经营人；承担宁波铁路港站与各中转码头之间海铁中转集装箱驳运的集装箱运输公司；为宁波市集装箱海铁联运提供集装箱服务的船公司；宁波市海铁联运公共服务平台（班列经营人）四类对象进行扶持。《办法》规定的标准是 400 公里以内每标准箱资助 200 元；400 公里（含）至 1000 公里每标准箱资助 500 元；1000 公里（含）至 2000 公里每标准箱资助 600 元；2000 公里（含）以上每标准箱资助 800 元。省外海铁联运运距未达到 400 公里的，按 400 公里（含）至 1000 公里标准资助。其中对“五定”班列资助最高，铁路里程在 400 公里内每条资助 1500 万元，400 公里以上资助 2500 万元。并在扶持政策基础上对开展海铁联运实际经营人及企业进行考核奖励，奖励金额 5 万—15 万元不等。从 2015 年起，市财政每年安排 1000 万元宁波港发展专项资金用于发展宁波市海铁联运，结余部分滚存使用；超出部分在宁波市港口发展专项资金中列支。如港口发展专项资金项目取消，则从港口建设费列支。考核年度申请人完成的海铁联运集装箱重箱数量、申请人考核年度完成的驳运箱量和船公司用箱量由宁波港集团负责统计。扶持资金的考核发放由市交通委商市财政局另行制定实施细则。2016 年全年扶持资金已达 4100 多万元。

2. 政府各部门通力协作，多方合力促发展

为贯彻落实国家“一带一路”倡议，加快推进宁波至华东地区集装箱铁水联运示范通道建设，进一步培育和壮大宁波海铁联运市场，拓展和发展宁波港口经济圈。政府多个部门亦通力协作，积极服务海铁联运发展。据了解，近年来，宁波市政府与上海铁路局、中铁集、中铁联集，浙江省交通厅与上海铁路局，宁波市交通委与宁波出入境检验检疫局、宁波海事局，以及宁波口岸监管单位与中西部城市对口监管部门等各个层面，都围绕宁波海铁联运的发展签署了各种协议，建立联系合作机制，打通海铁联运发展的“脉络”。在政府以及各方努力下，宁波海铁联运正在形成新的运行模式。今年一季度，海关联手宁波港口首次以“批量中转”模式开展海铁联运业务，开启了外贸集装箱经宁波港至西北内陆“一票制”服务新模式。

据宁波市海铁联运办公室介绍，目前宁波已形成了“铁路下浮一点、地方补贴一点、企业分担一点”的共同分担机制，进一步引导海铁联运的发展，并已减免、降低了部分港口环节收费，如免收重箱查验开箱门费，减少调箱门费，下调相关查验辅助作业包干费，积极争取铁路运价支持。

宁波港海铁联运办专职副主任葛更坚表示，在政策方面，宁波市政府出台了《关于加快宁波港海铁联运发展若干扶持政策意见》，并将根据市场需求和发展情况，不断对扶持政策做出优化调整。与此同时，宁波市还与中铁集装箱运输责任有限公司、中铁联合国际集装箱有限公司等签署《纪要》，组织铁路、港口、海关、国建等部门与腹地城市对口部门签署合作协议，改善通关环境，为开展海铁联运创造便利条件。

宁波市商业委员会方便也表示，现已制订了参与“一带一路”建设扩大经贸合作实施方案。按照方案，宁波将积极谋划、提升与“一带一路”沿线国家及我国沿边重点区域的经贸合作交流平台。其中包括了：争办中国—中东欧投资贸易博览会、提升新加坡宁波展、办好墨西哥中国投资贸易交易会、搭建沿线“宁波周”平台等。同时，推进境外产业园区建设，支持宁波优势产业赴沿线国家投资办厂，加快宁波（越南）工业园建设，推进宁波（柬埔寨）工业园项目等。

宁波集团也以“三化三型”（“市场化、多元化、国际化”、“效益质量型、绿色环保型、创新引领型”）为抓手，促进港口转型升级，向贸易、物流等领域挺进，提高港口服务的“附加值”和“含金量”，目前，

其正积极与船公司、国际港口合作，参与国际海运物流体系的结构调整，巩固作为国际深水枢纽港和“21 世纪海上丝绸之路”重要节点的地位，不断优化集疏运物流网络体系，增强对腹地市场的拓展力度。

此外，宁波还支持企业建设境外营销基地，在“一带一路”沿线国家业已存在的百家贸易网点基础上，选择若干贸易量大、辐射力强、交通便利的重点城市，打造境外营销贸易基地，建成集商品展示、贸易洽谈、物流仓储等综合功能于一体的中小企业国际营销集聚平台。截至目前，宁波已在“一带一路”沿线 40 个国家设立境外企业和机构 564 个，中方投资额 27.2 亿美元。

据悉，宁波高速公路和铁路联合运营方案也已进入筹划阶段，包括梅山港区与穿山的高速公路连接，以及梅山与沈海高速公路的联通。2015 年，宁波投入了 40 亿元于宁波到穿山港区的铁路建设，构建起了海上、内河和公路的运输体系。

当前，面对国家“一带一路”和“长江经济带”倡议，宁波港海铁联运正逢发展重要时机。接下来，将积极整合港口物流资源，建设“无水港”，开发海铁联运业务，加强在铁路沿线布点，进一步完善货源腹地揽货网络。相关人士表示，加快推进宁波集装箱海铁联运示范通道建设，进一步培育和壮大宁波海铁联运市场，推动多式联运枢纽港建设，不仅是更好地对接“一带一路”倡议，更是拓展和发展宁波“港口经济圈”的有力手段。

六　宁波海铁联运腹地经济带动作用分析

1. 宁波海铁联运外向型腹地经济分析

（1）直接腹地浙江省外向型经济情况

2014 年浙江省全年进出口总额 2.22 万亿美元，比上年增长 3%。其中，进口 0.45 万亿美元，增长 3.7%；出口 1.77 万亿美元，增长 2.9%，全省进出口、规模再创历史新高。

2016 年，拥有外贸经营权的登记备案企业达 15.2 万家，比上年增加 1.6 万家。民营企业继续发挥出口主力军的作用，2016 年出口 13380 亿元，比上年增长 6.5%，占全省出口的 75.7%，比重比上年提高 2.5 个百分点。国有企业和外商投资企业出口分别为 964 亿元和 3322 亿元，分别下降 10.7% 和 5.4%。

欧盟和美国是最主要的出口市场。2016 年，对欧盟和美国的出口分别为3947亿元和3250亿元，比上年分别增长5.0%和6.9%，份额分别为22.3%和18.4%。对东盟、俄罗斯出口较快增长，增速分别为7.5%和6.4%；对日本出口平稳增长，增速为1.4%；对中国香港、巴西出口大幅下降，分别下降20.9%和11.8%。对“一带一路”沿线国家出口快速增长，在出口增速高于10%的16个国家中，除葡萄牙和韩国外，其他14个国家均为“一带一路”沿线国家，合计出口1506亿元，增长18.6%。

2016年，外商直接投资发展稳定，项目数2145个，比上年增长20.6%；实际利用外资176亿美元，增长3.6%，占全国的份额为14.0%，份额比上年提高0.6个百分点，利用外资继续走在全国前列。分市看，台州实际利用外资增长1.9倍，增速居各市之首。

境外直接投资快速增长。2016年，经备案、核准的境外企业和机构共计803家，境外直接投资备案额1172亿元，比上年增长29.0%。主要涉及制造业、电力能源、租赁和商务服务业等行业。

国际经济合作稳定增长。2016年，国外经济合作营业额474亿元，比上年增长16.9%；其中，对外承包工程营业额463亿元，增长15.3%；新签合同额376亿元，与上年基本持平。外派劳务人员实际收入总额11亿元；共派出各类劳务人员20396人次，比上年增加467人次。

表6-14　2016年浙江省主要城市进出口情况表

地区	进出口总额（亿元）	进口额（亿元）	出口额（亿元）
杭州地区	4110.0	1091.0	3019.0
湖州地区	674.1	79.7	594.4
嘉兴地区	2068.0	518.1	1549.9
金华地区	3186.0	75.4	3110.7
丽水地区	225.5	16.7	208.7
衢州地区	279.8	79.9	199.9
绍兴地区	1820.9	134.7	1686.2
台州地区	1310.8	141.4	1169.4
温州地区	1192.8	132.4	1060.4

（2）主要间接腹地的外向型经济情况

——江西省

2016年，以美元计价，江西省累计实现外贸进出口401.1亿美元，同比下降5.4%，其中：出口298.7亿美元，下降9.8%；进口102.4亿美元，增长10.3%。全年外贸运行主要呈现以下特点：

贸易结构向好发展。一般贸易、加工贸易、其他贸易占全省出口总值的比重分别为85.8%、13.7%和0.5%。其中一般贸易出口256.3亿美元，所占全省出口比重呈逐年提升趋势，从“十一五”末的59%提升至“十二五”末的83.7%，再次提升至2016年的85.8%，反映企业自主创新能力进一步增强。加工贸易出口40.9亿美元，占比达13.7%，较上年回落0.4个百分点。其他贸易出口1.5亿美元，占比达0.5%，较上年回落1.8个百分点，其中对外承包工程出口货物6165万美元，下降10.8%。

经营主体结构向好发展。民营企业、国有企业、外资企业占全省出口总值的比重分别为76%、3.6%和20.4%。其中民营企业出口226.9亿美元，所占比重较上年提高1.8个百分点，近几年来出口占比均保持在70%以上，出口第一大主体地位进一步凸显。国有企业和外资企业出口占比双双下降，分别出口10.8亿美元和60.9亿美元，占比较上年分别下降1.2个百分点和0.7个百分点。

国际市场结构向好发展。江西省与全世界223个国家和地区发生贸易往来，其中出口总值超过1亿美元的国家和地区达44个，进口总值超5000万美元的国家和地区达23个。受美国经济持续复苏的带动，对欧盟、美国、日本、中国香港4个传统市场出口比重有所回升，合计出口124.7亿美元，占全省出口总值的44.5%，较上年提高2个百分点。对“一带一路”沿线主要国家合计出口100.9亿美元，占全省出口总值的33.8%，其中对伊拉克、巴基斯坦、捷克和斯洛伐克等中东欧国家出口快速增长，增幅分别达27.4%、19%、26.2%和24.5%。

表6-15　2010—2016年江西省进出口状况

年份	进出口总额（亿美元）	进口总额（亿美元）	出口总额（亿美元）
2010	214.53	80.37	134.16
2011	315.56	96.75	218.81
2012	334.09	82.99	251.11

续表

年份	进出口总额（亿美元）	进口总额（亿美元）	出口总额（亿美元）
2013	367.38	85.69	281.70
2014	427.83	107.45	320.38
2015	423.9	92.8	331.2
2016	401.1	102.4	298.7

——湖北省

2016年湖北省进出口总额393.5亿美元，比上年同期（下同）下降8.3%。其中，出口260.6亿美元，下降5.3%；进口133.3亿美元，下降13.6%。2016年，湖北省以一般贸易方式进出口282.9亿美元，下降1.2%，占全省外贸总值的71.9%。其中，出口181.4亿美元，下降1.6%；进口101.5亿美元，下降0.5%。以加工贸易方式进出口84.3亿美元，下降31.3%。其中，出口65.4亿美元，下降13.2%；进口18.9亿美元，下降60%。此外，以保税监管场所进出境货物方式进出口5.5亿美元，增长76%；以海关特殊监管区域物流货物方式进出口13.8亿美元，增长34%。

2016年，湖北省民营企业进出口额203.5亿美元，下降8.5%，占同期湖北省外贸总值的51.7%。其中，出口153.3亿美元，下降2.8%；进口50.2亿美元，下降22.3%。同期，湖北省外商投资企业进出口106.3亿美元，下降7.9%；国有企业进出口83.4亿美元，下降8.7%。

2016年，欧盟、东盟、中国香港、美国是湖北省前4大贸易伙伴。鄂欧贸易总值5.5亿美元，下降4.2%；与东盟双边贸易总值47.1亿美元，下降21.6%；与中国香港贸易总值46.7亿美元，下降32.3%；与美国贸易总值42.5亿美元，增长6.5%。对上述4个国家和地区进出口合计占湖北省同期进出口总值的48.6%。此外，2016年湖北省对日本进出口30.4亿美元，增长6%；对韩国进出口20.2亿美元，增长2.3%；对中国台湾进出口18.6亿美元，增长12.4%；对巴西进出口9.3亿美元，增长21.3%；对俄罗斯进出口8.1亿美元，增长16.6%。

虽然2016年湖北省进出口值双双大幅下降，但对外贸易结构持续优化：一是一般贸易比重上升，海关特殊监管方式进出口大幅增长，贸易方式结构更加优化；二是进出口企业数量增长，有进出口实绩企业数比上年增加 207 家；三是出口市场多元化，对欧盟、东盟等主要出口市场基本稳定，对美国出口增长 18%，对巴西、俄罗斯等新兴市场出口大幅增长；四是出口商品结构不断优化，机电产品出口比重不断提高，手机、集成电路等高新技术产品出口大幅增长。

2017 年随着国家一系列促进外贸回稳向好政策措施的逐步落实，湖北省同时面临“长江经济带建设”“一带一路”“创新驱动发展”等国家战略叠加、中国（湖北）内陆自由贸易试验区获批设立等政策利好，湖北省外贸进出口有望逐步企稳回升。

表 6－16　　2010—2016 年湖北省进出口状况

年份	进出口总额（亿美元）	进口总额（亿美元）	出口总额（亿美元）
2010	259.06	114.65	144.41
2011	335.19	139.84	195.35
2012	319.59	125.59	194.01
2013	363.90	135.52	228.38
2014	430.64	164.18	266.46
2015	462.25	166.48	295.77
2016	393.5	133.3	260.6

——重庆市

2016 年，重庆市外贸进出口总额 627.71 亿美元，较 2015 年（下同）下降 10.8%。其中，出口 460.94 亿美元，下降 22.4%；进口 220.77 亿美元，增长 22.1%。进出口总值占全国进出口比重为 1.7%，减少 0.2 个百分点；占西部十二省市比重为 24.2%，减少 1.3 个百分点。

一般贸易进出口比重减少，加工贸易降幅窄于外贸整体降幅。2016 年，重庆市一般贸易进出口 270.5 亿美元，下降 21.8%，占同期重庆市外贸进出口总值的 43.1%，比重减少 6.1 个百分点。其中一般贸易出口 169 亿美元，大幅下降 38.2%；一般贸易进口 101.4 亿美元，大幅增长 39.7%。加工贸易进出口 254.4 亿美元，下降 6.6%，较 10.8% 的外贸整体降幅窄 4.2 个百分点；占比 40.5%，比重增加 1.8 个百分点。其中加工贸易出口 220.8 亿美元，下降 6.9%；加工贸易进口 33.6 亿美元，下降 4.7%。海关特殊监管方式（包括区内物流货物、区内设备和保税仓库进出境货物）进出口 100.2 亿美元，增长 22.5%，占比 16%，比重增加 4.3 个百分点。

2016 年，重庆市外商投资企业进出口 336 亿美元，下降 1.6%，占同期重庆市外贸总值的 53.5%，其中，出口 237 亿美元，下降 6.4%；进口 99 亿美元，增长 11.4%。同期，民营企业进出口 208.3 亿美元，下降 31.5%，占比 33.2%；国有企业进出口 83.4 亿美元，增长 43.6%，占比 13.3%。

表 6-17　　2010—2016 年重庆市进出口状况

年份	进出口总额（亿美元）	进口总额（亿美元）	出口总额（亿美元）
2010	124.26	49.38	74.89
2011	292.18	93.80	198.38
2012	532.04	146.33	385.71
2013	687.04	219.07	467.97
2014	954.50	320.41	634.09
2015	744.77	192.87	551.90
2016	627.71	220.77	406.94

——四川省

2016 年四川进出口总额实现 493.32 亿美元，同比增长 2.8%，外贸进出口依然出现“一降”“一升”现象：出口同比降幅为 9.8%，进口激增 25.9%。

四川省对美国和欧盟进出口总值同比均实现两位数增长，这两个地区占全省外贸进出口总值的 44.2%。同期，四川对蒙古国、乌兹别克斯坦、以色列、塞浦路斯、尼泊尔和白俄罗斯等 6 个“一带一路”沿线国家进出口均实现高速增长，其中，对蒙古国进出口激增 2 倍。

加工贸易成为四川外贸进出口的主要方式。2016 年，全省以加工贸易方式进出口同比增长 24.7%，拉动全省外贸增长 11.3 个百分点，占同期全省外贸进出口总值的 55.4%，较上年同期大幅上升 9.7 个百分点。

四川机电产品和高新技术产品进出口分别由年初的下降47.1%和35.3%，扭转为增长3%和13.9%。四川的主要出口产品——便携式电脑、集成电路、汽车均实现两位数增长。其中，汽车出口达13.3亿元，增长42.4%。

表6-18　2010—2016年四川省进出口状况

年份	进出口总额（亿美元）	进口总额（亿美元）	出口总额（亿美元）
2010	327.8	139.3	188.5
2011	477.8	187.4	290.4
2012	591.3	206.7	384.6
2013	645.9	226.4	419.5
2014	702.5	254.0	448.5
2015	511.89	180.96	330.93
2016	493.32	213.86	279.46

——安徽省

2016年，安徽进出口总额为443.8亿美元，下降7.2%。其中，出口284.8亿美元，下降11.7%；进口159亿美元，增长2.1%。

2016年，全省有进出口实绩企业6501家，比上年增加669家。其中，进出口值1亿元以上企业435家，比上年增加8家。2016年，安徽省外商投资企业进出口131.3亿美元，增长9.5%，占比29.6%，比上年提升3.4个百分点；此外，民营企业进出口195.5亿美元，下降7.5%，占全省44.1%，在各类企业中保持最大比重，但比上年下降3.7个百分点；国有企业进出口117亿美元，下降1.5%，占比26.4%。

2016年，安徽省以加工贸易方式进出口96.3亿美元，增长0.9%，占比21.7%，比重较2015年提升0.9个百分点。同期，一般贸易方式进出口317.2亿美元，下降0.8%，占全省71.5%，比重与2015年基本持平。此外，以海关特殊监管区域物流货物方式进出口19.5亿美元，下降25.9%，占比4.4%。

2016年，安徽省对北美、欧盟市场分别进出口79.4亿美元和68.2亿美元，分别增长6.6%、3.8%。对前三大贸易伙伴国美国、智利、日本分别进出口 69.9 亿美元、24.9 亿美元、23.9 亿美元，分别增长 6.4%、6.1% 和 15%，均保持增长。同期，对亚洲进出口 181.8 亿美元，下降 6.0%，占全省 41%；对拉丁美洲进出口 64.1 亿美元，基本持平；对非洲进出口 22.4 亿美元，下降 9%。

表 6－19　　2010—2016 年安徽省进出口状况

年份	进出口总额（亿美元）	进口总额（亿美元）	出口总额（亿美元）
2010	242.8	118.6	124.2
2011	313.4	142.5	170.8
2012	393.3	125.8	267.5
2013	456.3	173.8	282.5
2014	492.7	177.8	314.9
2015	488.1	157	331.1
2016	443.8	159	284.8

江西、湖北、重庆、四川、安徽作为宁波港主要间接腹地，在过去的数年里，以省会为代表的五市外向型经济增长迅猛，已经形成相当规模的出口产业集群，在国际市场上具有一定的比较竞争优势。

2. 宁波海铁联运腹地分析

宁波海铁联运腹地是宁波海铁联运综合竞争力的空间反映。腹地的划分应同时考虑两个方面的比较：一是宁波港口与全国其他沿海港口在海铁联运方面的竞争水平；二是宁波港口自身海铁联运与公水联运、水水联运的竞争水平。对竞争水平的衡量，运输费用和运输时间是主要参比指标。由于大宗散货在运输时间上要求较低，对大宗散货海铁联运的竞争比较可仅比较运输费用。

宁波海铁联运腹地应该是一个动态的空间描述，应随宁波港口后方铁路网变化而变化。通过大规模铁路建设，宁波港口腹地铁路通路会更加通畅，部分地区铁路运距也会有所缩短，从而使海铁联运腹地发生变化。因此，宁波海铁联运腹地应分两个时间节点来分析：一是现状合理腹地（以 2012 年为基准年）；二是未来合理腹地（以 2030 年为基准年）。

基于现状的宁波海铁联运合理腹地是指基于 2012 年铁路网，通过相关运输费用或运输时间的比较而得出的宁波海铁联运的腹地。鉴于本次研究的运输对象不仅包括集装箱，还包括大宗散货，且不同运输品类在腹地的覆盖面和功用上存在差异，因此需要分别进行分析。

按照《全国沿海港口布局规划》，全国集装箱大港主要有 9 个，分别为大连港、天津港、青岛港、苏州港、上海港、宁波港、厦门港、广州港和深圳港。宁波港属于长三角港口群中的集装箱主干线港，与其余 8 个港口在全国区域上形成竞争。通过空间直线距离的比较分析，宁波港口的可能腹地主要包括浙江、江西北部、安徽南部、河南南部、湖北、湖南北部、重庆、四川、陕西南部、甘肃、西藏、青海、新疆等省区，即基本以长江为中轴的一段狭长区域，并向西呈喇叭状开放至整个西北地区。其中覆盖的主要省会城市有杭州、合肥、南昌、武汉、长沙、南宁、重庆、成都、西安、兰州、拉萨、西宁和乌鲁木齐。

在分析宁波海铁联运集装箱合理腹地时，应从两个层面来综合判断：一是与沿海主要集装箱港口的海铁联运竞争力影响因素比较，其中权重最高的运输费用是比较的主要指标。关于运输费用，主要差别集中在铁路运输全程费用以及港口端的“短驳”费用上，因此，只对这两块费用做比较。由于铁路运费、运输时间与运距具有正相关性，故可直接以运距作为铁路运费和运输时间比较的标准（事实上，铁路运输时间还与经由线路技术标准、运输组织方式等密切相关，难以准确计算）；二是与其他联运方式的竞争力影响因素比较，包括运输费用和运输质量的比较。

3. 不同港口间腹地比较分析

为了对所有可能腹地做全面分析，不妨以可能腹地的省会城市进行初步比较，然后根据省会城市比较结果以及空间分布进一步划分优势腹地（指相比较而言在竞争力影响因素综合权衡上具有显著优势的腹地）和可竞争腹地（指相比较而言在竞争力影响因素综合权衡上有一定竞争力，但须通过政府引导、运价优惠、服务改善等方式争取市场的腹地）。

考虑大连港、天津港在空间格局上与宁波港不具备竞争关系，以及苏州港主要为集装箱内贸港，故在比较时不再纳入比较对象。考虑福州港为东南沿海港群的主要集装箱港，且其与宁波港有较强竞争关系，故在比较时将福州港纳入比较对象。考虑连云港港是我国海铁联运的大港，其占自身港口集装箱吞吐量的比重也仅次于青岛港，远高于全国平均水平，故在比较时也将连云港港纳入比较对象。

表 6－20　　基于现状路网的腹地城市与各港口铁路通路情况

腹地城市	铁路服务	宁波港	上海港	福州港	深圳港	厦门港	青岛港	连云港
杭州	里程（km）	146	186	—	—	—	—	—
	通路	萧甬线	沪昆线	—	—	—	—	—
	标准（km/h）	110—120	120—140	—	—	—	—	—
合肥	里程（km）	572	557	—	—	—	798	535
	通路	淮南线 宣杭线 萧甬线	淮南线 宁芜线 京沪线	—	—	—	京沪线 陇海线 胶新线	淮南线 京沪线 东陇海
	标准（km/h）	100—140	100—160	—	—	—	100—120	80—160
南昌	里程（km）	778	818	603	917	835	—	—
	通路	沪昆线 萧甬线	沪昆线	沪昆线 峰福线	京九线	沪昆线 鹰厦线	—	—
	标准（km/h）	110—120	120—140	80—120	120	80—120	—	—
武汉	里程（km）	1006	991	970	1238	1202	1039	801
	通路	武九线 铜九线 淮南线 宣杭线 萧甬线	武九线 铜九线 宁芜线 京沪线	武九线 京九线 沪昆线 峰福线	京广线	武九线 京九线 沪昆线 鹰厦线	京九线 青阜线 陇海线 胶新线	京九线 青阜线 东陇海
	标准（km/h）	100—200	160—200	80—120	110—140	80—120	120—160	80—160

续表

腹地城市	铁路服务	宁波港	上海港	福州港	深圳港	厦门港	青岛港	连云港
重庆	里程(km)	2009	1994	1959	1853	2191	2027	1764
	通路	襄渝线 宁西线 淮南线 宣杭线 萧甬线	襄渝线 宁西线 淮南线 宁芜线 京沪线	渝怀线 沪昆线 峰福线	渝怀线 沪昆线 京广线	渝怀线 沪昆线 鹰厦线	襄渝线 京九线 徐阜线 陇海线 胶新线	襄渝线 宁西线 青阜线 东陇海
	标准(km/h)	80—140	80—200	80—120	80—140	80—120	100—160	60—160
贵阳	里程(km)	1985	2025	1810	1704	2042	—	—
	通路	沪昆线 萧甬线	沪昆线	沪昆线 峰福线	沪昆线 京广线	沪昆线 鹰厦线	—	—
	标准(km/h)	110—120	120—140	80—120	110—140	80—120	—	—
成都	里程(km)	2105	2090	2243	2206	—	2123	1860
	通路	达成线 襄渝线 宁西线 淮南线 宣杭线 萧甬线	达成线 襄渝线 淮南线 宁芜线 京沪线	达成线 沪汉蓉 武九线 京九线 沪昆线 峰福线	达成线 沪汉蓉 石长线 京广线	—	达成线 襄渝线 京九线 徐阜线 陇海线 胶新线	达成线 襄渝线 宁西线 青阜线 东陇海
	标准(km/h)	80—140	80—200	80—200	110—200	—	100—160	60—160
西安	里程(km)	1532	1517	—	—	—	1386	1123
	通路	宁西线 淮南线 宣杭线 萧甬线	宁西线 淮南线 宁芜线 京沪线	—	—	—	陇海线 胶新线	陇海线 东陇海

续表

腹地城市	铁路服务	宁波港	上海港	福州港	深圳港	厦门港	青岛港	连云港
西安	标准（km/h）	80—140	80—200	—	—	—	120—140	120—140
兰州	里程（km）	2225	2210	—	—	—	1831	1816
	通路	陇海线 宁西线 淮南线 宣杭线 萧甬线	陇海线 宁西线 淮南线 宁芜线 京沪线	—	—	—	太中银 石太线 石德线 胶济线	陇海线 东陇海
	标准（km/h）	80—140	80—200	—	—	—	110—160	120—140
长沙	里程（km）	1140	1180	965	859	1197	—	1157
	通路	沪昆线 萧甬线	沪昆线	沪昆线 峰福线	京广线	沪昆线 鹰厦线	—	京广线 京九线 青阜线 东陇海
	标准（km/h）	110—120	120—140	80—120	110—140	80—120	—	80—160

以 2012 年铁路网为基础，对可能腹地与相关港口的铁路运距比较如表 6-20 所示（由于青海、西藏、新疆与港口间的铁路通路基本都经过甘肃兰州，故只需比较兰州，不比较拉萨、西宁和乌鲁木齐）。

从表 6-20 中可看出，除杭州外，宁波港与其他所有可能腹地城市的铁路运距均不占优势。以与比较优势第一位港口的铁路运距差为参考，合肥—宁波港运距比与其他港口最短运距长 37 公里，为最短运距差；其次是南昌 175 公里、武汉 205 公里、重庆和成都 245 公里、长沙和贵州 281 公里。以在比较优势中的位次为参考，南昌位于第二位，排第三位的主要有合肥、长沙、成都和贵阳。

以上 7 个港口的海铁联运短驳条件见表 6-20 所示。显然，除上海港、福州港外，其他港口都具有铁路支线延伸至港区的设施条件，其短驳费用应相差不大。以目前所掌握的费用情况来看，宁波港短驳费用平均约200元/TEU，上海港短驳费用平均约600元/TEU，即宁波港与上海港短驳费用差约400元/TEU。福州港短驳运距远超上海港，按保守估计，其短驳费用比宁波港至少差400元/TEU。

在不考虑集装箱一口价下浮的情况下，宁波港可能腹地省会城市到各港口的运输费用主要比较铁路运费和港口端短驳费用之和，按目前铁路集装箱运价2.14元/TEU计，可得出从运费角度比较，杭州、南昌为绝对优势地区。若进一步考虑宁波市政府对海铁联运的补贴，则优势地区会进一步扩大。

当补贴达到100元/TEU，合肥将纳入优势地区；当补贴达到400元/TEU，武汉将纳入优势地区；当补贴达到500元/TEU，重庆、成都将纳入优势地区；当补贴达到600元/TEU，长沙、贵阳将纳入优势地区；当补贴达到800元/TEU，西安、兰州将纳入优势地区。

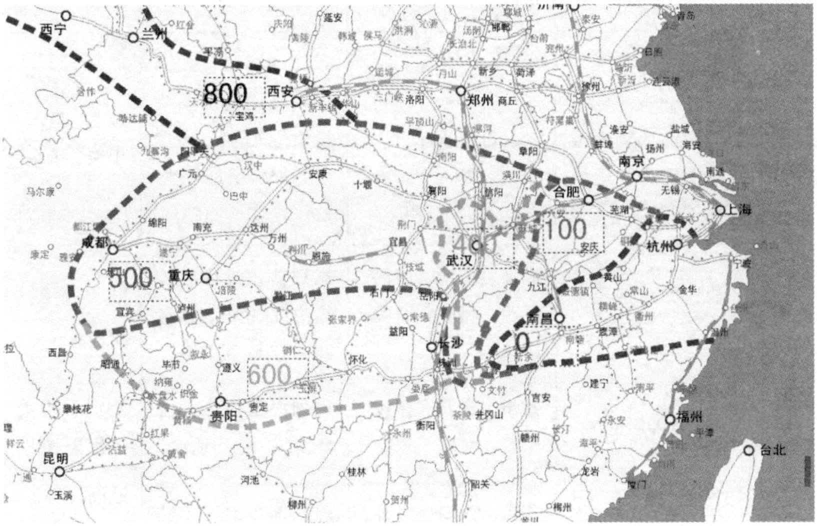

图6-12 基于现状路网的政府补贴与优势腹地变化关系图

按目前宁波市政府补贴250元/TEU计，合肥应纳入优势地区。

宁波港集装箱优势腹地除考虑运费外，还应综合考虑班列情况、港口条件以及班轮航线数量和频次。按运费比较结果，最具可比性的城市是长沙和武汉。考虑长沙因已开通至深圳港的班列以及深圳港的良好港口和远洋班轮条件，其不可能纳入优势地区，也非重点可竞争地区。武汉属于众多港口都还没有开发班列的边缘地区，其水运条件优势明显，与连云港港比，宁波港欧美航线占有优势，加上其铁路运输线路速度标准相对较高，有利于快速班列的组织运输，故可将武汉纳入重点可竞争地区。

表6－21　　主要集装箱竞争港口的海铁联运运输质量情况

港口	港口端短驳条件	班列情况	港口条件	班轮航线
宁波港	北仑支线延伸至北仑港区码头	鹰潭、台州	现有集装箱泊位19个，通过能力770万TEU	欧美航线85条
上海港	芦潮港中心站距洋山港区超过40公里	成都、合肥、蚌埠、长沙、西安、郑州、重庆、义乌、南京、温州、宁波、南昌、昆明	规划洋山北港集装箱泊位23个，通过能力1330万TEU	欧洲、南美、北美、非洲、中东
福州港	马尾专用线只延伸至马尾港区码头，到江阴港区需短驳或海上巴士，运距约80公里	尚无班列开行	规划江阴港区集装箱泊位13个，通过能力450万TEU	西非、欧洲、地中海、中东
深圳港	平盐铁路延伸至中港区	成都、长沙、南昌、昆明、醴陵、韶关、广州	规划盐田港区集装箱泊位30个，通过能力1800万TEU	欧美航线107条
厦门港	专用线延伸至港区	赣州、永安、醴陵、鹰潭、南昌	规划海沧港区为主要集装箱远洋运输	欧洲、北美17条远洋航线
青岛港	专用线延伸至港区	郑州、西安、成都、太原	规划前湾港区集装箱泊位13个	欧洲、北美、中亚28条远洋航线
连云港港	专用线直通港区	乌鲁木齐、西宁、郑州、西安、成都	规划连云港区集装箱泊位21个，通过能力1100万TEU	北美、欧洲、地中海、中东、东南亚

综上，经综合因素比较，宁波港集装箱海铁联运的优势地区包括杭州、南昌和合肥，据此通过空间分布及铁路网络分析，宁波港集装箱海铁联运的优势腹地为浙江（不含杭州以东的嘉兴地区）、江西北部和安徽南部（含合肥）区域。余下的湖北、湖南北部、河南南部、重庆、四川、陕西南部、青海、西藏、新疆等为可竞争腹地，其中，湖北为可竞争腹地的重点地区。

通过分析可以看出宁波海铁联运优势区域还很有限，需要进一步扩大海铁联运区域空间，先要布局有竞争优势的区域，逐渐向远延伸，这也是宁波港口经济圈战略实现的需要。

七　宁波海铁联运发展面临的问题

海铁联运是一项复杂的系统工程，业务流程环节众多，涉及部门众多，近年来虽然经过多方面的共同努力，宁波海铁联运发展取得了显著成效，但是也还存在一些问题，主要体现在以下几个方面：

1. 信息服务不足

海铁联运业务涉及环节较多、海铁联运信息服务内容和手段不丰富、物流信息难以实现全程追踪是当前海铁联运信息服务存在的普遍问题。

——海铁联运各环节信息未实现对接，无法为各环节提高物流效率和运输组织效率提供足够的信息支撑，信息难通是海铁联运用户遇到的普遍情况，集装箱海铁联运各环节未实现信息共享，无法为各环节提高物流效率和运输组织效率提供足够的信息支撑。由于各种运输方式之间缺少有效的信息交换途径，导致联运转换作业各个环节缺乏高效的协作和衔接，货物的堆存和准备时间长，货物周转慢，港口车船装卸转换作业效率低，铁路运力资源调配难度大，货物运输成本较高。

——海铁联运信息服务内容和手段不丰富，尚未建立一站式的综合服务

由于海铁联运信息分散于业务运作流程的各个环节，而各环节主管部门业务信息化水平、信息公开程度和共享程度不相匹配，致使当前海铁联运业务信息静态信息多，动态信息少，无法形成完整的信息链，可提供给货主的物流信息不足，也无法为货主提供“一站式”全程物流信息追踪服务，使货主不能及时掌握货物在各环节的实施信息，导致货主测算物流费用及时间消耗不准。

2. 辐射腹地狭窄

（1）大宗物资腹地单一

对于大宗物资海铁联运，宁波港域主要品类为煤炭和金属矿石，受需求地结构相对固定的影响，海铁联运主要以疏运为主，且辐射腹地相对单一，可扩展空间有限。

就煤炭而言，从宁波港域可辐射各省区之间铁路煤炭运输量来看，江西的煤炭除自己供给以外，主要从山西、安徽、河南等地通过铁路调入，通过浙江海运调入量极少。湖南、湖北也是如此，而安徽则是非常重要的煤炭产地。福建除自我供给以外，也从江西、贵州等地调入。贵州的煤炭基本能够自给自足，还可以对外供给。换言之，这些腹地省份很少有煤是从海运经铁路调入的，因此宁波港口进来的煤炭几乎在省内全部消耗。以 2012 年宁波铁路煤炭发送为例，不难看出煤炭腹地主要集中在浙江省内。

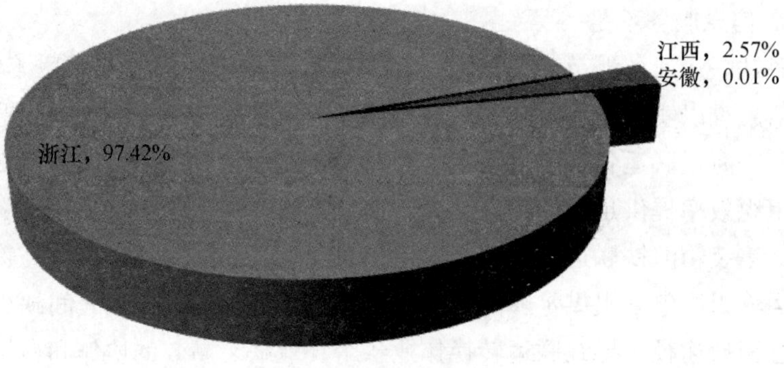

图 6－13　煤炭需求地

金属矿石的情况与煤炭略有不同，宁波港口进来的金属矿石供应本省的量将近一半，而供应江西的量则有一半略强。

（2）集装箱腹地较小

由于当前宁波海铁联运业务尚处培育期，货代、集卡、堆场、现代物流经营主体规模偏小，向外揽货能力与上海口岸相比还有较大距离；服务功能、服务效率和服务信誉以及港口的国际知名度有待提高，如流通加工、仓储服务、通关服务、特种箱运输等还须做大量的工作；目前货源地分结构较单一，主要集中在浙江、江西等港口优势腹地区域。为促进海铁

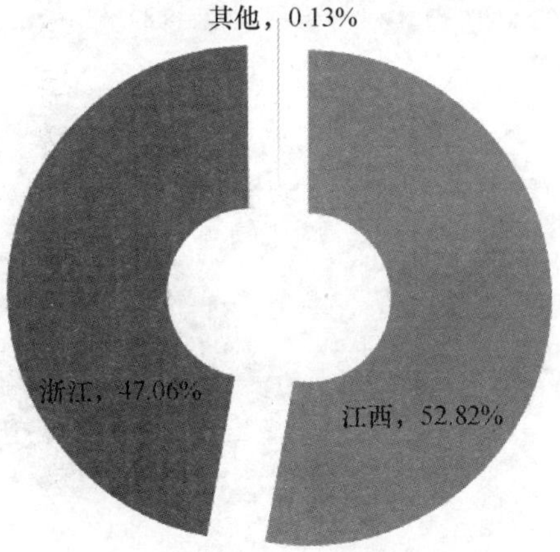

图6-14　金属矿石需求地

联运的进一步发展，市场培育和腹地拓展力度亟须进一步加强。

以2012年宁波集装箱铁路运量为例，除了经由阿拉山口过境箱之外，宁波地区集装箱运输去向主要以浙江本省为主，占据了60.85%；箱源地则主要集中于浙江、江西，二者占据了全部箱源的57.32%，腹地向内陆延伸程度有限，亟待进一步扩张。

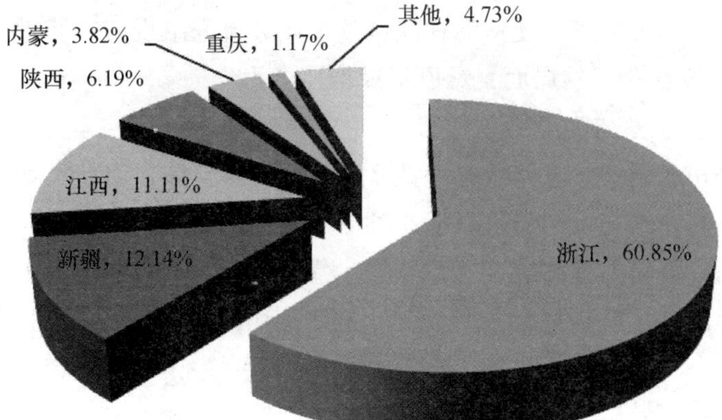

图6-15　集装箱铁路去向分布占比图

3. 海铁联运业务推广难度大

（1）海铁联运比较优势不明显

由于海铁联运尚处于市场培育阶段，海铁联运客户资源有限，运量较

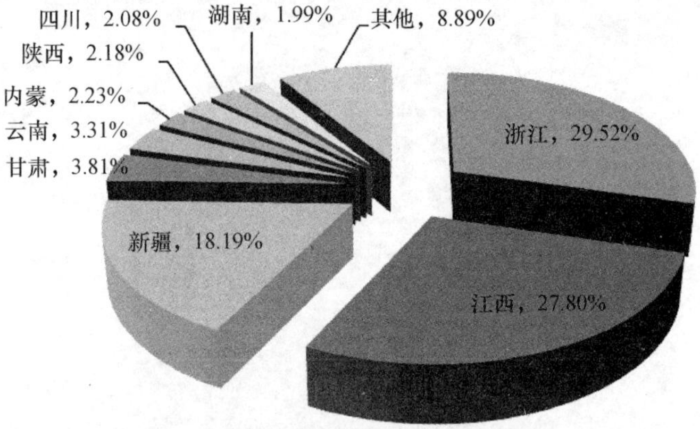

图 6－16 集装箱箱源地分布占比图

小，货源不稳定，较难形成规模性班列，使得铁路运输能力大的优势未能充分体现，在运输时间和运输价格方面的比较优势亦不明显。

（2）各部门未能形成推广合力

根据发达国家经验，在前期推广海铁联运的过程，各相关部门均予以一定的鼓励和扶持，而目前我国相关管理部门在推广海铁联运的过程中，缺乏协调机制，未能根据其他部门的鼓励措施和扶持政策，适时、适当地调整本部门相关政策，使得海铁联运整个业务流程出现“一点热”“数点热”而“多点冷”的局面，难以形成推广合力。

（3）企业参与度不足

船公司、码头、铁路等是海铁联运的重要参与体，但在实际运作中难以有效整合，参与推广海铁联运业务的积极性不高。以船公司为例，其在内陆铁路集装箱办理站或“无水港”设置的集装箱提还箱点及免费用箱期限还不能满足海铁联运发展需求，进一步增大了海铁联运业务的推广难度。

4. “甬新欧”铁路箱源不断流失

2007 年，宁波开通了中欧、中亚班列（集装箱专列）货物经满洲里口岸到达中欧地区、经阿拉山口出关到达中亚地区。2007 年经宁波货运北站发往中欧货物为 2770TEU，发往中亚货物为 2694TEU。近年来，宁波经公铁联运直接发往中亚/中欧的货物相对稳定，2012 年为 2613 车；2013 年为 2330 车；2014 年为 2630 车。但随着国家“一带一路”倡议的酝酿实施，“渝新欧”“西新欧”“蓉新欧”“郑新欧”“汉新欧”“合新欧”“义新欧”“苏满欧”“辽满欧”等高额补贴政策的出台，原本从宁波报关出口的铁路箱源不断流失，进入2015年以来呈下降趋势，只有2738车，2016年为466车。各地开行中亚/中欧班列补贴情况见表6－22。

表6－22 各地开行中亚/中欧班列补贴情况

始发站	名称	国境站	开行情况	政府补贴（元/车）	备注
苏州	苏满欧	满洲里	1周2列	3000	班列补贴
合肥	中亚班列	阿拉山口	1月3列	6000	班列补贴
连云港	中亚班列	阿拉山口	1月3列	4000	班列补贴
南京		阿拉山口	零星开行	4000	班列补贴
义乌	义新欧	阿拉山口	1周1列	6600	班列补贴
西安		阿拉山口	1周1列	6000	班列补贴
武威		阿拉山口	1周1列	8000	班列补贴
重庆	渝新欧	阿拉山口	1周1列	7500	班列补贴
郑州	郑新欧	阿拉山口	3周2列	2000＋短驳费	各地到郑州的公路或铁路费用再加2000元，作为补贴

八 制约宁波海铁联运发展的原因分析

集装箱海铁联运是一项复杂的系统工程，业务流程环节众多，涉及部门众多，因此致使集装箱海铁联运发展滞缓的原因是多方面，多层次的，主要体现在以下几个方面：

1. 海铁联运基础设施缺乏科学规划和系统建设

由于管理部门众多，在完善海铁联运基础设施建设方面通常缺乏科学规划和系统建设。

（1）前、后端衔接不畅

在港口端，虽有不少港口拟建港口支线将与铁路直接衔接，但由于各方面原因致使建设滞缓或建设不科学，使得港铁之间仍需公路短驳，增加了运营成本，进一步削弱了海铁联运优势；在内陆端，缺乏针对某一特定区域铁路、公路集装箱站场布设以及场地、道路等的统一规划，在建设过程中，往往体现为重复建设和建设盲点并存。

(2) 铁路“点”“线”能力不匹配

近年来铁路的快速发展，海铁联运基础设施“线”上的能力（主要体现在沿海港口直通内陆腹地大中城市的海铁联运铁路线）得到了一定程度的改善，然而在“点”上，铁路站场及货运配套设施建设投入不足，特别是铁路集装箱站场建设严重滞后，致使“点”“线”能力不匹配。

(3) 缺乏系统性建设

海铁联运是一个综合性的系统工程，既涉及海关、商品检验、卫生检验、动植物检疫机构等行政性的政府部门，也涉及铁路、港口、短途公路运输、堆场、电子数据交换（EDI）网络管理等企业性质的合作部门。因此在海铁联运基础设施建设过程中，应充分考虑各单位需求，从系统性建设的角度出发，为各部门作业衔接提供便利条件，提高海铁联运整体效率。例如，铁路支线引入港区时，应充分考虑海关、国检等相关部门对于用地的需求，为其预留作业空间。

2. 铁路运输组织模式不能适应海铁联运发展的需求

(1) 运输高度计划性制约集装箱运输的高效率、高效益

虽然当前铁路总公司实施货运改革的核心内容之一是推行“实货制”改革，但集装箱运输对于时效性、可靠性有较高要求，“前店”受理，落实到“后厂”兑现中，还是会受到货物列车编组计划中规定的列车种类组织满轴编组，选择列车运行图相应的运行线组织列车运行、货物输送等因素的影响，不能完全适应集装箱运输竞争所要求的高效率、高效益的需求特征。

(2) 运输组织缺乏时效性

由于在满轴集结方式中，列车重量或换长的要求是绝对的，事先的要求是相对的，而海铁联运适箱货物由于其高附加值，很难形成大批量的规模效益，因此常常会造成因某一去向的车流集结辆数到列车编组前达不到运行图所规定的长度或重量，从而导致列车不能正点出发，致使集装箱运到时间不确定，使货主无法准确协调船期，存在较大的风险。

(3) 运行不稳

长期以来，我国铁路利用强度为全球之首、干线运能经常处于超饱和的状态下，而且铁路集装箱运输容易受节假日客运、季节性货运、重点物

资抢运等的冲击，使海铁联运运行不稳、对用户承诺的运抵时间无法保证，造成货主对铁路集装箱运输信任度下降，进而致使铁路联运货源逐步流失。

（4）空箱难运

此外，我国港口集装箱运输外贸箱占比高、外贸箱中出口重箱占比高，“两高”态势必然带来重箱流向明显失衡。对于需要调入空箱才能运出重箱的内陆地区，铁路调运空箱难也成了制约集装箱海铁联运发展的原因之一。

3. 缺乏强有力的信息集成协调机制

我国海铁联运业务经营主体、监管部门在市场化程度、权力运行方式、业务运作模式等方面存在着差异，在发展海铁联运业务信息化的过程中，缺乏有效的协调机制和机构，长期制约海铁联运业务各环节信息的互联互通。

（1）管理僵化

海铁联运信息资源分布在不同部门、不同的运输方式中，在现有体制的管理模式和施政取向下，海铁联运信息化建设成就更多地体现为港口、铁路、海关等系统的自身完善，条块分割的管理模式，致使政府监管部门缺乏第一手的、全面的、实时性的、自动化的信息采集与精益统计，造成了不同运输方式之间的货物运输数据信息资源集成度低。

（2）共享不足

海铁联运各环节业务信息公开、共享程度不匹配。港航环节的信息比较透明，铁路环节的信息相对封闭；海关、商检、码头之间，业务信息可以做到共享，铁路信息尚未整合共享；静态信息较多并容易得到，实时动态信息很少且难以获取。强有力信息协调机制的缺失，致使海铁联运各环节业务信息无法共享，实现互联互通。

4. 利益分配和风险分担机制缺失

海铁联运业务全流程参与部门众多，成本影响因素众多，由于缺乏明确的利益分配机制，各部门对推广海铁联运业务的积极性各不相同。例如，在港口支线建设方面，目前我国铁路主管部门建设任务依然艰巨，担负巨额历史性债务的同时，还面临着巨大的铁路投资需求，投资建设的热情不高。受经济条件、财政状况等各方面因素影响，地方政府主导建设的力度不足。此外，由于海铁联运规模效益尚未显现，相关部门对于海铁联运长远效益认识不足，在前期培育和推广阶段，风险分担机制的缺失，使各部门对其投入力度不尽相同，单方面、个别部门给予的鼓励扶持政策，很难得到其他部门的响应，在海铁联运整个业务流程中往往出现“一头热”而“多头冷”的状态，很难形成推广合力，致使海铁联运业务长期陷入推广受阻，发展滞缓的局面。

5. 对海铁联运推进生态文明建设方面的作用认识不足

在城镇化进程中，相关部门往往只注重眼前利益而忽视长远利益，在较长一段时间内，对于直接生产性部门的投入远大于基础性设施的投入力度，不均衡发展战略的长期实施，直接导致基础设施特别是交通基础设施对经济发展造成严重的瓶颈制约。在现有的宁波港域集疏运体系中，公路运输占据了较大比例，给城市带来了交通拥堵、污染严重及安全等一系列问题，铁路全天候、大能力、低排放、安全可靠的优势未得到充分发挥。相关部门对于海铁联运在缓解城市拥堵、促进节能减排、推进生态文明建设方面的作用认识不足，加之长期以来受不均衡发展思路的桎梏，致使投资建设铁路集疏运体系的热情不高，铁路集疏运设施建设滞后，海铁联运发展缓慢。

第七章

基于航运中心模式的宁波港口物流业的战略定位分析

进入21世纪以来，随着全球经济一体化进程的加快以及国际贸易的飞速发展，我国沿海集装箱港口业务增长迅猛，吞吐量一直保持着逐年攀升的增长势头。与此同时，集装箱港口建设的步伐也在加快，并不断向大型化、深水化发展，港口之间重复建设、腹地交叉的现象日显突出，竞争日益激烈，尤其是在全球经济及国际贸易增长放缓的形势下，港口面临的压力将越来越大。因此，拓展腹地，开发货源已成为近几年各港口保持持续增长的重要手段。

世界主要港口城市的发展历程各不相同，但都与国际经济布局、国际贸易往来密切相关，归纳起来，主要有三种发展模式。一是以市场交易和提供航运服务为主的发展模式，典型代表是伦敦。二是以国际中转为主的发展模式，典型代表是中国香港和新加坡的航运物流。三是以多式联运为依托服务腹地货物集散为主的发展模式，典型代表是德国的汉堡和荷兰的鹿特丹。从宁波港的区位、条件、区域经济布局来看，宁波要学习借鉴德国汉堡和荷兰的鹿特丹，发展成为多式联运国际枢纽港，也就是走航运中心模式。

表7-1　　国内外主要港口发展经验

名称	港口类别	主要经验
德国汉堡港、荷兰的鹿特丹港	服务腹地型	铁路直达几乎每一个泊位，港口DAKOSY系统，实现各种运输方式以及通关信息的互联共享。
英国伦敦港	航运服务型	城市经济发达，金融业高度集聚，航运服务业高度发达，能够提供全方位航运服务。
美国纽约—新泽西港	服务腹地型	港城一体化规划，设备先进，港口作业效率高。

续表

名称	港口类别	主要经验
新加坡港	国际中转型	战略地位重要，自有贸易政策，港口航线密集，物流运作高效。
中国上海港	服务腹地型	区域位置优越，国家政策扶持，实施长江战略加大水水中转。

宁波作为现代化国际港口城市，建设具备国家战略平台作用的多式联运国际枢纽港，已具备较好的现实基础和优势条件，在第三章分析中选择了航运中心模式，即向鹿特丹港学习，走多式联运为依托服务腹地货物集散为主的发展模式，与上海港形成一定差异，并与之优势互补，目前在国家“一带一路”倡议实施中获得了难得的战略发展机遇。该物流模式的选择必将对宁波港口经济圈建设起到推动和引领作用。

第一节 宁波港口物流航运中心模式的 SWOT 分析

随着建港工程技术的成熟，港口和港口城市之间的竞争已从港口条件的竞争转向物流服务的竞争，而多式联运则是保障物流服务的关键。多式联运包括海海联运、海河联运、海公联运、海铁联运、海空联运等多种运输方式的综合。各种运输条件的一体化发展不仅是技术上的无缝衔接，更需要在服务、管理和制度层面上实现一体化操作。世界上最繁忙的港口、如鹿特丹港、安特卫普港、汉堡港等无一不在某方面的多式联运上具有突出特色。依托于港口的物流枢纽区未来必将以发达的多式联运网络为支撑，先进的物流管理和信息化国际贸易网络为内涵，成为港口城市增强服务功能、扩大区域影响和辐射力的关键地区之一。

一 优势分析

1. 区位优势比较突出

宁波地处我国长江经济带与国家南北沿海运输大通道的 T 字形交汇处，是长三角城市群核心区，海域位于长江黄金水道入海口，紧邻亚太国际主航道要冲，是长三角地区与海峡西岸经济区的联结纽带。对外直接面向东亚、东盟及整个环太平洋地区；对内沟通京杭大运河、长江，腹地覆盖长江流域、中西部地区。宁波—舟山港一体化的顺利推进，使沿海港口物流、战略物资储运优势得到进一步发挥。随着杭州湾跨海大桥、甬台温铁路的建成和杭甬运河通航设施不断完善，宁波由交通末端发展成为连接上海、江苏和海峡西岸地区的枢纽城市，成为浙江温台和浙西地区接轨大上海的桥头堡。同时，宁波港是我国古代海上丝绸之路的重要始发港，是长三角地区开展对外贸易的战略要地，也是当今亚太地区的重要枢纽港。

2. 港口条件得天独厚

港口是港口城市及区域经济发展的核心战略资源，也是参与经济全球化和国际分工重要门户。随着国际分工的深化、全球经济一体化进程的加速、国际贸易快速而规模化的发展，港口在全球经济和各国经济发展中的地位和作用日趋突出。宁波港是宁波的核心战略资源，港口条件优越，从唐宋时期开始就是“海上丝绸之路”重要始发港之一。

（1）港口资源丰富。宁波港口岸线总长为1562公里，占全省的30%以上，其中可用岸线872公里，深水岸线183公里。宁波全港由北仑、镇海、大榭、穿山、梅山、甬江等港区组成，现有生产性泊位332座，已建万吨级以上泊位102个，占宁波—舟山港2/3，10万吨级以上大型深水泊位25座，是全国大型深水泊位最多的港口之一。拥有大型矿石、煤炭、原油、集装箱、液体化工、LNG等专业化码头，主要进港航道水深在22.5米以上，30万吨级巨轮可自由进出港，40万吨级以上的超级巨轮可候潮进出。

（2）枢纽港地位基本确立。宁波港已成为我国重要的集装箱、矿石、原油、液体化工中转储运基地，华东地区主要的煤炭、粮食等散杂货中转和储存基地，是中国超大型船舶最大集散港和全球为数不多的远洋运输节点港。拥有集装箱航线235条，其中远洋干线117条。丹麦马士基、新加坡太平船务等全球前20名的集装箱班轮公司均已登陆宁波港，月均航班超过1400班，1万标箱以上大型集装箱船舶到港905艘次，是世界上最繁忙的港口之一。

（3）港口集疏运体系完善。宁波港口集疏运体系逐步完善，多种运输方式直达港区，已经形成了以“一环六射”高速公路网为骨架，铁、公、水、管道、航空共同组成的海陆空立体式对外集疏运交通网络结构。北向：通过杭州湾跨海大桥实现与上海、苏南等地的便捷连接；西向：形成了杭甬高速、杭甬运河500吨级航道、萧甬铁路，连接国家铁路网、高速公路网以及长江、京杭大运河沿线地区；南向：甬台温铁路、沈海高速公路、甬台温沿海高速等，连接台州、温州以及福建等地区；西南：通过甬金高速联通沪昆高速等，联通金华、江西、湖南等内陆地区；东向：甬舟跨海大桥的建成连接宁波与舟山本岛，促进了宁波—舟山的一体化发展。机场是国内重要的干线机场。

表7-2　　宁波港口主要货种运输航线

货种	运输航线
金属矿石	非洲线、南亚线、中东线、欧洲线、北美线、南美线、澳洲线、香港线、韩国线、国内线
石油	台湾线、非洲线、香港线、东南亚线、中东线、韩国线、日本线、美洲线、北欧线、俄罗斯线、欧洲线、南美线、北美线、澳洲线、南亚线、东北亚线、国内线
煤炭	东北亚线、东南亚线、俄罗斯线、澳洲线、非洲线、国内线
化工产品	台湾线、非洲线、中东线、香港线、东南亚线、日本线、韩国线、东北亚线、欧洲线、美洲线、太平洋线、澳洲线、国内线
钢铁	台湾线、香港线、东南亚线、日本线、韩国线、东北亚线、欧洲线、黑海线、美洲线、澳洲线、国内线
粮食	东南亚线、欧洲线、美东线、南美线、澳洲线、非洲线、国内线
矿建材料	东南亚线、日本线、国内线

3. 多式联运已具规模

宁波实行的是公、铁、水、空大交通管理体制，多式联运方式齐全。

（1）海公联运基础良好。公路网络日趋完善，基本形成了以高速公路为骨架、国省道为支撑、农村公路为脉络的公路网络，公路总里程达到1.1万公里，“一环六射”高速公路总体布局基本形成，“县县通高速”的目标全面实现。公路主要承担直接腹地的集装箱和部分散杂货的集疏运服务，是港口陆路集疏运的主要方式，公路货运量达到12754万吨，公路货运经营业户超过5万家，营运车辆达到82249辆，宁波至全国除西藏外所有地级市及以上城市均已开通公路快运线路，仅长江经济带11省市公路干线运输线路达到100条。

（2）海铁联运潜力巨大。宁波港口具有发展海铁联运的优势，铁路直通宁波港口主要港区，并通过萧甬、甬台温铁路与全国铁路网相连接。宁波—华东地区铁水联运是国家集装箱海铁联运物联网应用示范工程项目，宁波港已经列为全国6个集装箱海铁联运示范通道之一。近年来，宁波港加快布局海铁联运集疏运网络，持续扩大业务覆盖面，实现了箱量快速增长。至2016年底，已开通的铁海联运城市达26个，覆盖省内的台州、金华、绍兴、衢州以及省外的南昌、上饶、鹰潭、景德镇、萍乡、新余、西安、襄阳等地。铁海联运班列10条，2016年铁海联运集装箱25.04万TEU，同比增长46.9%，规模已跃居我国前列。

表7－3　　宁波海铁联运运输量

		2009年	2010年	2011年	2012年	2013年	2014年	2015年	2016年
集装箱海铁联运	箱量（万TEU）	0.17	2.8	4.67	5.95	10.5	13.5	17	25.04
	同比增长	—	1547%	65.9%	27.5%	77%	28.3%	26.2%	46.9%
班列线路（条）		0	1	2	3	5	7	8	10
开通海铁联运城市数量					14	17	20	20	26

（3）江海联运及水水中转快速发展。水运是宁波港最主要的集疏运方式，主要承担沿海和长江沿线港口的金属矿石、原油、煤炭、液化气、液体化工以及集装箱等货物的水水中转、江海中转运输服务；2016年集装箱水水中转量超过500万标箱，其中，大宗散货水水中转量占比约为35%。2016年沿海及长江沿线港口内支线、内贸线发展很快，其中：福州支线方面，业务随着航班加密及与长荣、中远、现代、达飞等船公司深化合作，业务量增长显著，月度运输量保持在4000TEU左右，外贸出口重箱量维持在2000TEU的水平；乍浦——宁波内支线方面，2013年完成运输量61万TEU，外贸出口重箱量12.2万TEU，外贸进口重箱量18.8万TEU；长江线方面，中远、中海、长荣业务量呈持续增长态势；温台地区方面，温州支线一周六班运作。

（4）海河联运逐步起步。杭甬运河是京杭运河的延伸段，西起钱塘江西岸的三堡船闸，依次流经钱塘江、浦阳江、西小江、曹娥江、四十里河、姚江、甬江，在甬江口注入东海。全长近240公里，是浙东宁绍平原上的内河主干航道。2002年，杭甬运河改建工程启动。2013年12月，杭甬运河全线试通航。另外，杭甬运河宁波段三期工程也列入了宁波市政府工作议程中。

（5）管道运输具备优势。管道已经形成了甬沪宁进口原油管道、甬绍金衢成品油管道、甬台温成品油管线、甬台温天然气输气管道、甬杭天然气管道为主体的管道网络。甬沪宁进口原油管道主要为镇海、南京扬子石化的原油及成品油和液化气等提供运输服务，到长江沿线原油管道2014年运量达1500万吨。

4. 区域合作日趋紧密

（1）经贸往来频繁，宁波与位于丝绸之路的欧盟贸易合作紧密，是宁波第一大贸易伙伴，年贸易额超过200亿美元；举办了中国—中东欧国家经贸促进部长级会议和中东欧国家特色产品展；海上丝绸之路的东盟国家和地区是宁波第三大贸易伙伴。

（2）宁波港口是全国服务长江经济带最大的江海联运基地，承担了长江沿线55%以上油品、19%的铁矿砂中转量、1/3的国际航线集装箱运输量。2014年完成铁矿石、油品、煤炭、集装箱海进江运量分别为4086.4万吨、473万吨、549.2万吨以及6万标箱。

（3）港口对外合作逐步拓展。港口联盟逐步形成，通过以资产为纽带，以合作为平台，以腹地拓展为方向，初步形成了以宁波—舟山港为龙头，以嘉兴、温州、台州为主体的发展格局。对外投资不断扩大，宁波港集团先后累计投资50多亿元，建设了南京明州、太仓万方、太仓武港等10个专业化泊位，年完成吞吐量超6000万吨，并与长江经济带城市开通了集装箱班轮，年航班156班次。宁波港与众多国内外港口缔结了友好港。

（4）无水港建设。通过直接投资以及合作开发等模式，已在萧山、绍兴、柯桥、义乌、金华、衢州、上饶、鹰潭、襄阳等12个内陆腹地城市建设了无水港，并逐步完善了无水港功能，开展了提还箱业务，建成了以各个无水港为节点的“多点放箱、集中管理”的提还箱业务网络，目前已有16家船公司在无水港开展提还箱业务，用箱客户已超过600家。无水港业务量保持高速增长。

5. 产业基础比较雄厚

（1）现代产业体系已经形成。宁波是长三角区域性中心城市和先进制造业基地，2016 年全市 GDP 达到 8541. 1 亿元，规模以上工业实现增加值 2799. 1 亿元，已形成临港工业为基础、战略性新兴产业和现代服务业为支撑的现代产业体系。

（2）国际贸易辐射全球。宁波是我国最早开放的 14 个沿海城市之一，具有开放型的经贸合作优势，拥有浙江省内最为齐全的对外开放功能区，每 3 个就业人员中就有一个从事外贸相关行业。2016 年进出口总额达到 6262. 1 亿美元，外贸企业达 33391 家，直接与宁波开展贸易往来的国家和地区达 223 个。经济外向度和出口依存度分别超过 100% 和 70%，一般贸易出口额占全国的比例超过 5. 5%。

（3）物流产业体系齐全，宁波是全国性物流节点城市和长三角区域三大物流中心，拥有 5000 多家物流企业，已形成了以港口物流为龙头、专业市场物流、制造业物流、城市配送物流以及保税物流并举的物流产业体系，物流业增加值占 GDP 的比重连年超过 10%。

（4）物流信息平台领先，电子口岸平台、四方物流平台、航交所、船货网等物流公共信息平台发展迅速，其中航交所、四方物流平台等已纳入国家交通运输物流公共信息平台，年数据交换量超过 3600 万条，占国家平台总交换量的 5%，能为长江经济带提供优质的物流信息服务。IBM 智慧物流云平台、奥林科技大掌柜国际物流云平台、宁波港高效运营信息系统等一批专业化智慧物流服务平台，能为海运、陆运提供全方位、系统的第四方物流服务。

6. 航运服务快速发展

（1）大宗商品市场交易活跃，宁波大宗商品交易市场发展迅猛，液体化工、原油、铁矿石、塑料等交易量均居全国前列，甬商所全年交易额超 4500 亿，“跨境购”平台已集聚 117 家电子商务企业、备案商品 7000 余种，累计成交货值 3. 22 亿元，居全国之首。

（2）航交所起步发展，2011 年 11 月宁波市专门成立了宁波航运交易所，重点以市场和交易为核心，打造成集航运交易、金融、经纪、信息咨询、政策研究、政务服务等于一体的国际航运交易电子商务综合平台。2014 年宁波航交所共完成交易额 38. 62 亿元、同比增长 142%。其中航运舱位交易量 43. 8 万 TEU、交易额 24. 1 亿；船舶交易 121 艘、交易额

14.02 亿元；航运人才市场交易额 0.5 亿元。目前，宁波航交所注册会员 3.5 万个，其中市外企业会员比例超过 44%，是全国首个实现出口集装箱订舱全流程电子商务服务的城市，推出了海上丝路之出口集装箱运价指数。

（3）航运产业链不断延伸，船舶供应、船代货代、船舶管理、船舶修造、船员服务等已具规模。目前全市共有国际航运企业 62 家，全球排名前 30 位的船公司均在宁波落户，国际船代 54 家，国际货代 1500 余家，其中无船承运人 367 家。航运金融与保险、咨询评估、信息服务等高端航运服务业基础良好。

二　劣势分析

1. 港口国际竞争力有待加强

一是在新形势和新常态下，宁波—舟山港一体化的形式和内涵须深化拓展，宁波港口发展的定位和模式需要进一步明确，需要加快提升宁波港口竞争力。二是港口辐射力有待加强，在港口码头、“无水港”建设等方面需要强化，港口间合作联盟有待进一步拓展。三是港口影响力有待提升，目前还没有一个国际性港口服务组织落户宁波，港口对外资本、管理输出总体偏少。

2. 对外综合运输大通道尚未形成

铁路方面，直接连接长江经济带中上游以及中西部地区的铁路货运大通道尚未形成，接驳陇海铁路干线的支线网络有待完善。公路方面，对接长江经济带龙头城市上海的综合立体交通走廊还须进一步加强，强化上海港、宁波—舟山港“两只龙眼”的互联互通。水运方面，杭甬运河西接京杭运河连通长江，东连甬江注入东海，虽已开通，但通航能力未得到充分利用，不能发挥长江支路航运的作用。沿海港口“大港小锚”问题成为宁波—舟山港发展的制约因素。

3. 多式联运的物流服务体系有待完善

宁波港的海铁、海陆、河海、江海等多式联运未能有效衔接，主要表现为：一是服务于海铁、海陆、江海等多式联运的专业化作业区以及衍生的多式联运集散中心发展缓慢。二是运输结构不合理。集装箱仍以公路运输为主，占比达 70% 以上，海运以沿海运输为主、占比达 95%，国际海运和内河运输比例低。三是海铁联运占集装箱吞吐量的比重不到 1%，远低于欧美发达国家 10%—30% 的水平。

4. 现代航运服务业发展比较薄弱

目前，宁波港口服务业发展仍以传统的水上运输、港口货物大吞大吐为主导，航运要素集聚虽然有所加快，但船舶供应、船代货代、船舶管理、船舶修造、船员管理等基础业务仍处于初步发展阶段。航运金融与保险、咨询评估、信息服务等高端航运服务业发展基础与上海还有很大差距。

5. 体制机制政策有待创新

一是战略处于边缘。近些年来，国家相继出台了一系列重大区域发展战略，包括新区、自贸区、“一带一路”等国家倡议，但均不包括宁波或宁波在国家战略中的地位不突出。二是政策处于劣势。改革开放以来，宁波处于前沿阵地，具备先发政策优势，但随着国家对外开放的地域不断扩大，层次和渠道不断拓展，水平不断提升，宁波的政策先发优势正在逐渐弱化；三是体制有待突破。2005 年以来，省委省政府推进了宁波—舟山港一体化，但一体化的深度、广度有待拓展，制约两港一体化的体制机制有待突破；四是认识有待统一，全市上下对港口还要不要继续发展、港口今后如何转型发展等问题上，意见不统一，认识不一致。

三 机遇分析

1. 提供了进一步拓展国际市场空间机遇

实施“一带一路”、长江经济带国家倡议，将构建面向环太平洋、衔接中东欧的互联互通基础设施体系，形成巨大的市场，为宁波建设多式联运国际枢纽港带来战略机遇。

“一带一路”是中国在经济全球化不断深化背景下提出的主导倡议，是我国全方位对外开放的战略新格局和周边外交战略新框架，“一带一路”涉及沿线 60 多个国家和地区、人口超过 40 多亿人，将成为拉动地方经济增长和结构调整的重要推手，国内已有 31 个省市积极参与建设。“长江经济带”是新时期为促进东中西互动合作、推进沿海沿江沿边全面开放的经济支撑带，直接带动超过 1/5 国土涉及近 6 亿人的发展，并实现与丝绸之路经济带的战略互动。“一带一路”、“长江经济带”将以中国为核心，通过陆路和海路双向“向西”发展，形成一个联结亚欧的环形大区域合作平台。宁波处在“一带一路”环形区域的重要海陆交汇点，具备优越的区位条件和得天独厚的港口优势，国家战略的实施，一方面，有助于宁波做强做大港口优势，向外通过海运辐射东南亚及全球；另一方面，宁波对内沟通长江、京杭大运河，覆盖整个华东地区及长江流域，海铁联运连通中西部地区，可以加快宁波向内通过陆路、水路对接中西部广袤内陆区域和中亚、东南亚，促进“一带一路”融合对接，形成丝绸之路经济带的出海门户。

2. 创造了全球和区域经济合作契机

打造“港口经济圈”，突出了港口和腹地联动发展，将形成辐射长三角、影响华东片的经济合作平台，为宁波建设多式联运国际枢纽港提供了良好契机。

立足港口资源和城市区位优势，宁波在20世纪90年代初提出实施“以港兴市、以市促港”战略，推动“港”、“市”相得益彰地发展，确立了建设现代化国际港口城市的目标，成了全国沿海重要开放城市和长三角南翼经济中心。新的历史阶段，经济社会发展进入新常态，市委市政府提出把港口这一最大资源和最大优势发挥到极致，加快构建宁波港口经济圈的发展战略。“港口经济圈”是习总书记从优化区域战略布局、深化对外开放格局的战略高度对宁波提出的要求和期望，是新时期宁波主动融入国家战略的重要突破口，也是宁波市委市政府“十三五”期做出的重大决策部署。打造港口经济圈，必须针对当前港口辐射范围不大、港航高端服务功能偏弱、港口经济比较优势不强等问题，主动适应全球经贸格局、国家开放战略、城市竞合关系的深刻变化，以更加积极开放的姿态深度融入全球和区域经济合作，这将为宁波建设多式联运国际枢纽港带来良好的契机。

3. 增强了宁波港口代际演变提速的动力

港口自身代际演变的规律，强化了以港口为平台的综合服务，为宁波建设多式联运国际枢纽港提供了内在动力。

港口是宁波的核心战略资源，也是宁波最大优势和特色所在。改革开放以来，宁波港口得到了快速发展，港口吞吐量稳居世界前列。按照联合国贸易和发展会议提出的港口发展阶段代际分类，第一代港口，其主要功能是运输、装卸和仓储，这是港口的基本功能。第二代港口，由对货物的装卸仓储，扩大到对到港货物进行加工增值和流通服务，发展成集运输生产、临港工业和商业服务的中心。第三代港口，作为国际海陆间物流通道的重要枢纽和节点，港口与城市功能融合，逐渐发展成为区域性乃至全球贸易、物流和信息服务中心。第四代港口，以港城一体化为导向，以自由贸易为依托，以大力发展集装箱运输为基础，港口全面拓展金融、贸易、物流、航运、信息服务等功能，逐步成为组织和参与国际经贸活动的产业集聚基地和综合服务平台。宁波港口已经实现了从第二代港口向第三代港口演变、从“世界大港”向“国际强港”、从“交通运输港”向“贸易物流港”转变。在港口代际演变规律的推动下，宁波将向更具特色的第三代港口和第四代港口融合发展。

四 挑战分析

1. 受全球经济低迷和产业布局调整的影响

全球经济艰难复苏，产业格局和能源版图深度调整，将深刻影响宁波对外贸易发展格局，对宁波建设多式联运国际枢纽港带来挑战。

当前，世界经济仍然在分化中艰难复苏，国际货币基金组织预测，未来五年世界经济增速将达到3.9%，其中发展中国家将达到5.4%。主要发达国家加快抢占未来产业发展制高点，新兴经济体加大新技术、新产业培育力度，越南、柬埔寨等东南亚国家成为低端制造业国际转移新对象国，全球产业分工面临新一轮大调整，国际贸易环境更加复杂多变，贸易保护主义日益严重；美国页岩气和致密油资源开发技术实现突破并得到大规模应用，全球能源长期供求失衡状况有望缓解，石油在能源生产和消费中的独大局面将会改变，清洁能源特别是可再生能源的开发利用力度将加大。

国际环境的深刻变化，要求我市在对外贸易方面须稳固传统欧美市场，重点拓展新兴市场和国内市场，我市国际航运市场要重新调整；产业发展方面，要应对高端制造回流、低端制造转移、高端服务薄弱“多面挤压”，亟须嫁接新技术、新模式，改造传统优势制造业，大力发展先进制造业和特色高端服务业，集装箱货源将有大的改变；能源石化方面，全球能源市场的变化将使我市“两头大、中间小”的石化产业发展格局面临更大的市场变数和外部冲击，港口大宗货物贸易物流规模会相应变化。这些外部环境的变化，都将对我市港口发展模式、港口城市发展路径产生深刻影响。

2. 受周边区域竞争加剧的影响

周边区域参与“一带一路”、“长江经济带”建设，已形成各自推进重点战略，区域竞争加剧，对宁波建设多式联运国际枢纽港带来挑战。

国家战略的实施，为各区域带来了良好的发展机遇。从全国范围来看，全国各个地方都在积极行动。西北要建成面向中亚、南亚、西亚国家的通道、商贸物流枢纽、重要产业和人文交流基地，新疆是打造丝绸之路经济带核心区；东北要加强与俄远东地区陆海联运合作，建设向北开放的重要窗口；西南要构建面向东盟区域的国际通道，打造西南、中南地区开放发展新的战略支点，形成21世纪海上丝绸之路与丝绸之路经济带有机衔接的重要门户；沿海要形成“一带一路”建设的主力军，其中，福建是21世纪海上丝绸之路核心区，上海港、天津港、宁波—舟山港、广州港、深圳港、湛江港、汕头港、青岛港、烟台港、大连港、福州港、厦门港、泉州港、海口港、三亚港15个沿海城市港口是21世纪海上丝绸之路建设的排头兵和主力军。省内周边城市也都积极参与“一带一路”建设，杭州市作为全国电子商务示范城市，正在积极实施中国（杭州）跨境电子商务综合试验区试点；义乌市作为国际贸易综合改革试点，于2014年11月开通运行了“义新欧”中欧班列，并申请设立国际邮件互换局和交换站；舟山市发挥海上丝绸之路重要门户和港口节点的优势，率先提出设立舟山江海联运服务中心的申请。

宁波十分重视“一带一路”、“长江经济带”国家倡议，从2014年起就开始编制了《宁波参与“一带一路”建设行动纲要》和《国际港口城市联盟建设实施方案》、《扩大经贸合作实施方案》、《扩大人文交流实施方案》、《网上丝绸之路试点工作实施方案》等4个子方案，国际港口城市联盟、海上丝绸之路运价指数列入了国家“一带一路”建设项目库。但总体看来，一方面是宁波的地位并不突出，各地的政策极化效应和产业虹吸效应，将在一定程度上挤占宁波的发展资源，削弱宁波的竞争能力；另一方面，国家战略的实施，从国际看，将逐步形成连接亚洲各次区域以及亚欧非之间的基础设施网络，从国内看，将形成若干“中欧班列”、建成若干国际陆港，铁路在国际贸易中的地位将会显著提升，宁波港腹地货物可以选择通过铁路出口到欧洲、中西亚、东盟等地区，宁波港口不再是唯一的选择，必然会对港口发展形成挑战。

3. 受国内产业附加值不高及与“一带一路”、“长江经济带”沿线地区经贸往来薄弱影响

宁波与“一带一路”、“长江经济带”沿线地区经贸往来还很薄弱，

产业支撑能力不强，对宁波建设多式联运国际枢纽港带来挑战。

从国际市场看，2016 年，宁波市外贸进出口主要集中于欧美、日韩等国家，中东欧十六国实现进出口贸易总额 156 亿元，同比增长 12.6%，虽然涉及国家和地区数量众多，且经贸增速较快，但在宁波进出口总值的占比仍偏低。总体外贸的规模还不是很大，且进口以能源和生产原料等资源性产品为主，出口以技术含量较低的产品居多，出口高新技术产业只有 61.4 亿元，品牌塑造和技术研发能力较弱，产业链附加值没有实现最大化。在旅游、保险、金融、计算机和信息等服务贸易领域进出口总额远低于全国平均水平，在与“一带一路”沿线国家的双边贸易中，服务贸易比重很小。

第二节　发展思路、原则及目标

一　指导思想

深入贯彻党的十八大和十八届三中、四中全会精神，围绕服务“一带一路”、“长江经济带”国家倡议，以打造宁波港口经济圈为引领，以形成辐射“长江经济带”、丝绸之路经济带、海上丝绸之路的多式联运走廊为重点，以服务传统国际市场和“三东两南一湾”（东盟、东欧、中东、南美、南非和海湾地区）市场为导向，以现代物流业和航运服务业为支撑，以国际化综合枢纽港、网络化立体交通通道、高效化多式联运体系、现代化港航服务高地等“四大工程”为抓手，以重大机制和政策创新为保障，将宁波建成全球知名的多式联运国际航运中心，保障宁波港口经济圈成为浙江海洋经济和“长江经济带”发展的重要引擎、国家推进丝绸之路建设的重要开放合作平台。

二　基本原则

1. 区域一体原则

坚持区域协同发展，用足用好宁波和舟山同为浙江海洋经济发展示范区核心区域的政策优势，以建设国际多式联运枢纽港为契机，全面推进宁波—舟山港一体化，探索建立港口发展、基础设施、产业布局、资源配置等方面的协作机制。

2. 海陆统筹原则

坚持统筹发展海洋经济和陆域经济，统筹发展水路运输和陆路运输，充分发挥宁波的江海联运和海铁联运的巨大潜力，将港口优势辐射到更广大的内陆腹地。

3. 资源整合原则

坚持宁波—舟山港及空港、内陆无水港、内河航道、铁路、船运公司、口岸监管、优惠政策等资源的整合，汇聚各方优势资源。共同打造国际国内两个市场、两种资源的重要物流通道和交通枢纽。

4. 互利共赢原则

坚持因地制宜，优势互补，差异竞争、互惠合作，妥善处理好宁波与“长江经济带”节点城市、内陆其他腹地城市的服务关系，处理好与上海国际航运中心的关系，促进基础设施共建共享，实现区域竞合有序、共赢发展。

三　发展定位及思路

按照国家战略及宁波发展现实要求，宁波多式联运国际航运中心建设要立足浙江、服务全国、面向亚太、连通全球，打造以多式联运国际枢纽港为特色亮点的港口经济圈，形成战略性发展平台。

1. 长江经济带转型发展的龙头龙眼

充分发挥位于长江黄金水道龙头的区位条件和港航服务业比较发达的优势，加大港航基础设施和海事航运物流服务配套体系投资建设力度，不断提升海铁联运、江海联运等多式联运承载能力和服务水平，成为带动“长江经济带”发展的亮丽龙眼。

2. 连接“长江经济带”和21世纪海上丝绸之路的战略支点

充分发挥连通海内外的枢纽优势，对内促进“长江经济带”港航物流服务及丝绸之路海铁联运物流服务一体化，对外促进海上丝绸之路沿线港口共建与功能共育，增强国家战略物资保障能力、新一代集装箱枢纽港竞合能力，提升内外开放水平，成为连接“长江经济带”和海上丝路的战略支点。

3. 促进我国对内对外双向辐射的重要门户

充分发挥改革开放前沿阵地优势，主动承担我国在航运、铁路、海事、通关、金融、投资、贸易等领域的便利化改革，统筹谋划具有国际影响力的多式联运示范区、航运服务集聚区、临港资源配置基地，成为我国推动新一轮改革开放的重要门户。

按照以上发展定位，宁波多式联运国际枢纽港，将形成“一个枢纽、两大平台、三港联动、四大工程”的发展思路。

一个枢纽：即推进多式联运国际枢纽港建设。主要承担综合协调、运输组织、商贸物流、金融服务、航运服务、安全应急等综合管理服务功能。

两大平台：即推进以江海联运、海陆联运、海河联运为主的多式联运服务平台和以国际海事服务、航运交易服务、金融保险服务、信息交换服务、商贸物流等为主的现代产业服务平台建设。

三港联动：即推进海港、空港、内陆无水港“三位一体”建设，实现以三类港口节点为依托，以揽货体系为抓手，以多式联运为辐射的三港联动发展格局。

四大工程：即建设国际化综合枢纽港、网络化立体交通通道、高效化多式联运体系、现代化港航产业高地四大重点工程，以全方位布局来提升港口辐射力。

四　发展目标

以服务“港口经济圈”建设为核心，以港口为龙头，以智慧物流建设为引领，促进港口发展方式转变为主线，以综合物流支撑平台，港口物流软环境平台、港口物流联动融合发展平台为建设重点，努力构筑“立足宁波、依托浙江、服务长三角，辐射中西部、对接海内外”的现代化、高端化、集群化的多式联运国际枢纽港，形成国际航运中心，推动宁波港口经济圈的形成。用5—10年的时间，宁波要基本建成长三角港口经济中心、国际贸易物流中心、多式联运国际枢纽港，成为亚太地区重要的国际开放门户和“一带一路”倡议支点城市。

第八章

建立国际航运中心物流与宁波港口经济圈协同发展的策略

第一节　加强港口间的投资合作

一　深入推进宁波—舟山港一体化

在宁波—舟山港“四统一”基础上，积极谋求宁波—舟山一体化，以行政区域一体推进港口完全一体化。在行政区域一体化无法达成的条件下，进一步加强港口资本合作，健全宁波—舟山港联动发展机制，扩大金塘集装箱、衢山散货等共建码头的规模和范围，合力推进共用航道、锚地、集疏运大桥和口岸建设，统筹重大港口泊位、航道锚地布局优化与建设时序。探索实现在港航管理、口岸监管、海事服务等领域的统一管理或联合执法，加快提升宁波—舟山港一体化水平。

二　加强港口对外投资和合作

引导宁波港集团参与长江沿线、海上丝绸之路沿线码头投资、经营管理和腹地开发，加强与浙江沿海港口、苏州太仓港、南京港、北部湾港、东营港、大丰港的投资合作，鼓励宁波港集团以控股或参股形式与泰国、印尼等东盟国家开展码头基础设施、经营管理、EDI 信息系统对接、腹地开发等方面合作。逐步形成以宁波—舟山港为主体，嘉兴、太仓、南京港为北翼，温州、台州港为南翼的“一体两翼”港口发展新格局，拓展浙北和江苏腹地，建设嘉兴港海河联运基地；建设江苏太仓港江海联运基地，打造宁波—太仓铁矿石组合运作模式；强化宁波与长江沿线、国内沿海集装箱内支线运作模式。

引进国际、国内知名机场经营商、航空公司参与宁波机场的建设和经营，加大航空集成商或承运商、空运货代商、专业物流商的培育和引进力度。推进宁波机场与国内外大型机场建立友好机场和合作关系。

三　加密国际国内航线

引进跨国航运企业，增加国际集装箱班轮航线和航班密度，扩大以转口贸易为带动的国际集装箱中转业务，成为我国沿海和亚太地区集装箱国际中转运输的重要枢纽。加强港航合作，加快开发沿海、沿江货源，新增内支线、内贸线，构成以远洋干线为骨干、近洋支线和内支线为支撑、内贸线为补充的集装箱运输体系，逐步提高集装箱水水中转比例。

加快恢复韩国、新加坡、澳门航线，尝试开辟“宁波—东盟试验航班”，争取开通直达中东欧的洲际航线。

第二节　加快完善陆港设施

一　建设临港物流园区

按照国家综合交通枢纽和全国性物流节点城市发展的要求，加快建设以 5 大综合型物流园区为主体、5 大专业型物流中心为补充、5 大货运枢纽为依托的物流基础设施体系，形成“层次清晰、疏密有致、功能完善、相互协调”的陆港空间布局。近期重点支持货运枢纽型物流园区、货运枢纽功能突出的综合服务型物流园区和城市生活配套物流中心项目建设。重点推进梅山保税港区物流园区、空港国际物流园二期、宁波陆港物流园区、宁海物流园区综合货运中心、象山现代物流园区公共服务中心、宁南物流区综合货运中心等物流园区建设。

二　开发内陆无水港

做大既有绍兴、萧山、金华、义乌、衢州、上饶、鹰潭“无水港”规模，完善无水港功能；深入拓展江西、湖北、重庆、四川、安徽、陕西、新疆等中西部腹地，规划建设新的“无水港”。具体而言：

1. 加强对无水港建设的宏观管理

我国无水港应该从网络布局、信息平台、制度保障等方面有一个国家层面的战略规划，以实现无水港在更大的交通运输网络中的战略地位，使我国无水港真正成为物流链、贸易链和供应链上的重要节点。

一是尽快出台相关法律规范无水港的建设发展。建议全国制定统一的无水港法律标准，对无水港的性质、设立目的、功能定位、发展规划、运作模式、管理机制、税收政策、口岸监管模式乃至地方政府职责作用等内容予以明确规定，使无水港的运行管理有法可依，投资者的权益有法保障，以统一的、全国性的法律来保障无水港的科学发展。二是加强无水港建设的统筹规划和布局。在国家层面，制定专门的无水港建设专项规划，将其纳入全国综合交通运输体系规划、全国港口集疏运体系规划，并与全国现代物流业发展规划搞好衔接，对无水港的选址进行总体的布局规划，避免内陆地区无水港的重复或盲目建设，并对公共信息平台、制度保障等方面实行统一的规划。在地方政府层面，把无水港建设规划与交通运输规划、城市规划、重大产业规划、工业园区规划，以及经济技术开发区、高新技术产业园区、出口加工区等开放型经济园区规划很好地衔接起来，并加强对无水港内部水、电、路、公共信息平台和口岸功能建设的规划。三是国家有关部门应支持内陆地区无水港发展。海关、检验检疫、铁路等部门在口岸通关、电子口岸、铁路运输等方面给予相关的政策保障和机制支持，真正赋予无水港的口岸功能，充分体现无水港货物通关的便利和成本优势。四是创新无水港的监管模式。采取联合查验、风险抽检、风险管理、跨区协作管理、通关电子化和分类通关等有效方式和机制，简化通关手续，优化查验流程，提高监管效能，最大限度地提高通关效率。

2. 大力发展内陆地区开放型经济

无水港为内陆地区加快发展开放型经济提供了有效的载体和通道，内陆地区应以无水港建设为契机，着力构建国际贸易大通道，更加积极主动地参与国际国内竞争与合作，充分利用国际国内两个市场、两种资源，大力发展开放型经济，推动经济外向度不断提高。一是更加积极主动地推进多层次、多区域合作。在更大范围内分享发展机遇，在更高层次更广领域聚集发展要素，拓展发展空间。二是把承接重大产业转移作为扩大开放的重要突破口。大力发展特色经济，做大做强优势特色产业。把招商引资与产业发展尤其是重大产业发展结合起来，促进重大产业迅速崛起，提升产业竞争力，在区域产业格局中形成竞争优势。三是实施外资外经外贸联动发展战略。把引进外资与促进外贸、加快外经结合起来，把外向型产业培育与重点产业园区建设、外向型产业园区培育结合起来，不断提高外向型经济水平。四是着力优化发展软硬环境。尤其要构建加快融入世界的综合交通体系，充分利用无水港加快发展现代物流业，面向全球打造长运距、大容量、低成本、高速度的国际物流链条，为全面开放提供坚实保障。

3. 加快发展多式联运

发展多式联运是加快无水港建设的关键所在。国家层面应抓紧编制和实施港口集疏运体系专项规划，加快沿海港口疏港高速公路和铁路建设，积极发展海铁联运，加快推进以无水港与港口建设为枢纽的多式联运，实现港口和区域物流体系之间的无缝衔接。内地无水港和宁波港应携手发展海铁联运枢纽，共同制定集装箱海铁联运枢纽管理规定，推进港口和铁路集装箱系统互联互通，最大限度地简化相关程序和手续。同时，应积极推广“双重甩挂”运输等新型的运输方式，建立集装箱空箱调配体系，解决内陆企业在运输时的集装箱箱型问题。

4. 加强电子口岸建设

加强电子口岸建设与口岸监管，提高通关效率与政府部门行政执法能力，是加快无水港建设的基本保障。内陆地区应加快电子口岸和公共平台建设，使口岸管理各环节环环相扣、相互印证、相互支持和相互制约。海关、税务、外汇等有关部门利用电子口岸实现信息共享和有效监控。通过 GPS 定位等信息化手段，实现货物的全过程监管。同时，加快港口物流公共信息平台和电子商务平台建设，推进港口智能化生产管理系统、集装箱多式联运信息系统等应用推动港口转型升级，提高服务水平。

5. 积极构建多元投融资机制

无水港建设一般都跨行政区域，涉及各方利益，投资巨大，积极探索新的投融资模式，形成多渠道、多层次、多元化的投入格局。一方面，宁波港和地方政府应在无水港的资金、人才、运营方面密切合作；另一方面，应积极调动社会资金，尤其是像浙江省民营经济相对发达的地区，积极引导民营资本参与无水港建设，充分发挥市场机制的作用。地方政府应加大财政资金投入，在税收、运费补贴、土地使用出让金、货源、人才引进培养等方面出台相关扶持政策，尤其在水、电、路、讯等基础设施、配套功能区、配套生活区等方面支持无水港建设。鼓励社会资本参与无水港建设，除了港口集团投资之外，推动大的船公司、大型货主、大型物流公司、重大工业企业乃至吸引跨国物流企业参与投资，缓解建设资金压力，并为无水港运营提供稳定的货源，增强无水港自主增长能力。

第三节 完善“一环线、二枢纽、三通道、三支线”铁路网

而从多式联运体系的发展趋势来看，尽管公路集疏运在运输方式上最为灵活，所占比例也最大，但由于公路运输运量小、运距短、到发不平衡，以及随着港口吞吐量不断增长所导致的公路拥堵和环境污染等问题，使得以海公联运为主的内陆联运体系受到极大冲击，促使港口致力于线路、节点的不断改进，逐步完善现有联运网络，并力求从公路联运为主转向更具潜力的海河联运与海铁联运，以期建立多通路、多方向与多种运输方式的联运网络。

牢牢把握高铁带来全球发展格局变化的大势，加快谋划形成“一环线、二枢纽、三通道、三支线”的铁路网络。

“一环线”即宁波铁路环线，建成衔接萧甬铁路、杭甬客专、甬台温铁路、穿山港支线铁路、金甬铁路、沿海铁路（跨杭州湾）、甬舟铁路等多方向引入的通过式环形铁路。要新建庄桥至宁波站三、四线，解决环线通道能力紧张问题，提升宁波始发和通过列车能力，配套新建动车运用所。

“二枢纽”即规划邬隘铁路集装箱中心站和北仑、穿山等港区办理站，形成“一个中心、多个办理站”的格局；加快建设完善镇海大宗货物海铁联运物流枢纽港。

“三通道”，一是谋划沿海高铁，建设甬台温高铁，成为国家沿海高铁组成部分，实现快速便捷连通长三角、海西和珠三角，贯通我国沿海东南，未来可通达台湾、香港；释放原有甬台温铁路运能，作为货运铁路。积极推进北向高铁，加快杭州湾跨海铁路等客专、城际铁路项目的建设，打通国家沿海高铁跨杭州湾通道，缩短宁波与上海距离，加强宁波与长三角北部、京津冀的沟通。二是加快建设西南铁路通道。推进甬金铁路，西延连接衢（州）丽（江）铁路，形成连接大西南的铁路运输通道；依托杭甬客专、沪昆高铁，形成宁波——南昌——长沙——昆明的高铁客运通道，实现未来可直达东盟国家。三是建设西北铁路通道，大幅提高既有萧甬、宣杭、淮南等铁路运输能力，优化接驳陇海铁路干线的网络，形成西北向宁波—新疆的大通道，构建新亚欧大陆桥第二通道。

"三支线"即加快镇海支线的改扩建和北仑支线的电气化改造，加快穿山支线的建设。

第四节　形成"江海河环形互通"水运网

发挥通江达海优势，以杭甬运河为依托，积极连通长江黄金水道，对接京杭大运河，融入长江三角洲地区高等级航道网络，实现水运复兴。

杭甬运河：杭甬运河是宁绍平原内河主干航道，作为京杭运河的延伸段，可西接京杭运河连通长江，东连甬江口注入东海。目前，杭甬运河宁波段已实现全线通航，要加快杭甬运河宁波段三期工程建设，完善城西港区、余姚锚泊服务区、余姚东港区、高桥作业区和纳入城西港区的应急监管基地配套设施建设；在北仑、穿山、大榭、梅山、金塘等港区布置江海直达船作业区。协调加快上虞曹娥作业区、绍兴港中心作业区等内河码头建设。

环形水运网：以长江经济带建设为契机，加快实现东海—长江—京杭大运河—杭甬运河—东海的"江海河环形互通"水运网络，并依托环形水运网，积极与内河港口合作，连通长湖申线、衢江航道、湖嘉申线、淮河干流等航道，辐射浙北、苏南、苏北、鲁南等区域。

表 8－1　　构建环形水运网主要航道通航情况表

航　　线	航道等级	2015 年维护水深		可通行船舶
		枯水期	洪水期	
长江宜宾—重庆	三级	2.7 米	3.7 米	1000 吨级常年通行
长江宜昌—城陵矶	二级	3.5 米	5.0 米	3000 吨级常年通行
长江城陵矶—武汉	二级	3.7 米	5.0 米	3000 吨级常年通行
长江武汉—安庆	一级	4.5 米	6.0 米	5000 吨级常年通行 10000 吨级常年通行
长江安庆—芜湖	一级	6.0 米	8.0 米	5000 吨级常年通行
长江南京—江阴	一级	10.5 米	10.8 米	10000 吨级常年通行
京杭运河济宁—徐州	三级	3 米		1000 吨级常年通行
京杭运河苏北段	二级			2000 吨级常年通行
京杭运河苏南段	四级			500 吨级常年通行

续表

航　　线	航道等级	2015 年维护水深		可通行船舶
		枯水期	洪水期	
京杭运河浙江段	四级			300 吨级常年通行
杭甬运河	四级			300 吨级常年通行

第五节　完善“辐射东亚连通洲际”航空网

一　加大拓展国际航线

一是鼓励国内航空公司加密香港、澳门、台湾航线，恢复韩国、新加坡、澳门航线，尝试开辟“宁波—东盟试验航班”，并给予专项资金补贴，提供通关便利。二是推进与上海、北京、广州等大型枢纽机场的合作，通过代码共享、经甬飞、中转联程等方式，争取开通直达中东欧的洲际航线。三是推进与南宁、昆明成都等区域性亚太门户枢纽机场的合作，通过航线共享、客货资源配互相支撑、市场营销市场一体化等方式，延伸此类机场的亚太地区航线，完善宁波空港东南亚航线网络布局，重点拓展宁波至印尼、马来西亚、越南、泰国等东盟国家城市的客货两用直飞、经停航线。

二　加快航空物流发展

一是以空港物流园区、机场新货运区为依托，吸引国内外航空公司、邮政快递运输企业、大型货代企业、大型航空物流企业在空港设立货运枢纽或快件分拨中心，开展航空货运、邮政快件的集运、仓储、分拨、配送和增值服务。二是加快打造长三角国际航空货运枢纽机场，并与东盟、中东欧国家机场合作，建立宁波—东盟、宁波—中东欧的航空货运专线。

第六节　建设多式联运示范通道

以网络化交通基础设施为依托，以货运需求为导向，按照国家试点示范要求，加快推进综合运输体制机制创新，加强跨区域区域合作和联动，加快构建宁波—义乌—南昌—长沙—昆明、宁波—杭州—合肥—武汉—重庆—西安—新疆—欧洲、义乌—宁波—营口—满洲里—欧洲等几条多式联运物流大通道，形成几条多式联运示范通道，在全国形成几张主打牌。

积极拓展中西部内陆市场，参与丝绸之路经济带建设，打造中西部出海口和国家丝绸之路节点城市，加快构建立足宁波、依托浙江、面向中西部、对接海内外的海铁联运体系。

加快铁路无水港建设，扩大铁路无水港辐射范围，完善铁路无水港口岸功能。重点推进浙赣铁路沿线等地“无水港”建设，推进襄阳、新余、景德镇、长沙、合肥、重庆、成都等省内外“无水港”建设及相应的营销网络布点，增加开设城市的集装箱班列，优化“无水港”网络布局。采取合资经营、管理输出、委托经营、业务合作等多种方式推进铁路“无水港”的布局。提升“无水港”作为海铁联运公共物流平台功能，完善运输、仓储、装卸、搬运、海关、检验检疫、信息等服务水平。完善内陆无水港口岸环境，积极争取国家和无水港当地海关、口岸查验部门的支持，在铁路无水港设立口岸，建立海铁联运口岸通关便利化长效机制，增加内地“直通式”报关办理点，简化通关手续，优化运作模式，提高查验效率，实现海铁联运一体化运作。

一　加大海铁联运政策扶持力度

1. 增强海铁联运发展的紧迫感

当前，我国许多城市纷纷抢抓“一带一路”倡议机遇，争取国家层面的政策支持，加快地区经济发展的进程。东北，国务院明确提出要把大连建成东北亚的国际航运中心；上海，国务院批复建设两个中心；福建，国务院出台了《关于支持福建省加快建设海峡西岸经济区的若干意见》；江苏，国务院批准了《江苏沿海地区发展规划》；珠三角，国务院批准了《珠江三角洲地区改革发展规划纲要（2008—2020 年）》。周边沿海城市的加速发展态势，给宁波市的发展带来严峻的挑战和强大的动力。因此，要将发展海铁联运上升到发展海洋经济、实施“港航强省”的战略高度去认识，进一步统一思想，高度重视海铁联运发展的战略意义，增强开展海铁联运工作的紧迫感。从战略上着眼，从基础工作上着手，形成合力，善于捕捉各种机遇，增强工作的敏感性，乘势而上，顺势而为。

2. 争取国家政策支持

宁波作为上海国际航运中心的重要组成部分、长三角区域物流中心和全国物流节点城市，港口在国际中转集装箱的竞争目标和对手上，是与洋山港保持一致的，应该同等享受《意见》中洋山港的优惠政策。只有消除《意见》中经济政策的差异，才能形成长三角区域统一、开放的航运市场，才能促进上海、江苏、浙江的合理分工，才能加快上海国际航运中心的建设，在与釜山、新加坡的竞争中立于不败之地。国家在政策扶持上各有侧重，支持上海的江海运输，鼓励宁波的海铁联运，促进两地错位发展、合作互补。

3. 评估改进宁波海铁联运政策

2009 年 7 月份宁波市交通局发布了《宁波港航发展专项资金使用管理办法（暂行)》规定，对宁波国际集装箱海铁联运发展产生了积极作用，比深圳市 2007 年制定的《深圳港航产业发展财政资助资金管理暂行办法》前进一步。首先是放宽了补贴范围，不论内贸箱还是外贸箱、不论公司注册所在地、不论铁路运输组织形式，只要年度海铁联运集装箱数量超过 300TEU 的实际经营人均可以享受，有利于培育海铁联运市场主体。其次是从系统角度出发，考虑到铁路港站与码头间的短驳，以及贸易与运输信息交换环节对海铁联运的影响。最后是补贴金额提高了宁波海铁联运线路的竞争力，有利于吸引南昌、武汉、合肥至上海、广州、深圳，以及重庆、成都至上海、深圳海铁联运的外贸集装箱转移至宁波港中转。但政策效应也反映了局限性，如目前尚无法吸引重庆、成都至广州海铁联运的外贸集装箱。而且，如果综合考虑重箱发运和空箱调拨，除合肥市至宁波的海铁联运运价低于江海运输方式外，南昌和成都市到宁波的江海运输运价仍然比海铁联运方式低 300—400 元，而武汉和重庆市到宁波的江海运输运价比海铁联运方式更是低 1000 元以上。因此，要根据海铁联运发展的不同市场、不同阶段，需要研究相应的灵活有效的政策。

4. 设立海铁联运专项发展资金

宁波市设立海铁联运专项发展资金，“十二五”期间每年投入 500 万元，支持宁波港内陆无水港的建设和海铁联运市场的开拓；建立海铁联运专项资金的考核管理办法，保证专款专用。

5. 配套完善相关产业和贸易政策

发展海铁联运，除直接补贴政策以外，还需要一些长期的相关产业和贸易政策支持，来提升国际集装箱海铁联运的长期需求。在产业配套政策上，要遵循宁波市产业布局和发展方针，鼓励工业企业将低端的机械加工、制造等生产环节转移到内陆腹地，集中力量发展高端产品，提高工业产品开发、研制和贸易等高科技含量、高附加值环节的控制力。在贸易配套政策上，要鼓励工贸企业在内陆建立相应的营销网络，扩大国内市场销售份额；要吸引内陆外贸企业和国际班轮公司在宁波设立分公司，打造宁波国际贸易中心品牌。配套的产业和贸易政策，有利于扩大海铁联运市场，有利于改善海铁联运往返方向上集装箱重箱运量的不均衡状况，有利于加强宁波与内陆地区的经济合作，有利于发挥宁波城市特色的港口优势。

二 建设海铁联运通道

1. 加快建设宁波铁路基础设施

建设环城线、华峙支线、大榭支线、梅山岛支线和北仑支线复线、穿山港区疏港线；加快北仑集装箱中心站的立项和建设，有效衔接公路运输方式，整合利用现有物流园区资源；建设北仑、穿山、梅山、大榭港前办理站，形成“一个中心站 + 多个办理站”模式，提高铁路网联通度和场站吞吐能力，满足港口集疏运的需求；注重点线通过能力的匹配，突破港区和后方铁路站点装卸、堆存能力以及铁路运输线路通行能力约束，建立保障“两点一线”运营模式畅通的硬件平台。同时，对既有港口功能进行重新定位，合理整合港口资源，优化集疏运结构，促进包括海铁联运在内的港口效用最大化。

2. 合理布局建设内陆无水港

依托浙赣线和杭宣线，布局建设内陆无水港。完善义乌、金华、衢州、慈溪、萧山、绍兴、上饶、鹰潭八个现有无水港功能，扩大无水港辐射区域；加强与江西、安徽等内陆城市地方政府和铁路部门的合作，依托铁路站点，新建南昌、合肥等地无水港，减少海铁联运中转换装环节，改善通关环境，提高物流服务水平，逐步形成分布合理、层次分明的内陆无水港节点网络。

3. 完善和共享信息系统

目前，海运部门建立了完善的电子数据交换（EDI）系统，公路部门开发利用货物运输管理系统，已经与银行、海关、商检、贸易、保险公司和水路、公路运输行业信息系统联网交换信息。虽然铁路建立了 TMIS 和 DMIS 信息系统，但无法实现与其他部门的信息交换和共享，不能适应国际集装箱箱海铁联运的信息传输要求。因此，港口和船公司要通过内陆无水港，将成熟的集装箱管理软件和货运站管理软件移植到铁路部门；铁路部门要加强对箱号等基础信息的采集与管理，完善自身的发送、到达货票和跟踪信息系统，开放 TMIS 和 DMIS 信息系统中有关在站集装箱作业及集装箱到达卸车、交付、受理、承运等过程中的信息，逐步实现与港口 EDI 的对接和共享。

三　开发海铁联运市场，构建以运价为导向合作共赢的市场机制

1. 明确目标腹地范围

宁波港作为上海国际航运中心的重要组成部分，集装箱运输市场腹地与上海港存在着明显重叠交叉。所以，在目前产业布局、贸易体系和铁路运输格局没有发生较大变化情况下，面对上海港“长江战略”的竞争，宁波市国际集装箱海铁联运目标腹地开发应分两个阶段进行。

近期，以提高海铁联运线路竞争力为中心，打造宁波港浙赣铁路沿线 1000 公里物流大通道，巩固浙江省和江苏苏南、江西、安徽市场，争取以成都为中心的西南市场。要避开江海运输方式的直接竞争，绕开沿江港口城市和京九、京广沿线城市，重点发展浙赣线及其支线、杭宣线及其支线辐射的内陆水路不发达且运距超过 300 公里的地区，适当布局以成都为中心的西南地区，即发展长江以南、浙赣线以北、京广线以东区域和成都地区至宁波的海铁联运。

中远期，随着沿江、沿海、浙赣和九景衢等一批铁路建设改造工程的完成以及铁路运输效率的提高，宁波铁路枢纽地位得到确立和巩固，以增强海铁联运方式竞争力为中心，开发长江沿线城市的海铁联运市场。

2. 培育市场主体

运用政策导向和资金补贴工具，吸引众多宁波本地和内陆货代企业参与海铁联运，改善海铁联运市场结构。要抓住关键市场主体，重点培育港口、铁路企业和船公司。突出港口在市场主体培育过程中的重要作用，以宁波港为载体，加强与铁路部门、船公司的合作，组成利益共享、风险共担的经济共同体。铁路部门由于历史原因，缺乏有效的代理制度和货代公司，货源承揽始终是薄弱环节；而港口是货物集散和信息集聚中心，两者的联合，能够有效对接货源与铁路运输，实现资源优势互补。宁波港要鼓励和支持船公司到内陆开展海铁联运业务，对于以内陆 FOB 价格形式开展海铁联运的船公司，给予一定的码头装卸费优惠，促进船公司和铁路部

门在用箱管理、空箱调运和舱位、截单时间等方面的业务融合。

3. 宣传推介海铁联运产品

宁波港要以“宁波周”活动为载体，积极宣传海铁联运方式；以港口和内陆无水港为平台，联合船公司和铁路部门，主动向货代、货主等企业推介海铁联运产品；在海铁联运产品设计上，要面向高附加值适箱货源，以出口至欧美地区的外贸集装箱为主导、东南亚和日韩的外贸集装箱为辅助，开发目标腹地市场。

4. 构建以运价为导向合作共赢的市场机制

有效的市场机制是保障海铁联运市场运行的关键。目前内陆货主、铁路、港口、船公司和货代等市场主体，都有积极性开展海铁联运业务，这是海铁联运市场发展的良好基础，但是也应该看到市场主体间的利益矛盾，因此，如何协调各方利益、构建合作共赢的市场机制，对海铁联运市场发展至关重要。作为海铁联运市场的需求方，内陆货主首要追求的是运价的降低；而运价的降低对于铁路和船公司而言意味着收益的下降，维持收益的最好对策是扩大运量，实现规模经济效益；而运量的增加，对货代和港口是极为有利的。所以，海铁联运市场机制的形成过程，是以运价为导向各市场主体间利益博弈的过程，也是运价和运量平衡的过程，一旦达成均衡状态，将会实现多方共赢的局面。

海铁联运市场机制的形成，离不开政府的政策和资金引导，资金补贴会促进市场主体在业务开展过程中调整各自的利益目标，加快海铁联运运价的市场形成。根据《宁波港航发展专项资金使用管理办法（暂行）》规定，政府对集装箱海铁联运实际经营人的资金补贴，会降低海铁联运的铁路运输成本，提高宁波海铁联运线路的竞争力，吸引内陆货主选择宁波海铁联运线路，从而增加海铁联运运量，促进铁路和船公司实现规模经济，降低运营成本，提高运输收入和利润。同时，运量的增加会提高货代企业和港口的收入，使港口有能力给予船公司码头装卸费优惠，而船公司则有动力降低海运运价，引导货代企业积极参与海铁联运，从而形成良性循环。

因此，现阶段政府以资金直接补贴方式，提高了宁波海铁联运线路的市场竞争力，撬动了以运价为导向的海铁联运市场运行机制，有利于尽快形成合作共赢的市场格局。

5. 建立开放高效的运营模式

开放高效的运营模式是建设合作共赢市场机制的重要载体，是提高海铁联运系统协同性的有效途径。国内外海铁联运发展历程表明，在海铁联运发展初期，“两点一线”运营模式是行之有效的，随着内陆节点的完善和铁路网密度的增大，逐步扩展到网络化运营模式。“两点一线”运营模式主要包括以下三点内容。一是建设公共平台式内陆节点。港口、铁路和地方政府要三方合作，把内陆无水港和集装箱中心站建成开放的公共平台，集聚货代、货主和船公司货源，形成各方信息交换中心，开展公路短驳甩挂运输。二是提高海铁联运市场主体的系统协同性。以海铁联运市场机制为保障，加强港口、铁路、船公司、货代各方协作，高效、快速、及时地满足货主的运输要求，节约货主的谈判成本、运输成本和时间成本。三是建设高效便捷的大通关环境，逐步实现“属地报关、异地放行”的直通关模式。

6. 打造海铁联运标准化工程

以义乌至宁波海铁联运精品线路建设为载体，打造标准化的海铁联运业务流程和信息传输文件，优化货源组织、空箱提取、铁路运输、重箱报关、装船发运等作业环节，实现网上订舱、网上报批车皮计划、货物信息查询等基本功能。宁波港要加强与铁路、海关、国检和义乌市政府合作，协同中铁集和上海路局，加大对义乌铁路货运站的资金和设备投入，改扩建集装箱堆场，尽快搭建义乌铁路无水港平台；路港联合办公，建立和完善海铁联运业务流程，统一报表文件格式，逐步实现规范化和标准化。宁波港要联合四方物流，加强与铁路部门的信息开发合作，以港口 EDI 标准为基础，以国际集装箱成熟管理软件为借鉴，规范和转换铁路信息文件格式，开发海铁联运信息软件产品，改造提升铁路运输信息系统，对接港口 EDI 系统。

加强信息化建设。一是加快打造海铁联运公共信息平台。推进“宁波港集装箱海铁联运物联网应用示范工程”建设，努力建成具有网上受理、网上操作、网上查询、网上交易等功能的海特联运公共信息服务平台，实现港口与铁路之间物流信息的共享和事实交换，以及海铁联运业务全过程信息化运作，以提高运行效率，降低物流成本；二是实现海铁联运无纸化。推进海铁联运单证操作电子化，简化海铁联运业务办理手续，提高海铁联运操作效率。

7. 加强铁路运输组织建设

科学组织铁路运输，提高铁路运输效率，增强海铁联运市场竞争力，是当前及今后一段时期的重要举措。因此，要加强与铁路部门协商合作，重点做好以下三方面工作：

（1）争取铁路集装箱重箱运价在一口价的基础上下浮40%—50%。铁路运价的僵化和居高不下，抑制了船公司、货主、货代参与海铁联运的积极性。在宁波市对海铁联运实际经营人进行资金补贴的同时，与铁路部门协商，采用试点区域价格与规模相挂钩的形式，适当放松运价管制，建立富有竞争力的市场定价机制，提高铁路集装箱的运量比例。

（2）加强铁路回程空箱的货源组织。宁波市积极配合铁路部门做好回程空箱的货源组织，内外贸互补共同发展，努力实现往返双重运输，缩小与江海运输方式的运价差异。在回程空箱的货源组织上，首先以出口带动进口，吸引腹地五市外贸进口集装箱从宁波港中转；其次是鼓励宁波本地企业开发腹地五市内贸市场，建立产品销售网络；最后是积极宣传推介铁路集装箱内贸运输，引导中远距离且对时间要求不高的零担货物从公路转移到铁路上来。

（3）合理安排班列运作方式。根据腹地货源具体流向和流量大小以及运输时间要求，选择科学经济的列车运输组织形式，压缩非运营作业时间，提高铁路集装箱运输的快捷性和及时性。近期重点要组织开通义乌至宁波的五定班列，南昌至宁波、合肥至宁波的技术直达班列，对于目前货源量不足的金华、衢州、上饶、鹰潭地区采用固定编组或货运混编列车运输，但要保证五优先原则。

8. 加快谋划甬新欧大陆桥建设

新亚欧大陆桥从中国东部的连云港，沿陇海铁路、兰新铁路、北疆铁路，通过中亚、西亚到达欧洲。新亚欧大陆桥尚未全面覆盖经济最为活跃的长三角区域以及长江流域，宁波要加快提出并谋划新亚欧大陆桥支线—甬新欧大陆桥建设，完善新疆—西安—重庆—武汉—九江—杭州—宁波的铁路线，使宁波港作为“丝绸之路经济带”的新出海口。建议“甬新欧”国家联运分两步走，近期重点推进“甬新欧”，中期待市场培育成熟和贸易需求量上升，转入重点推进“甬新欧”直发模式，同时，近期内陆城市的选择既要考虑其集装箱中心站的能力和口岸等经济功能，以及与宁波海铁联运合作的互补性，又要兼顾其纳入国家“一带一路”倡议的政治地位。建议中长期规划宁波经沪昆铁路至南亚、东盟的国际多式联运通道。

9. 优化口岸环境，提升海铁联运服务水平

为提供高效便捷的服务，建立海铁联运口岸通关便利化长效机制，增加内地“直通式”报关办理点，简化通关手续，优化运作模式，提高查验效率，实现海铁联运一体化运作；二是与船公司签订合作协议。激发船公司开展海铁联运的积极性，把海铁联运视同内支线运输，在运价上给予优惠，适当延长用箱免费期限，增设内陆提还箱点，有限满足海铁联运订舱，提高班轮准班率，加强班轮班列衔接；三是努力打造成本优势，重视双向货源开发，推进集装箱班列双重运输和双层运输，减免或补贴码头装卸费和短驳费，允许海铁联运出口重箱提前进港区堆场并在一定期限内免收推荐费。

打造腹地箱源组织体系。培育壮大一批货代和船代企业，提升揽货能力。鼓励本地大型货代和船代企业走出去，在西部地区乃至国外建立起经营网络，增强揽货能力。二是加强与内陆地区合作，依托铁路站点，重点推进浙赣铁路沿线等地“无水港”建设，优化“无水港”网络布局。完善“无水港”作为海铁联运公共物流平台的功能，提升运输、仓储、装卸、搬运、海关、检验检疫、信息等服务水平。三是大力培育市场经营主体，推动海铁联运专业化运营。

编制中长期发展规划，完善海铁联运机制。虽然宁波市在发展国际集装箱海铁联运过程中存在很多困难和问题，但也面临着一些有利条件，如果定位准确、措施得当，仍然会有很大的发展空间。所以，科学制定发展规划，不仅有利于实现海铁联运发展战略，而且有利于指导未来一段时期海铁联运的实践。编制宁波国际多式联运中长期规划，明确发展目标和主要任务，科学布局国际多式联运通道和内陆换装节点城市[39]。

宁波海铁联运的发展存在着一些关键性外生制约因素，主要包括产业布局、贸易体系和铁路变革。产业布局和贸易体系决定着货物的种类和流向、流量；铁路变革影响着运输效率提高，决定着海铁联运铁路运输方式的竞争力。这些因素超出了宁波市的能力控制范围，会对海铁联运发展产生某些长期、不确定性影响。因此，必须客观的分析评价各种影响因素，科学的制定中长期发展规划，统筹安排镇海大宗货物和北仑国际集装箱海铁联运，就战略定位、发展目标和阶段、实施步骤和内容以及保障措施进行详细研究；并依据规划，由政府海铁联运领导协调小组分阶段制订行动计划，细化阶段目标、工作内容、实施重点、对策措施和考核方案。同

时，将规划制定与行动实施并举，主动与国家有关部委联系，积极争取国家政策支持，将宁波海铁联运体系列为国家现代物流振兴行动中多式联运的示范工程。

利用宁波海铁联运示范通道优势，积极争取国家和地方政策支持。一是健全完善政策扶持体系，调整现行扶持政策，扩大扶持对象范围，研究出台鼓励内陆“无水港”建设、货代和船公司参与海铁联运的扶持政策，同时合理调整扶持期限和补助额度；二是争取铁路部门支持，紧抓铁路改革、运能释放契机，扩大海铁联运业务，并争取铁路部门在运力、运价、运网等方面的优惠政策；三是加强沟通协调，争取腹地城市对海铁联运机遇政策优惠和支持。

配套完善相关产业和贸易政策。在产业配置政策上，要遵循宁波产业布局和发展方针，鼓励工业企业将低端的机械加工、制造等生产环节转移到内陆腹地，集中力量发展高端产品，提高工业产品开发、研制和贸易等高科技含量、高附加值环节的控制力。要加快建设国际贸易展览中心、国际航运中心、国际金融结算中心和发展第四方物流市场，积极开展国际物流的政府服务，提供贸易、金融、保险、航运、法律、信息等国际航运相关的配套服务。

加强宣传力度，创新宣传形式。一是加强品牌宣传，继续以“宁波周”活动为载体，以港口和内陆“无水港”为平台，以成功运作的“五定”班列为示范，在中西部货源地开展品牌宣传活动；二是联合船公司和铁路等部门，多渠道向货代、货主等推介海铁联运产品，吸引更多市场主体加入；三是在海铁联运产品设计上，要面向高附加值适箱货源，以出口欧美地区的外贸集装箱为主导，东南亚和日韩的外贸集装箱为辅助，开发目标腹地市场。

四　促进信息互联互通

要以提供优质、高效、专业的服务为出发点，以提高江海铁联运的运营管理水平和生产效率为导向，以信息资源为基础、信息网络为载体、信息技术为手段，以宁波港集装箱海铁联运物联网应用示范工程为重点，建立互联互通、系统整合的信息化共享机制，推动宁波港从“数字化港口”向“智慧港口”的升级。大力推进“宁波港集装箱海铁联运物联网应用示范工程”建设，努力建成具有网上受理、网上操作、网上查询、网上交易等功能完善的海铁联运公共信息服务平台，实现港口与铁路之间物流信息的共享和实时交换，以及海铁联运业务全过程信息化，推行海铁联运单证操作电子化，实现海铁联运无纸化。与船公司签订合作协议，激发船公司开展海铁联运积极性，把海铁联运视同内支线，在运价上给予优惠、适当延长用箱免费期限、增设内陆提还箱点、优先满足海铁联运订舱、提高班轮准班率、加强班轮班列衔接。

五 加快发展沿江沿海内支线

加密宁波港至浙江嘉兴、绍兴，江苏南京、张江港、太仓、镇江等港口的集装箱班轮密度，不断提升长江内支线箱运量。依托沿海及沿江港口，增辟沿海内支线，加密航班，进一步扩大内贸集装箱运输的辐射面，提高航线密度和稳定班轮。注重选择合理的江海直达和江海联运船型，推进经认证的江海联运船舶可在长江指定区域内自有运输航行。加强船舶揽货建设，推进船舶双重运输，提升船舶利用效率。加强与舟山、长江沿线城市合作，探索建设“江海联运巴士型”物流运输通道。

六 提升水水中转比例

与船公司合作，增密远洋干线网络，重点增密中东航线和欧美航线、港澳台航线和日韩航线、澳新航线和非洲航线、东南亚航线和南亚航线，提升宁波港在海上丝绸之路经济带的重要战略地位，提升集装箱整箱国际水水中转比例；依托梅山保税港区等海关特殊监管区域优势，大力发展国际采购、中转集拼和分拨等业务，完善国际水水中转增值服务，拓展国际集装箱集拼业务，吸引中转箱源。

建立内河运输网络体系，加强与内陆内河港的紧密合作。重点加强与浙北湖州、嘉兴等内河港口合作，完善内河港的揽货体系建设，扶持货代、船代等企业在内河港布点区域开展业务。积极与当地政府合作，在内河集装箱码头附近配套建设集装箱拼箱物流中心，配套集装箱拼箱、配送、代理和增值服务等多种物流服务功能。通过当地政府对船公司补贴的方式，提高内河集装箱运输的班期密度。完善内河内陆港的口岸设施建设，推进内河内陆港口岸的开放，探索争取形成内河内陆港“启运港退税”政策，配套集装箱拼箱、配送、代理和增值服务等多种物流服务功能。

七　培育物流企业主体

支持国内外优秀船队、船代货代公司、物流企业、物流服务商、大宗商品运营商、海事服务商，以及国家和长江经济带港航、海事、航道、船舶检验等的分支机构、区域性总部、行业协会等落户宁波及入驻航运服务中心。鼓励集卡车队、堆场企业和船代等传统运输企业向专业化、规模化、品牌化方向发展，通过资产重组和网络化、信息化水平提升，不断拓展物流服务链，提供跨运输方式综合运输物流服务；鼓励组建大型贸易物流集团，支持龙头货代企业异地设立分支机构，扩大经营网络，加强揽货能力；支持宁波本地企业如宁波港集团等与中铁集、DHL 等全球网络物流公司及区域性物流公司加强合作，拓展物流服务网络。鼓励港口、航运、公路运输等物流企业积极开展江海、海铁、海河、公水等联运业务，支持“一票到底”，发展壮大多式联运市场主体。

八　多式联运物流信息中心

建设多式联运物流监管中心，主要承担行政协调、运输组织、指挥调度、安全应急、价格形成、信息集成、金融服务、跨境结算等综合管理服务功能。多式联运物流监管中心可以依托宁波第四方物流平台，加强与沿海港口、长江沿线港口的港口、口岸、铁路、交通等部门对接，通过多方联网获取多式联运物流全程信息，实现多式联运一次申报、指运地（出境地）一次查验，对换装地不改变施封状态的予以直接放行。完善第四方物流平台功能，为物流链上各类用户提供在线物流电子商务、交易支付、信息增值服务，以及运输、仓储、分拣、配送等全程服务。推广复制宁波海铁联运物联网示范工程建设经验到宁波海铁联运所有班列，探索设立国家航运物联网应用示范区。做大做强宁波船货网，建设集内外贸与航运物流服务于一体的电商信息平台。

九　设立国际多式联运服务基地

1. 健全国际海事服务

要加强与长江沿线港口城市、沿海港口城市合作，统一航运信息管理系统标准，整合港口作业协同管理信息系统、港航办公自动化系统、港航行政许可审批系统等港航信息资源，建立集指挥调度与港航管理于一体的长江经济带航运信息管理中心。加强与海上丝绸之路经济带港口城市合作，探索建立综合统一、互联互通的航运信息管理系统，建成我国主导的国际航运信息管理中心，提升对国际船舶的统一指挥调度与港航管理水平。

2. 建设北斗导航管理服务中心

加强与国家测绘地理信息局等合作，加快国内外船舶、车辆、集装箱北斗导航技术与设备研制与商业化推广利用，不断改善引航、导航、定位等技术性能。建立国家北斗多式联运导航管理服务中心，加快实现长江经济带通行船舶、宁波海铁联运集装箱、内河、沿海及远洋运输船舶北斗导航、定位服务一体化。建设北斗导航服务与技术设备研发基地。

3. 设立国际航运服务机构

发起成立由宁波港集团为运作主体的“丝路国际港口合作服务组织”，以推进“丝绸之路”沿线、沿带港口（包括无水港）互联互通，促进区域经济共同繁荣和贸易便利化；争取将亚太经合组织港口服务网络（APSN）秘书处落户宁波；以我市将要举办的2015年中国航海日活动为契机，争取宁波作为“中国航海日”活动固定举办城市，将论坛秘书处落户宁波。通过国际航运服务机构的设立，全面提升宁波港口影响力。

4. 扩大保税油补给

集中在港口锚地开展保税燃料油加注业务，打造国际保税燃料油和天然气储存、混兑、供应中心。争取相关国家部委支持，制定保税油供应管理规范，允许外资、合资供油服务商培育引进，允许国际船舶可在无引航或自愿引航情况下开展加油补给服务，允许可跨关区和港域为船舶提供补给服务。响应绿色低碳潮流，加快LNG船舶补给服务基地规划布局。加强淡水与粮油果蔬补给服务提供，强化市场秩序规范管理。

第七节　加快现代港航服务发展

加快发展现代港航服务业，完善产业链，建成高效辐射长江经济带和海上丝路的区域性航运服务平台。

一　航运金融与保险

鼓励航运金融产品和服务创新，支持船舶融资租赁发展。支持发展多种航运金融方式，拓展社会资本投资渠道。支持境内外金融机构集聚，推进银企对接，加强银企合作。支持保险企业开展航运保险业务，丰富保险产品，加快出台船舶保险理赔措施，引导港航企业开展自保、互保业务。支持国内首家专业航运保险公司——宁波东海航运保险公司的发展，强化航运保险产品的开发，推动航运保险定价中心、再保险中心和保险资金运用中心等功能型保险机构建设。加强航运保险营运机构和航运保险经纪人队伍培育，设立中国江海联运保险协会。

二　航运信息服务

加快设立国家交通运输物流公共信息平台江海联运服务分中心，加强物流信息化，健全亚欧物流信息合作机制。加快与“一带一路”、长江经济带各电子口岸无缝对接，深化跨区通关和检验检疫一体化。完善宁波第四方物流平台、甬易第三方支付平台，为物流链上各类用户提供在线物流电子商务、交易支付、信息增值服务，以及运输、仓储、分拣、配送等全过程服务。推广复制宁波海铁联运物联网示范工程建设经验到宁波海铁联运所有班列，探索设立国家航运物联网应用示范区。做大做强宁波船货网。建设集内外贸与航运物流服务于一体的江海联运电商信息平台。

三　航运咨询评估

支持培育、引进国内外海事仲裁、航运法务、航运税务、船舶设计、水运工程设计咨询、港航设施安全等级和评定等港航专业服务机构，为港航相关产业提供技术咨询。支持培育、引进具备码头、水运、仓储等资质的第三方安全评估、等级评定和安全管理咨询机构，扩大安全评价资质范围，为区域港航企业提供安全评估服务。

四　航运人才教育培训

加强宁波大学海运学院等院校及其相关重点学科、硕博士点建设，加快培养航运经纪、船舶设计、船舶检修等领域优秀人才。加强航运专业人才培训交流与引进，合作开展相关从业人员培训与资格认证，打造全国性航运人才培训基地。加强船员管理办法创新，开展包括境外船员在内的船员派遣、船员证书办理与更新服务，成为全国船员管理服务中心。加快推进梅山建设国际海员培训基地和国际海员俱乐部。

五　船舶交易服务

推进宁波船舶交易市场建设，创新发展船舶代理买卖、市场投资经营、船舶设计、船用技术开发、船舶进出口代理、船舶拍卖等服务。加强舟甬沪合作，协力建好浙江国际船舶与船用设备交易市场。支持拓展航运衍生服务功能，深化开发中国船舶交易价格指数，加快开发海上丝路船舶交易价格指数，成为亚太富有影响力的交易指数。

六　航运运价指数开发

加强宁波航运交易所与波罗的海航运交易所等的战略合作，扩大会员规模及其对长江经济带和海上丝路会员企业的覆盖面。完善丝路航运指数产品，创新推出江海联运指数、海铁联运指数等，不断增强航运指数产品市场权威性，加快打造具有国际有影响力的航运指数发布中心、航运定价中心。支持宁波航运交易所与金融机构合作，探索开展航运指数衍生产品，为航运企业提供风险管理工具，拓展航运服务业功能。

七　船舶检验服务

加快宁波船级社项目及长江经济带船舶检验中心建设，积极承担江海联运等船舶和海上设施及相关产品入级与法定检验业务。创新船舶检验局与船级社合作办法，允许船级社为国内航线船舶提供服务。提升绿色船舶、海工类船舶、江海联运船舶等修理比例。发展高端船舶和海工装备改装业务。

八　综合保税服务

结合宁波保税区、梅山保税港区等海关特殊监管区域建设，积极发展保税展示、保税物流、保税加工、转口贸易、国际采购、期货保税交割等服务。近期重点争取国家允许开展中转集拼、集装箱捎带、保税展示、保税期货交割等服务试点。

第八节　推动跨境电商物流发展

一　建设跨境贸易电子商务服务体系

一是向国家外汇管理局争取跨境电子商务支付牌照，成为跨境电商人民币结算试点城市；引进跨境贸易电子结算平台服务机构，形成人民币计价结算机制；二是创新电商新模式，鼓励企业勇于创新，断探索“网上自贸区”“网上物流交易”等电商平台的新模式；三是以物流为平台，电子商务作为手段，引导金融和保险业进入国际物流和国际电商环节，加强物流电商企业共同研发、创新网上交易的新产品。

二　建设国际快件处理中心及海外仓

依托海曙电商城，积极申报在宁波成立国际邮件互换局和交换站，高标准建设国际邮件处理中心和中国邮政跨境电子商务宁波基地。加强与国内知名跨境物流企业的合作，或依托现有规模货代公司，建设国际快件综合处理中心，探索邮件、快件综合监管的新模式，积极培育探索邮政之外的快递出关模式。探索宁波跨境电商出口企业与国际物流企业在海外联合设立海外仓，实现风险共担，提高货物配送速度，增强顾客消费体验。

三　推进电商快递发展

推进干线运输联盟发展，培育精品专线。鼓励运输企业深化与电子商务的业务融合，从传统的递送、运输服务延伸至产业链多个环节，并提供代收货款、逆向物流等增值服务。主动搭建合作通道，推动本地物流企业与阿里巴巴、京东商城、亚马逊等国内外知名电商平台合作，建立物流信息无缝连接机制，提高物流自动化揽货水平和服务能力。

总之，新时期的港口物流呈现出以下一些新特点：

大物流。经济一体化促使港口物流必须向国际化、规模化、系统化发展，港口物流产业内部通过联合规划与作业形成高度整合的供应链通道关系。

一体化。依托港口附近的物流园区开展一体化的物流服务，提供货物在港口、海运及其他运输过程中的最佳物流解决方案，包括腹地运输、报关、报验、包装、库存管理、提供金融、保险方面整合服务。

虚拟链。港口物流必须是建立在港口物流信息平台的基础上的高效虚拟供应链，供应链的任何一环都能达到资源、信息共享，实现总体功能最优化的物流服务目标，依托虚拟链形成覆盖全球的虚拟港。

这些新特点对传统的港口物流运转模式提出了新要求，为顺应经济全球化的需要，现代港口需要不断完善其物流职能。宁波港口物流应从物流链延伸转到价值链深化。优化传统港口服务业：包括港口运输、物流仓储、航运服务、船代货代；发展现代港口服务业：包括国际中转及转口贸易、进口直销及分拨配送、专业市场、跨境电商、船舶交易、检验检测；拓展港口金融服务业：包括航运金融、航运保险、海事金融、离岸金融；布局新兴港口服务业：包括邮轮游艇经济、船员培训服务、生产型服务业和服务型工业。使宁波港口物流提升到新的水平，达到现代国际航运中心标准，助推宁波港口经济圈战略目标的实现。

参考文献

一　中文部分

[1] 安徽省 2016 年国民经济和社会发展统计公报。

[2] 百度百科，宁波舟山港（http：//baike. baidu. com）。

[3] 柴利能：《宁波谋划打造"一圈三中心"》，《中国海洋报》2014 年 3 月 4 日。

[4] 陈定蒙、杨超：《我国无水港建设与经营模式探讨》，《经营管理者》2014 年第 24 期。

[5] 陈飞龙：《港口经济圈何以对接国家战略》，《中国水运报数字报》2015 年 2 月 9 日。

[6] 陈莉莉：《大连港港口代际演化规律及机理研究》，《大连海事大学学报》2011 年第 11 期。

[7] 陈耀：《"一带一路"倡议的核心内涵与推进思路》，互助县教育系党建微平台 2015 年 4 月 18 日。

[8] 程露露：《基于供应链及港城互动理论的无水港功能分析》，《经营与管理》2013 年第 4 期。

[9] 戴东生：《宁波：加快建设多式联运国际枢纽港》，《宁波日报》2015 年 6 月 2 日。

[10] 贺向阳：《宁波港国际集装箱海铁联运发展战略定位》，《集装箱化》2010 年第 12 期。

[11] 贺向阳：《宁波海铁联运发展规划研究》，宁波现代物流规划研究院，2014 年。

[12] 贺向阳、汪月娥：《加快宁波海铁联运发展的策略》，《综合运输》2010 年第 10 期。

[13] 湖北省 2016 年国民经济和社会发展统计公报。

[14] 黄志勇、李京文：《充分发挥无水港在区域联动开放中的重要作用》，《对外贸易大学学报》2013 年第 1 期。
[15] 江西省 2016 年国民经济和社会发展统计公报。
[16] 姜迪飞：《上饶“无水港”》，《上饶日报》2011 年 10 月 20 日。
[17] 蒋黛：《宁波港西安港缔结友好港》，《西安日报》2015 年 5 月 24 日。
[18] 交通运输部办公厅：《关于加快铁水联运发展的指导意见》，交通运输部网站，2011 年。
[19] 交通运输部水运科学研究院：《集装箱铁水联运发展研究报告》，2012 年 4 月。
[20] 李济球：《港口物理与宁波区域经济发展研究》，《现代商华》2008 年第 9 期。
[21] 李晶、吕靖：《港口与区域经济互动的影响机理》，《大连海事大学学报》2008 年第 3 期。
[22] 凌乐云：《宁波海铁联运现状及发展对策》，《水运管理》2013 年第 10 期。
[23] 刘秉镰：《港城关系机理分析》，《中国港口》2002 年第 3 期。
[24] 刘晨诗：《基于港口代际演进的港城互动分析》，天津师范大学，2014 年。
[25] 刘晨：《针对港口代际演进的港城互动分析》，《天津经济》2013 年 8 月。
[26] 刘桂云、真虹、赵丹：《港口功能的演变机制研究》，《浙江学刊》2008 年第 1 期。
[27] 刘南、李燕：《现代物流与经济增长的关系研究——基于浙江省的实证分析》，《管理工程学报》2007 年第 1 期。
[28] 刘鹏：《我国海铁联运发展策略研究》，广西师范大学，2013 年。
[29] 刘奇明：《打造现代化港口城市升级版》，《宁波日报》2015 年 3 月 5 日。
[30] 刘先星：《宁波港域集装箱腹地拓展策略研究》，浙江工业大学，2012 年。
[31] 刘彦平：《欧盟交通运输政策及其启示》，《亚太经济》2005 年第 5 期。
[32] 刘昭然：《欧盟多式联运政策对我国发展铁水联运的启示》，《铁道

运输与经济》2013 年第 10 期。
[33] 刘昭然:《欧盟多式联运政策对我国发展铁水联运的启示》,《铁道运输与经济》2013 年第 5 期。
[34] 卢子跃:《港口经济圈》,《中国经济网—经济日报》2015 年 8 月 2 日。
[35] 陆永明:《港口供应链管理研究现状及述评》,《改革与战略》2009 年第 11 期。
[36] 栾登:《"无水港"运作模式探讨》,《中国水运》2011 年第 5 期。
[37] 罗凯:《沿海港口海铁联运发展与对策建议》,《港口经济》2013 年第 10 期。
[38] 牟子颖:《基于 SWOT 模型的宁波—舟山港口竞争力分析》,《浙江职业技术学院学报》2010 年第 6 期。
[39] 聂松竹:《大连建设国际东北亚重要国际航空建设的分析对策》,辽宁师范大学,2006 年。
[40]《宁波直达中亚五国集装箱专列昨首发计划 7 天内到达阿拉山口口岸》(http://www.360doc.co)。
[41] 宁倩妃:《宁波发力海铁联运 加速融入"一带一路"》,《宁波口岸》2015 年第 6 期。
[42] 潘坤友、曹有挥:《近百年来西方港口地理学研究》,《回顾与展望人文地理》2014 年 6 月。
[43] 裘继强、吴泽波:《海铁联运加快融入"互联网 +"时代》,《中国水运报》2015 年 4 月 13 日。
[44] 四川省 2016 年国民经济和社会发展统计公报。
[45] 苏奇:《上海国际航运中心竞争力评价研究》,上海大学,2007 年。
[46] 苏顺虎:《中国铁路集装箱运输发展研究与实践》,中国铁道出版社,2010 年。
[47] 孙家庆、张赫、程显胜:《集装箱多式联运》,中国人民大学出版社 2010 年版。
[48] 孙可朝、钟朝晖、王海洋:《无水港基础理论与发展模式研究》,《交通建设与管理》2013 年第 8 期。
[49] 索沪生:《美国海铁联运发展经验对我国的借鉴意义》,《集装箱化》2013 年第 6 期。

[50] 田惠敏、田天、曾琬云：《中国“一带一路”倡议研究》，《中国市场》2015 年第 2 期。

[51] 童永斌：《大连港口物流发展战略》，《综合运输》2006 年第 3 期。

[52] 王常达：《我国沿海主要竞争力的因子分析》，《全国商情》2006 年第 10 期。

[53] 王凤山、冀春贤、苏芊芊：《建设海洋经济背景下宁波港与内陆港联动发展的思考》，《浙江万里学院学报》2014 年第 11 期。

[54] 王培琪：《港口史上辉煌一页——宁波港迅猛发展纪实》，《宁波通讯》2002 年第 7 期。

[55] 王任祥、傅海威：《国际港口功能演变与宁波港口功能转型发展的路径》，《经济丛刊》2012 年 4 月。

[56] 王任祥：《国际港口功能演变与宁波港口功能转型发展的路径》，《傅海威经济丛刊》2012 年第 4 期。

[57] 王勇：《我国集装箱海铁联运发展现状及对策》，《集装箱化》2012 年第 6 期。

[58] 魏幼芳：《宁波港口物流的发展战略与发展模式》，浙江工业大学，2010 年。

[59] 习近平：《“一带一路”倡议构想背后的深意——“一带一路”新丝路战略》，《中国经济网》2014 年 8 月 12 日。

[60] 谢丹：《港口发展与区域经济发展关系研究》，大连海事大学，2005 年。

[61] 谢京辞：《对山东港口物流与区域经济关系进行研究》，《山东社会科学》2011 年第 3 期。

[62] 徐良婧：《港口物流经济带动效应国际比较研究》，浙江大学，2013 年。

[63] 徐伟、陆梦：《无水港在港口发展中的作用》，《水运管理》2006 年第 28 期。

[64] 许继琴：《港口城市成长的理论与实证探讨》，《地域研究与开发》1997 年第 4 期。

[65] 杨建勇：《现代港口发展的理论与实践研究》，上海海事大学，2005 年。

[66] 叶龙：《构建内陆“无水港”》，《中国水运》2005 年第 4 期。

［67］应晓红、龙建辉：《宁波海铁联运发展现状、瓶颈及对策》，《宁波大学学报》2014 年第 12 期。
［68］余明霞、宋兵：《“互联网 +”助阵宁波“抢攻”海铁联运桥头堡》，《宁波口岸》2015 年第 6 期。
［69］余明霞、宋兵：《宁波港担当一带一路节点枢纽》，《中国交通报》2015 年 6 月 23 日。
［70］虞红海：《宁波港集装箱运输发展战略探讨》，上海海事大学，2006 年。
［71］曾艳英、涂建军：《港口物流一体化研究综述》，《物流科技》2012 年第 2 期。
［72］张宝晨：《发展集装箱海铁联运促进交通运输结构调整》，《大陆桥视野》2011 年第 7 期。
［73］赵陕生：《对铁路货运“五定班列”开行的研究与分析》，《铁道货运》2011 年第 4 期。
［74］浙江省 2016 年国民经济和社会发展统计公报。
［75］中国港口网（http：//blog. sina. com. cn）。
［76］重庆市 2016 年国民经济和社会发展统计公报。
［77］周昌林、贺向阳：《宁波港与国际强港的实证比较》，《集装箱化》2015 年第 5 期。
［78］周骥：《加大扶持海铁联运力度推进打造国际强港战略》，《宁波日报》2012 年 2 月 6 日。

二　英文部分

［1］Bird J. H.，*Seaport Gateways of Australia*，London：Oxford University Press，1968.
［2］European Committee，“European Transport Policy for 2010：Time to Decide”，Website of European Committee，2001.
［3］European Committee，“Regulation（EC）No 923/2009 of the European Parliament and of the Council of 16 September 2009”，Website of European Union Law，2009.
［4］European Committee，“Roadmap to A Single European Transport Area Towards A Competitive and Resource Efficient Transport System”，Website

of European Committee, 2011.

[5] Fleming D. K., "World Container Port Rankings", *Maritime Policy & Management*, 1997 (24).

[6] Foster A. T., " What Shippers should Look For", *Distribution Worldwide*, 1978.

[7] Gi-Tae Yeo, Dong-Wook Song, "An Application of the Hierarchical Fuzzy Process to Container Port Competition: Policy And Strategic Implications", *Transportation*, 2006 (6).

[8] Jasmine S. I., Wei Yin Yap, "A Measurement and Comparison of Cost Competitiveness of Container Ports in Southeast Asia", *Transportation*, 2006 (4).

[9] Karamitsos F., "Logistics: the Role of the European Commission", *Eurolog*, 2005 (4).

[10] Mayer H. M., "The Port of Chicago and the St. Lawrence Seaway", Department of Geography Research Papers No. 49, Chicago: University of Chicago, 1957.

[11] Robinson R., "Ports as Elements in Value-driven Chain System: The New Paradigm", *Maritime Policy & Management*, 2002 (29).

[12] Xu Ying, Chen Shasha, "Study on the Time-Spatial Disparity and Dynamic Mechanism of Logistics Development of Zhejiang", *Revista de la Facultad de Ingenieria*, 2017 (12).

[13] Ying Xu, Jian Cao, Xumei Zhang, Ya Chen, Xuhong Ye, "Laboration and Evolution of E-Commerce and Express Delivery Industry Supply Chain", *Discrete Dynamics in Nature and Society*, 2016 (12).

[14] Ying Xu, Xuemei Zhang, Yu Hong, "The Game Model between Government Subsidies Act and Green Supply Chain," *International Journal of u-and e-Service, Science and Technology*, 2016 (11).